현대자동차

인적성검사

현대자동차
인적성검사

개정2판 발행	2025년 1월 24일
개정3판 발행	2025년 7월 22일

편 저 자 | 취업적성연구소
발 행 처 | ㈜서원각
등록번호 | 1999-1A-107호
주　　소 | 경기도 고양시 일산서구 덕산로 88-45(가좌동)
교재주문 | 031-923-2051
팩　　스 | 031-923-3815
교재문의 | 카카오톡 플러스 친구[서원각]
홈페이지 | goseowon.com

▷ 이 책은 저작권법에 따라 보호받는 저작물로 무단 전재, 복제, 전송 행위를 금지합니다.
▷ 내용의 전부 또는 일부를 사용하려면 저작권자와 (주)서원각의 서면 동의를 반드시 받아야 합니다.
▷ ISBN과 가격은 표지 뒷면에 있습니다.
▷ 파본은 구입하신 곳에서 교환해드립니다.

PREFACE

우리나라 기업들은 1960년대 이후 현재까지 비약적인 발전을 이루었다. 이렇게 급속한 성장을 이룰 수 있었던 배경에는 우리나라 국민들의 근면성 및 도전정신이 있었다. 그러나 빠르게 변화하는 세계 경제의 환경에 적응하기 위해서는 근면성과 도전정신 이외에 또 다른 성장 요인이 필요하다.

한국기업들이 지속가능한 성장을 하기 위해서는 혁신적인 제품 및 서비스 개발, 선도 기술을 위한 R&D, 새로운 비즈니스 모델 개발, 효율적인 기업의 합병·인수, 신사업 진출 및 새로운 시장 개발 등 다양한 대안을 구축해 볼 수 있다. 하지만, 이러한 대안들 역시 훌륭한 인적자원을 바탕으로 할 때에 가능하다. 최근 기업체들은 자신의 기업에 적합한 인재를 선발하기 위해 기존의 학벌 위주의 채용을 탈피하고 기업 고유의 인·적성검사 제도를 도입하고 있다.

현대자동차에서도 업무에 필요한 역량 및 책임감과 적응력 등을 구비한 인재를 선발하기 위하여 고유의 입사시험을 치르고 있다. 본서는 현대자동차 생산직 신입사원 채용대비를 위한 필독서로 현대자동차 입사시험의 유형을 파악하고 효율적으로 대비할 수 있도록 구성하였다.

신념을 가지고 도전하는 사람은 반드시 그 꿈을 이룰 수 있습니다. 처음에 품은 신념과 열정이 취업 성공의 그 날까지 빛바래지 않도록 서원각이 수험생 여러분을 응원합니다.

STRUCTURE

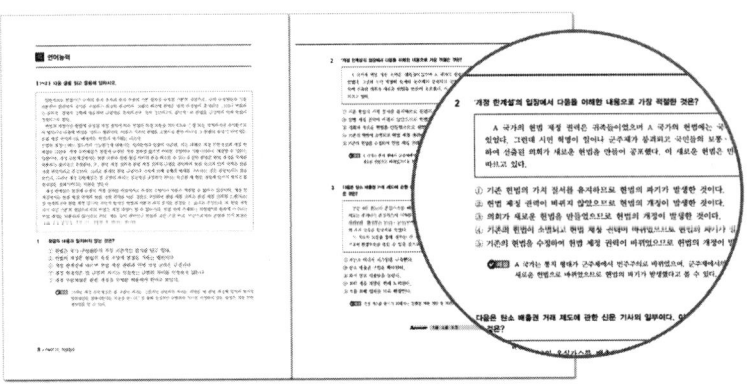

출제예상문제
적중률 높은 영역별 출제예상문제를 수록하여 학습효율을 확실하게 높였습니다.

전공관련문제
다양한 전공 관련 예상문제를 수록하여 단기간에 학습할 수 있도록 하였습니다.

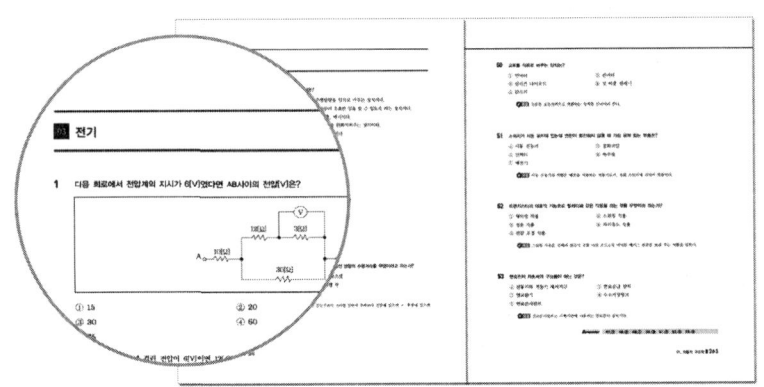

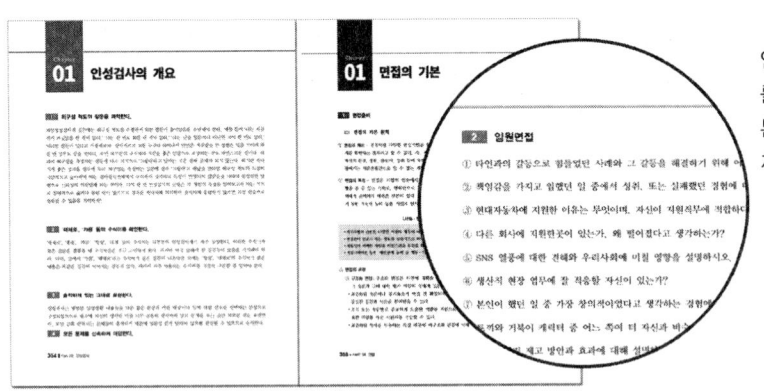

인성검사 및 면접
인성검사의 개요 및 예시를 통해 인성검사를 연습할 수 있도록 하였으며, 면접의 기본과 면접기출을 수록하여 취업의 마무리까지 깔끔하게 책임집니다.

CONTENTS

PART 01 적성검사

01 언어능력 ······ 8
02 수리능력 ······ 62
03 추리능력 ······ 106
04 공간지각능력 ······ 181

PART 02 상식

01 자동차 구조학 ······ 246
02 기계기능이해력 ······ 270
03 전기 ······ 308
04 현대자동차 ······ 328
05 생활영어 ······ 332

PART 03 인성검사

01 인성검사의 개요 ······ 354
02 실전 인성검사 ······ 356

PART 04 면접

01 면접의 기본 ······ 368
02 면접기출 ······ 382

PART 01

적성검사

- **01** 언어능력
- **02** 수리능력
- **03** 추리능력
- **04** 공간지각능력

01 언어능력

|1~2| 다음 글을 읽고 물음에 답하시오.

일반적으로 헌법이란 국가의 통치 조직과 통치 작용의 기본 원칙을 규정한 근본적 규범으로, 국가 구성원들의 가장 기본적인 합의이자 국가를 구성하는 최상위 법규이다. 그렇기 때문에 헌법은 법적 안정성이 중시된다. 그러나 변화하는 정치적·경제적 상황에 대응하여 규범력을 유지하거나, 질서 정연하고도 집약적으로 헌법을 구성하기 위해 헌법이 개정되기도 한다.

헌법의 개정이란 헌법에 규정된 개정 절차에 따라 헌법의 특정 조항을 의식적으로 수정 또는 삭제하거나 추가함으로써 형식이나 내용에 변경을 가하는 행위이다. 이것은 기존의 헌법을 소멸시킬 뿐만 아니라 그 헌법의 토대가 되어 있는 헌법 제정 권력까지도 배제하는 헌법의 파기와는 다르다.

헌법의 개정이 어느 정도까지 가능한가에 대해서는 학자들마다 입장이 다른데, 이는 대체로 개정 무한계설과 개정 한계설로 나뉜다. 개정 무한계설은 헌법에 규정된 개정 절차를 밟으면 어떠한 조항이나 사항이더라도 개정할 수 있다는 입장이다. 개정 무한계설에서는 헌법 규범과 헌법 현실 사이의 틈을 해소할 수 있는 유일한 방법은 헌법 개정을 무제한 허용하는 것이라고 주장한다. 또, 헌법 제정 권력과 헌법 개정 권력의 구별을 부인하여 헌법 최고의 법적 권력은 헌법 개정 권력이라고 주장한다. 그리고 현재의 헌법 규범이나 가치에 의해 장래의 세대를 구속하는 것은 부당하다는 점을 밝힌다. 그러나 개정 무한계설은 법 규범이 가지는 실질적인 규범력의 차이는 외면한 채 헌법 개정에 있어서 형식적 합법성만을 절대시한다는 비판을 받는다.

개정 한계설은 헌법에 규정된 개정 절차를 따를지라도 특정한 조항이나 사항은 개정할 수 없다는 입장이다. 개정 한계설에서는 헌법 제정 권력과 헌법 개정 권력을 다른 것으로 구별하여 헌법 개정 권력은 헌법 제정 권력의 소재(所在)를 변경하거나 헌법 제정 당시의 국민적 합의인 헌법의 기본적 가치 질서를 변경할 수 없다고 주장한다. 또 헌법 제정자가 내린 근본적 결단으로서의 헌법은 개정 대상이 될 수 없다거나, 헌법 위에 존재하는 자연법*의 원리에 어긋나는 헌법 개정은 허용되지 않는다고 본다. 예를 들어 대한민국 헌법의 국민 주권 원리, 인간으로서의 존엄과 가치 보장은 헌법 개정 절차에 의해서도 개정할 수 없다는 것이다.

1 윗글의 내용과 일치하지 않는 것은?

① 헌법은 국가 구성원들의 가장 기본적인 합의를 담고 있다.
② 헌법의 개정은 헌법의 특정 조항에 변경을 가하는 행위이다.
③ 개정 한계설에 따르면 헌법 제정 권력과 헌법 개정 권력은 구별된다.
④ 개정 한계설은 법 규범이 가지는 실질적인 규범력 차이를 인정하지 않는다.
⑤ 개정 무한계설은 헌법 개정을 무제한 허용해야 한다고 보았다.

> ✔해설 '그러나 개정 무한계설은 법 규범이 가지는 실질적인 규범력의 차이는 외면한 채 헌법 개정에 있어서 형식적 합법성만을 절대시한다는 비판을 받는다.'를 통해 실질적인 규범력의 차이를 인정하지 않는 입장은 개정 무한계설임을 알 수 있다.

2 '개정 한계설'의 입장에서 다음을 이해한 내용으로 가장 적절한 것은?

> A 국가의 헌법 제정 권력은 귀족들이었으며 A 국가의 헌법에는 국가 형태로 군주제를 규정하고 있었다. 그런데 시민 혁명이 일어나 군주제가 붕괴되고 국민들의 보통·평등·직접·비밀 선거에 의하여 선출된 의회가 새로운 헌법을 만들어 공포했다. 이 새로운 헌법은 민주주의 국가의 기본 원리를 따르고 있다.

① 기존 헌법의 가치 질서를 유지하므로 헌법의 파기가 발생한 것이다.
② 헌법 제정 권력이 바뀌지 않았으므로 헌법의 개정이 발생한 것이다.
③ 의회가 새로운 헌법을 만들었으므로 헌법의 개정이 발생한 것이다.
④ 기존의 헌법이 소멸되고 헌법 제정 권력이 바뀌었으므로 헌법의 파기가 발생한 것이다.
⑤ 기존의 헌법을 수정하여 헌법 제정 권력이 바뀌었으므로 헌법의 개정이 발생한 것이다.

> ✔해설 A 국가는 통치 형태가 군주제에서 민주주의로 바뀌었으며, 군주제에서의 헌법은 국민들이 선출한 의회를 통해 새로운 헌법으로 바뀌었으므로 헌법의 파기가 발생했다고 볼 수 있다.

3 다음은 탄소 배출권 거래 제도에 관한 신문 기사의 일부이다. 이에 대한 기업의 대처 방안으로 적절한 것을 고른 것은?

> 연간 6억 톤(t)의 온실가스를 배출하는 우리나라는 지난 1월 탄소 배출권 거래제를 도입했다. 이 제도는 우리나라 온실가스의 66%를 배출하고 있는, 석유 화학 및 철강 등의 525개 업체를 대상으로 실시된다. 환경부는 2015 ~ 2017년까지 이들 업체에 15억 9,800만 톤을 사전 할당했고, 8,900만 톤의 추가 감축을 할당키로 하였다.
> 이 제도의 도입을 통해 정부는 각 기업들이 자발적으로 온실가스 배출 저감 노력을 기울이도록 함으로써 환경오염을 줄일 수 있을 것으로 기대하고 있다.

① 저탄소 에너지 시스템을 구축한다.
② 탄소 배출권 구입을 확대한다.
③ 화석 연료 사용량을 늘린다.
④ 화학 제품 개발을 위해 노력한다.
⑤ 석유 화학 업체를 더욱 확장한다.

> ✔해설 온실 가스를 줄이기 위해서는 친환경 제품 개발 및 저탄소 에너지 시스템을 구축하여야 한다.

Answer 1.④ 2.④ 3.①

| 4~6 | 다음 글을 읽고 물음에 답하시오.

1974년 캐나다에서 소년들이 집과 자동차를 파손하여 체포되었다. 보호 관찰관이 소년들의 사과와 당사자 간 합의로 이 사건을 해결하겠다고 담당 판사에게 건의하였고, 판사는 이를 수용했다. 그 결과 소년들은 봉사 활동과 배상 등으로 자신들의 행동을 책임지고 다시 마을의 구성원으로 복귀하였다. 이를 계기로 '피해자-가해자 화해' 프로그램이 만들어졌는데, 이것이 '회복적 사법'이라는 사법 관점의 첫 적용이었다. 이와 같이 회복적 사법이란 범죄로 상처 입은 피해자, 훼손된 인간관계와 공동체 등의 회복을 지향하는 형사 사법의 새로운 관점이자 범죄에 대한 새로운 대응인 것이다. 여기서 형사 사법이란 범죄와 형벌에 관한 사법 제도라 할 수 있다.

기존의 형사 사법은 응보형론과 재사회화론을 기저에 두고 있다. 응보형론은 범죄를 상쇄할 해악의 부과를 형벌의 본질로 보는 이론으로 형벌 자체가 목적이다. 그런데 지속적인 범죄의 증가 현상은 응보형론이 이미 발생한 범죄와 범죄인의 처벌에 치중하고 예방은 미약하다는 문제를 보여준다. 재사회화론은 형벌의 목적을 범죄인의 정상적인 구성원으로서의 사회 복귀에 두는 이론이다. 이것은 형벌과 교육으로 범죄인의 반사회적 성격을 교화하여 장래의 범법 행위를 방지하는 것에 주안점을 두지만 이도 증가하는 재범률로 인해 비판받고 있다. 또한 응보형론이나 재사회화론에 입각한 형사 사법은, 법적 분쟁에서 국가가 피해자를 대신하면서 국가와 범죄 행위자 간의 관계에 집중하기 때문에 피해자나 지역사회에 대한 관심이 적다는 문제점이 제기되었다.

회복적 사법은 기본적으로 범죄에 대해 다른 관점으로 접근한다. 기존의 관점은 범죄를 국가에 대한 거역이고 위법 행위로 보지만 회복적 사법은 범죄를 개인 또는 인간관계를 파괴하는 행위로 본다. 지금까지의 형사 사법은 주로 범인, 침해당한 법, 처벌 등에 관심을 두고 피해자는 무시한 채 가해자와 국가 간의 경쟁적 관계에서 대리인에 의한 법정 공방을 통해 문제를 해결해 왔다. 그러나 회복적 사법은 피해자와 피해의 회복 등에 초점을 두고 있다. 기본적 대응 방법은 피해자와 가해자, 이 둘을 조정하는 조정자를 포함한 공동체 구성원까지 자율적으로 참여하는 가운데 이루어지는 대화와 합의이다. 가해자가 피해자의 상황을 직접 듣고 죄책감이 들면 그의 감정이나 태도에 변화가 생기고, 이런 변화로 피해자도 상처를 치유받고 변화할 수 있다고 보는 것이다. 이러한 회복적 사법은 사과와 피해 배상, 용서와 화해 등을 통한 회복을 목표로 하며 더불어 범죄로 피해 입은 공동체를 회복의 대상이자 문제 해결의 주체로 본다.

회복적 사법이 기존의 관점을 완전히 대체할 수 있는 것은 아니다. 이는 현재 우리나라의 경우 형사 사법을 보완하는 차원 정도로 적용되고 있다. 그럼에도 회복적 사법은 가해자에게는 용서받을 수 있는 기회를, 피해자에게는 회복의 가능성을 부여할 수 있다는 점에서 의미가 있다.

4. 윗글에 대한 설명으로 가장 적절한 것은?
   ① 전문가의 의견을 들어 회복적 사법의 한계를 분석하고 있다.
   ② 구체적 수치를 활용하여 회복적 사법의 특성을 밝히고 있다.
   ③ 다른 대상과의 대조를 통해 회복적 사법의 특성을 설명하고 있다.
   ④ 비유적 진술을 통해 회복적 사법의 발전 가능성을 제시하고 있다.
   ⑤ 다양한 자료를 근거로 사법의 특성을 비판하고 있다.

   ✔해설 회복적 사법의 특성을 기존의 형사 사법과 대조하여 설명하고 있다.

5. 윗글에서 확인할 수 없는 것은?
   ① 회복적 사법이 등장하게 된 계기
   ② 응보형론과 재사회화론의 한계점
   ③ 회복적 사법이 실현된 사법 제도의 다양한 유형
   ④ 기존 형사 사법의 토대가 되는 형벌에 대한 관점
   ⑤ 회복적 사법의 의미

   ✔해설 회복적 사법이 실현된 사법 제도의 다양한 유형은 제시되어 있지 않다.

6. 윗글을 이해한 내용으로 적절하지 않은 것은?
   ① 기존 형사 사법에서는 범인과 침해당한 법에 관심을 둔다.
   ② 응보형론은 저질러진 범죄에 대한 응당한 형벌의 필요성을 인정한다.
   ③ 재사회화론에서는 응보형론과 달리 범죄인의 교육을 통한 교화를 중시한다.
   ④ 회복적 사법에서는 가해자에 대한 피해자의 응보 심리를 충족하는 것을 목적으로 한다.
   ⑤ 회복적 사법은 피해자와 패해의 회복에 초점을 두고 있다.

   ✔해설 회복적 사법은 사과와 피해 배상, 용서와 화해를 통한 회복을 목표로 한다는 내용으로 제시되어 있으며, 응보 심리를 충족하는 것은 응보형론에 해당한다.

Answer 4.③ 5.③ 6.④

【7~9】 다음 글을 읽고 물음에 답하시오.

　돈을 빌린 사람은 빌린 돈에 대한 대가를 지급하는데, 이를 이자라 하고, 원금에 대한 이자의 비율을 금리(金利) 또는 이자율이라고 한다. 금리의 흐름을 제대로 파악할 수 있다면 사람들은 보다 합리적으로 저축이나 소비, 투자를 할 수 있을 것이다. 그렇다면 금리의 흐름을 예측할 수 있는 방법은 없을까?
　금리는 자금에 대한 수요와 공급이 일치되는 지점에서 결정된다. 자금 수요가 공급보다 많으면 금리가 올라가고, 자금 공급이 수요보다 많으면 금리가 내려간다.
　그런데 물가가 변하면 같은 돈으로 재화와 서비스를 살 수 있는 구매력이 달라지고, 실질적인 금리도 달라진다. 이로 인해 명목적인 금리와 실질적인 금리를 구분해야 할 필요성이 생겼고, 경제학자 어빙 피셔는 다음과 같은 방정식을 수립했다.

$$\text{⊙ 명목 금리}(i) ≒ \text{물가 상승률}(\pi) + \text{실질 금리}(r)$$

　명목 금리는 우리가 접할 수 있는 표면상의 금리이며, 각종 금융 기관이 제시하는 일반적인 예금과 대출의 금리가 여기에 해당한다. 실질 금리는 명목 금리에서 물가 상승률을 차감한 값이다.
명목 금리는 물가 상승률과 실질 금리의 합과 같으므로, 두 지표의 변동을 알 수 있다면 명목 금리의 흐름도 예측해 볼 수 있게 된다. 명목 금리의 흐름을 파악하기 위해서는 먼저 물가 변동을 예상할 수 있어야 한다. 물가 상승률이 높아지면 명목 금리도 오르는데, 이는 화폐 가치가 떨어진 만큼 금리를 올려 보상 받으려는 경향이 있기 때문이다.
　실질 금리는 사전에 관측되기 어려우므로 이를 간접적으로라도 알려줄 지표가 필요하다. 화폐가 없던 시절의 상황을 가정해 보자. 씨앗이나 농기구와 같은 실물을 빌리고 나중에 생산물 일부를 이자로 지급한다면, 어느 정도의 이자를 지급하는 것이 좋겠는가? 아마도 실물을 투자해서 얻게 될 추가적 생산물의 양 이내에서 이자를 지급할 것이다. 즉 실질 금리는 실물 투자에 따라 늘어나는 추가적 생산물이 결정한다. 이와 마찬가지로 경제가 잘 돌아가 경제 성장률이 높을 때는 일반적으로 기업의 투자 성과도 높아진다. 따라서 실질 금리는 경제 성장률이 높으면 오르고 떨어지면 낮아진다. 결국 금리의 흐름은 물가와 경제 성장률에 큰 영향을 받는다.
　현실 세계에서 우리가 접하는 금리는 종류도 많고 그 구조도 복잡해 보인다. 예금 금리와 대출 금리가 다르고, 대출 금리라도 은행에 따라 다르고 빌리는 기간이나 빌리는 사람의 신용도에 따라 다르다. 이런 상황에서 다양한 금리가 결정되는 기초가 되는 정책 금리를 주목할 만하다. 정책 금리는 각국 중앙은행이 시중에 자금을 공급할 때 기준이 되는 금리이며, 기준 금리라고도 한다. 시중 은행은 정책 금리에 수수료와 이윤 등을 감안하여 금리를 책정하므로, 정책 금리를 올리거나 내리면 시중 금리 역시 오르거나 내리는 전반적 변화가 생긴다.
　중앙은행이 정책 금리를 결정할 때 우선적으로 고려하는 것은 물가 상승률과 경제 성장률이다. 물가 상승률이 높다 판단되면 금리를 올리고, 경기가 부진하다 싶으면 금리를 내리는데, 결정된 금리는 다시 시장에 영향을 미친다. 금리를 올려서 물가 안정을 도모한다든지, 금리를 내려서 경기 활성화를 유도하는 것은 모두 정책 금리를 통해서 경제 전반에 영향을 미치고자 하는 중앙은행의 의도를 보여 주는 것이다.

7 윗글에 대한 설명으로 적절하지 않은 것은?

① 실질 금리를 분류하는 몇 가지 기준을 제시하고 있다.
② 상황을 가정하여 실질 금리에 대한 이해를 돕고 있다.
③ 명목 금리의 흐름 예측에 유용한 정보를 제시하고 있다.
④ 금리를 중앙은행의 정책 금리와 연관하여 설명하고 있다.
⑤ 간단한 질문을 통해 금리 흐름의 예측방법을 언급하고 있다.

> ✔해설 실질 금리는 명목 금리에서 물가 상승률을 차감한 금리이며, 명목 금리와 대비된다. 이 글에서는 글 전체에 걸쳐 실질 금리가 하나의 개념으로 쓰이고 있다. 실질 금리를 몇 가지 기준으로 분류하고 있지는 않다.

8 윗글의 내용과 일치하는 것은?

① 경제 성장률이 높으면 실질 금리가 오른다.
② 자금 수요가 공급보다 적어지면 금리가 오른다.
③ 대출 금리는 각 개인의 신용도와 무관하게 적용된다.
④ 정책 금리는 시중 금리에 별다른 영향을 미치지 않는다.
⑤ 생산물은 실물 투자에 따라 늘어나는 실질 금리가 결정한다.

> ✔해설 ② 자금 공급이 수요보다 많으면 금리가 내려간다.
> ③ 같은 대출 금리라 하더라도 빌리는 사람의 신용도에 따라 금리는 달라진다.
> ④ 정책 금리에 따라 시중 금리가 전반적으로 변화한다고 하였으므로, 정책 금리는 시중 금리에 영향을 미친다.
> ⑤ 실질 금리는 실물 투자에 따라 늘어나는 추가적 생산물이 결정한다.

Answer 7.① 8.①

9 윗글의 ㉠을 활용하여 다음의 내용을 이해한 것으로 적절한 것은?

> 알뜰한 춘향이는 광한루은행에서 판매하는 1년 만기 예금 상품에 가입했다. 예금의 금리는 고정 금리 3%였다. 춘향이는 가입 시점 1년 후 물가 상승률을 2%로 예상하고 예금의 실질 금리를 계산했다. 1년 후 돈을 찾았을 때, 물가 상승률은 전년 같은 시기 대비 4%였다.

① 광한루은행은 명목 금리를 제시하지 않았다.
② 실제 돈을 찾는 시점에 예금의 실질 금리는 1%였다.
③ 예금의 실질 금리가 춘향이의 예상치보다 낮아졌다.
④ 광한루은행은 춘향이에게 높은 실질 금리를 보장했다.
⑤ 광한루은행은 춘향이에게 사전에 명목 금리를 보장할 수 없다.

✓ **해설** ① 광한루은행에서는 예금 상품의 금리를 고정 금리 3%라고 제시하고 있다.
② 예금 상품의 명목 금리는 3%이고, 물가 상승률은 전년 대비 4%이므로, 피셔 방정식에 따라 실질 금리를 계산하면 −1%가 실질 금리이다.
④⑤ 은행에서는 사전에 명목 금리를 보장할 수는 있어도, 실질 금리를 보장하지는 못한다.

|10~11| 다음 글을 읽고 물음에 답하시오.

빛이 물체에 닿으면 물체를 구성하는 원자 내의 전자가 진동하면서 전자기파를 방출하는데, 인간의 눈에 보이는 빛의 색깔은 방출되는 전자기파의 고유한 진동수에 따라 결정된다. 인간의 눈에 보이는 가시광선 중 가장 낮은 진동수의 빛은 빨간색 광선이며, 진동수가 가장 높은 빛은 보라색 광선이다. 보라색 광선보다 더 높은 진동수를 지닌 자외선이나, 빨간색 광선보다 더 낮은 진동수를 지닌 적외선은 인간의 눈에 보이지 않는다. 빛이 물체에 닿을 때, 물체는 흡수한 빛 중에서 특정 진동수의 가시광선을 우리 눈의 방향으로 다시 방출하여 우리 눈은 그 방출된 빛을 보게 된다. 장미가 빨갛게 보이는 이유는 장미가 흡수한 빛 중에서 빨간색 광선에 해당하는 진동수의 빛을 우리 눈의 방향으로 방출하기 때문이다.

그렇다면 유리와 같은 투명체는 왜 특정 색깔을 띠지 않고 투명해 보이는 것일까? 인간의 눈에는 빛이 직진하여 그대로 유리를 통과하는 것처럼 보이지만, 실제로는 그렇지 않다. 즉 유리를 구성하는 원자가 흡수한 빛 가운데, 적외선과 자외선은 유리에 대부분 흡수되어 열에너지의 형태로 남고, 가시광선 영역에 해당하는 대부분은 사방으로 재방출된다. 유리가 투명해 보이는 이유는 이 때문이다.

그런데 유리 원자가 가시광선을 흡수했다가 방출하기까지는 약간의 시간이 소요되며, 소요된 시간만큼 빛의 속력이 줄어들게 된다. 공기 중에서의 빛의 속력의 값을 c로 놓을 때, 유리나 물과 같은 투명체를 통과하는 빛의 속력은 c의 대략 70%에 불과하다. 이렇게 느려진 빛은 다시 공기 중으로 나오면서 원래의 속력을 회복하게 된다. 빛의 속력은 매질의 밀도가 높을수록 낮아지는데, 공기 중보다 유리에서 빛의 속력이 낮아지는 것은 유리의 밀도가 공기의 밀도보다 높기 때문이다.

빛이 이렇게 물질마다 다른 속력으로 진행하기 때문에, 다른 물질의 경계 면에 닿았을 때 수직으로 진행하는 경우를 제외하면 언제나 빛의 경로가 꺾이게 된다. 이러한 현상을 굴절이라고 한다. 굴절 현상을 이해하기 위해, 매끈한 아스팔트에서 바퀴가 잘 구르지 않는 잔디밭으로 장난감 자동차가 비스듬히 들어가는 경우를 생각해 보자. 잔디에 먼저 도착한 쪽의 바퀴의 속력은 느려지지만 아스팔트 위를 달리고 있는 쪽의 바퀴의 속력은 빠르게 유지되기 때문에 자동차의 진행

방향은 잔디에 먼저 도착한 쪽의 바퀴가 있는 방향으로 꺾이게 된다. 빛이 공기 중에서 물로 비스듬히 들어갈 때에도, 빛의 파면*의 아랫부분이 물에 먼저 도착하여 속력이 느려지면서 빛이 파면의 아랫부분으로 꺾이게 된다.

또한 빛이 투명체를 지날 때 굴절되면서 진동수에 따라 다양한 광선으로 분리되는데, 이를 빛의 분산이라고 한다. 빛이 공기 중에서 투명체로 비스듬히 들어갈 때, 진동수가 높은 보라색 광선은 진동수가 낮은 빨간색 광선보다 투명체 안에서의 속력이 더 느려지기 때문에, 더 많이 굴절된다. 이에 따라 투명체를 통과하는 빛은 서로 다른 색깔의 광선으로 나뉘어 각기 다른 진행 경로로 방출된다.

10 윗글에서 다룬 내용이 아닌 것은?

① 자외선이 유리에 흡수되는 이유
② 빛의 색깔에 따른 진동수의 차이
③ 빛의 진행 과정에서 일어나는 현상
④ 유리와 같은 물체가 투명하게 보이는 이유
⑤ 진동수에 따른 굴절 현상

> ✔해설 ② 가시광선 중 진동수가 가장 낮은 빛은 빨간색 광선, 진동수가 가장 높은 빛은 보라색 광선이다.
> ③ 빛이 투명체를 만나 진행하는 과정에서 나타나는 현상인 굴절, 분산 등의 현상이 있다.
> ④ 유리가 가시광선을 흡수만 하는 것이 아니라 다시 방출하기 때문에 유리가 투명한 것이다.
> ⑤ 빛이 투명체를 지날 때 진동수에 따른 굴절을 알 수 있다.

11 다음의 현상이 나타나는 원인과 가장 관련이 깊은 것을 고르면?

> 투명한 연못 속의 금붕어를 물가에 서서 비스듬히 내려다 볼 때, 관찰자의 눈에는 금붕어가 본래의 위치보다 수면에 가까이 있는 것처럼 보인다. 이는 금붕어에 닿은 빛이 되돌아와 우리 눈에 보이는 과정에서 일어난 현상이다.

① 밀도가 다른 매질에서 빛의 속력이 변한다.
② 빛이 수면과 수직 방향으로 들어가고 나온다.
③ 가시광선이 물속에서 빠른 속력으로 직진한다.
④ 물이 특정 색의 가시광선만 흡수했다 방출한다.
⑤ 운동하던 물체가 충돌에 의해 정지하면 운동량의 변화가 생긴다.

> ✔해설 지문에서 설명하는 현상은 빛의 굴절 현상이다. 빛의 굴절은 빛이 통과하는 매질이 바뀔 때, 빛의 속력의 변화로 인해 빛의 경로가 꺾이는 현상을 의미한다. 빛의 속도는 빛이 통과하는 매질의 밀도에 따라 달라지므로 빛의 굴절 현상이 나타나는 근본적인 원인은 빛이 통과하는 매질의 밀도가 달라짐으로 인한 빛의 속력이 변화하기 때문이다.

Answer 9.③ 10.① 11.①

|12~14| 다음 글을 읽고 물음에 답하시오.

생물학자인 윌슨은 21세기 과학 기술의 시대에 인류가 당면한 여러 문제들은 복합적인 성격을 띠고 있어서 어느 한 가지 학문만으로는 그것을 해결할 수 없다고 보았다. 이에 그는 다양한 학문 간 '통섭(統攝)'을 대안으로 제시하였다. 그가 말한 통섭이란 물리학, 화학, 생물학 등 자연과학과 철학, 심리학 등 인간을 연구 대상으로 삼는 인문학을 통합하여 하나의 지식 체계를 형성하는 것을 의미한다.

인문학과 자연과학이 어떻게 만날 수 있을까? 윌슨의 통섭을 지탱해 주는 것은 바로 ㉠환원주의이다. 이는 복잡한 대상을 구성하는 근본적 요소를 밝히려는 노력으로, 윌슨은 모든 존재의 근본적 요소는 관찰과 실험을 통한 자연과학적 법칙으로 설명이 가능하다고 주장한다. 그에 의하면 인간 역시 자연과학으로 환원이 가능하기 때문에 인문학은 자연과학으로 완벽히 포섭될 수 있다. 예를 들어 물체의 운동을 물체와 땅 사이의 마찰력으로 설명하는 것과 같이 인간의 고유한 특성인 사랑이나 사회조직의 작동을 호르몬이나 유전자와 같은 자연과학적 법칙에 의한 결과로 설명할 수 있다는 것이다.

이러한 윌슨의 주장은 많은 학자들의 관심을 끌었지만 동시에 인문학자들로부터 비판을 받기도 하였다. 인문학자들은 인문학의 대상과 자연과학의 대상은 동일하게 취급할 수 없음을 지적하며 통섭이 불가능함을 설명한다. 인간은 자연물과 달리 자연과학적 법칙의 지배를 받기만 하는 존재가 아니라 동시에 어떤 의도와 목적을 가지고 선택하며 살아가는 존재이기 때문이다. 예를 들어 물체의 낙하는 중력이라는 자연과학적 법칙으로 충분한 설명이 가능하지만, 번지 점프와 같은 인간의 낙하는 중력보다는 신체 단련이나 즐거움 등 개인의 특별한 목적이 더 중요한 원인으로 작용한다는 것이다.

다음으로 인문학자들은 인문학이 탐구하는 대상의 본질은 관찰과 실험을 통해 파악되는 객관적 실체가 아님을 지적한다. 인간의 마음이나 정신은 물리적 현상처럼 객관적으로 관찰하기가 어렵고, 사람마다 다 다르기 때문이다. 따라서 자연과학의 대상 인식 방법인 관찰과 실험은 인문학에서는 대상의 본질을 연구하는 충분한 방법이 되지 못한다. 인문학자들은 관찰 주체가 지닌 관점에 따라 대상은 다르게 인식될 수 있으며, 관찰자의 관점이 배제된 객관적 대상이란 존재하지 않는다고 본다.

이처럼 자연과학과 명백한 경계선을 갖는 인문학적 관점이 윌슨의 생각처럼 자연과학으로 완전히 포섭되기란 어렵다는 것이 인문학자들의 주장이다. 현실의 문제 해결을 위해 인문학적 지식과 자연과학적 지식이 소통하여야 한다는 윌슨의 지적에는 동의하지만 그 소통의 방법이 통일된 지식 체계를 세우는 것이라면 이는 불가능한 꿈에 지나지 않는다는 것이다. 이들은 학문 간의 균형 잡힌 시각이 필요함을 강조하면서 인문학의 고유한 정체성은 더욱 중시되어야 한다고 주장한다.

12 윗글을 이해한 내용으로 적절하지 않은 것은?

① 윌슨은 현상의 원인을 일관된 관점으로 설명하고자 하였다.
② 윌슨은 학문 간 통섭을 통해 현실의 문제를 해결하고자 하였다.
③ 인문학자들은 인문학의 정체성이 더욱 중시되어야 한다고 주장한다.
④ 인문학자들은 물체의 낙하와 인간의 낙하를 동일하게 설명하고자 한다.
⑤ 인문학자들은 인문학이 자연과학으로 완전히 포섭되기는 어렵다고 주장한다.

✔해설 ① 윌슨은 현상의 원인을 자연과학적 법칙이라는 일관된 관점으로 설명하고자 하였다.
② 윌슨은 통섭을 통해 현대 인류가 당면한 여러 문제들을 해결하고자 하였음을 알 수 있다.
③ 인문학자들은 학문 간의 균형 잡힌 시각이 필요함을 강조하면서 인문학의 고유한 정체성은 더욱 중시되어야 한다고 주장한다.
⑤ 인문학자들은 인문학적 지식과 자연·과학적 지식의 소통 방법이 통일된 지식 체계를 세우는 것이라면 이것은 불가능한 꿈에 지나지 않는다고 보고 있다.

13 ㉠에 대한 설명으로 적절한 것은?

① 인문학과 자연과학의 공통점을 밝혀 내려는 이론이다.
② 존재하는 모든 것의 본질은 쉽게 변화한다는 인식이다.
③ 대상을 추상적이고 관념적인 존재로 인식하는 경향이다.
④ 모든 대상을 자연과학의 입장에서 이해하려는 태도이다.
⑤ 소수집단이 주류집단이나 제도에서 분리되고자 하는 사상이다.

✔해설 ① 환원주의는 자연과학의 입장에서 인문학을 이해하려는 것으로 인문학적 속성과는 무관하다.
② 복잡한 대상을 구성하는 근본적 요소를 밝히려는 것으로, 이는 본질의 변화와는 무관하다.
③ 관찰과 실험을 통해 객관적 본질을 파악하고자 한다.

14 윌슨의 주장을 뒷받침하는 사례로 적절한 것은?

① 인간의 정서적 작용은 뇌의 화학적 작용의 결과임이 밝혀지고 있다.
② IT 기술의 발달로 컴퓨터 속 가상공간과 현실 세계의 경계선이 무너지고 있다.
③ 동물이 개체 번식에 유리한 행동을 하도록 만드는 유전자가 있음이 밝혀지고 있다.
④ 자동 번역 시스템이 고안되어 서로 다른 언어를 자동으로 번역하는 일이 가능해지고 있다.
⑤ 인간은 자연과학적 법칙에 지배를 받기만 하는 존재가 아니다.

✔해설 ②④ 기술이 가져온 변화이다.
③ 생물학이 밝혀낸 사실이다.
⑤ 인문학자들의 입장이다.

Answer 12.④ 13.④ 14.①

15~16 다음 글을 읽고 물음에 답하시오.

이미지란 무엇인가? 근대 철학자들은 우리가 현실 세계의 사물을 감각에 의해 지각하여 실재 세계를 구성하듯 이미지도 감각을 바탕으로 한다고 보았다. 여기서 현실 세계는 인간에 의해 지각되기 이전에 이미 객관적으로 존재하는 세계를 의미하고, 실재 세계는 이러한 현실 세계를 인간의 지각에 의해 파악한 세계를 의미한다. 그런데 이미지는 감각을 바탕으로 하지만 그것은 불완전하게 지각된 모사물에 불과하다고 보았다. 따라서 그들은 이미지가 지각의 하위 영역이며 실재 세계에 비해 상대적으로 열등한 것으로 보았다. 그러나 사르트르는 '이미지 이론'을 통해 상상 세계를 제시하면서 이에 대해 반대하는 입장을 드러냈다.

사르트르는 "ⓐ<u>실재 세계와 상상 세계는 본질적으로 서로 공존할 수 없다.</u>"라고 단언하며 이 두 세계는 지각과 상상이라는 인식 방법의 차이에 따라 달리 인식되는 것이라 설명한다. 이는 두 세계가 존재하는 것이 아니라 현실 세계를 지각에 의해 인식하기도 하고 상상에 의해 이미지로 인식하기도 한다는 것을 뜻한다. 결국 사르트르는 현실 세계가 우리의 의식이 지향하는 바에 따라 실재 세계와 상상 세계로 나누어지며 이 둘이 동시에 인식될 수 없다고 주장한다. 따라서 사르트르는 이전까지 실재 세계에 속한 영역이자 열등한 복사물 정도로 여겨져 왔던 이미지를 실재 세계에서 완전히 독립하여 상상 세계에서 이루어지는 정신 의식으로 규정하였다.

이렇게 사르트르에 의해 실재 세계로부터 독립된 이미지는 인식된 그 순간부터 온전한 전체가 된다는 특징을 지닌다. 지각에 의해 인식된 실재 세계는 세부적 특성이 파악될 때마다 변화하는 것에 비해 이미지는 우리가 아는 만큼만, 혹은 우리가 의도한 만큼만 구성되기 때문에 변하지 않는다는 것이다. 예를 들어 대상을 비추는 조명의 색이 달라지면 실재 세계에서 지각되는 색채는 그에 따라 달라지지만, 이미지는 조명의 색이 달라지더라도 상상 세계에서 항상 같은 색채를 가지게 된다는 것이다. 또한 이미지는 지각에 의해 파악되는 실재 세계의 속성들과 단절되어 상상 세계에서만 나타난다는 특징이 있다. 작년에 외국으로 떠난 친구에 대해 상상할 때, 그와 함께 하던 빈 방을 보며 그의 부재라는 실재 세계는 사라지고, 상상 세계에 이미지화되어 있는 친구의 모습만 떠오른다는 것이다.

이러한 사르트르의 관점에서 예술을 바라본다면, 예술은 늘 변할 수밖에 없는 실재 세계가 아닌 독립된 상상 세계에서 인식되어야 한다. 고전적인 조각의 경우를 예로 들면 예술가는 자신이 지각한 그대로를 완벽하게 표현하려 애쓰지만 실재 세계에서 인식되는 대상은 계속 변화하기 때문에 결국 지각에 의한 재현에는 어려움이 생길 수밖에 없다. 그러나 조각을 상상 세계에서 이미지화하면 의도한 만큼 작품을 변하지 않게 구성할 수 있다. 이때 비로소 예술가가 나타내고자 했던 이미지를 그대로 전달할 수 있다는 것이다. 따라서 사르트르는 변화하는 실재 세계가 아닌 독립된 상상 세계에서 예술을 대해야 한다고 보았던 것이다.

15 윗글에 대한 이해로 적절하지 않은 것은?

① 근대 철학자들은 이미지가 지각의 하위 영역이라고 생각했다.
② 근대 철학자들은 이미지가 대상을 온전하게 지각한 것이 아니라 모사한 것이라고 보았다.
③ 근대 철학자들은 실재 세계와 이미지 모두 감각을 바탕으로 하여 이루어지는 것이라고 보았다.
④ 사르트르와 근대 철학자들의 입장이 다른 이유는 대상의 인식 주체를 다르게 보았기 때문이다.
⑤ 사르트르는 독립된 상상 세계에서 예술을 대해야 한다고 보았다.

> ✔해설 ④ 사르트르와 근대 철학자들의 입장이 다른 이유는 이미지가 지각과 독립적인 의식인가 이미지가 지각에 속한 의식인가에 대한 판단 차이 때문이다.

16 윗글을 통해 ⓐ의 이유를 추론한 것으로 가장 적절한 것은?

① 실재 세계가 상상 세계로 통합되며 나타날 수 있기 때문이다.
② 의식이 지향하는 바에 따라 나누어지는 두 세계가 동시에 인식될 수 없기 때문이다.
③ 대상이 주는 인상의 강도 차이에 따라 두 세계가 분명히 구분될 수 있기 때문이다.
④ 지각된 대상과 완벽히 일치하는 세계와 지각된 대상과 일치하지 않는 세계가 있기 때문이다.
⑤ 이미지는 조명의 색이 달라지더라도 상상 세계에서 항상 같은 색채를 가지게 되기 때문이다.

> ✔해설 ① 실재 세계와 상상 세계는 인식 방법에 따라 나뉜다.
> ③ 두 세계가 구분되는 이유는 인식 방법의 차이이다.

Answer 15.④ 16.②

【17~18】 다음 글을 읽고 물음에 답하시오.

　1930년대 세계는 대공황이라 부르는 극심한 경기 침체 상태에 빠져 큰 고통을 겪고 있었다. 이에 대해 당시 경제학계의 주류를 이루고 있던 고전파 경제학자들은 모든 경제적 흐름이 수요와 공급의 법칙에 따라 자율적으로 조절되므로 경기는 자연적으로 회복될 것이라고 믿었다. 인위적인 시장 개입은 오히려 상황을 악화시킬 것이라고 생각했던 것이다. 그러나 케인스의 생각은 달랐다. 케인스는 만성적 경기 침체의 원인이 소득 감소로 인한 '수요의 부족'에 있다고 생각했다. 이에 따라 케인스는, 정부가 조세를 감면하고 지출을 늘려 국민소득과 투자를 증가시키는 인위적인 수요팽창정책을 써야 한다는 '유효수요이론'을 주창했다.
　설명의 편의를 위해 가계와 기업, 금융시장만으로 구성된 단순한 경제를 상정하기로 하자. 기업은 상품 생산을 위한 노동력을 필요로 하고 가계는 이를 제공하는데, 그 과정에서 소득이 가계로 흘러 들어간다. 그리고 가계는 그 소득을 필요한 물건을 구입하기 위해 소비하게 된다. 만일 가계가 벌어들인 돈을 전부 물건 구입에 사용한다면 소득은 항상 소비와 일치하게 된다. 그러나 현실 세계에서 가계는 벌어들인 소득 전부를 즉각 소비하지는 않는다. 가계의 소득 중 소비되지 않은 부분은 저축되기 마련이며, 이렇게 저축된 부분은 소득과 소비의 순환 흐름에서 빠져나간다. 물론, 저축으로 누출된 돈이 가정의 이불이나 베개 밑에서 잠자는 것은 아니다. 가계는 저축한 돈을 금융시장에 맡겨 두고, 기업은 이를 투자 받아 생산요소를 구입한다.
　이때, 저축의 크기보다 투자의 크기가 작은 상황이 지속되면 경기가 만성적인 침체 상태에 빠지게 된다는 것이 케인스의 생각이었다. 사람들이 저축을 늘리고 소비를 줄이면 기업의 생산 활동이 위축되고 이는 가계의 소득을 감소시킨다. 소득이 감소하면 사람들은 미래에 대한 불안을 느낀 나머지 소비를 최대한 줄이고 저축을 늘리며, 이는 다시 가계의 소득을 더욱 감소시키는 악순환으로 이어진다. 따라서 국민경제 전체의 관점에서 보면 저축은 총수요를 감소시켜 불황을 심화시키는 악영향을 미친다는 것이다. 케인스는 이와 같은 관점에서 ㉠'소비는 미덕, 저축은 악덕'이라는 유명한 말을 남겼다.
　그러나 고전파 경제학자들은 이런 경우에도 수요와 공급의 법칙에 따라 '이자율'이 신축적으로 조정되므로 자연적으로 문제가 해결될 것으로 믿었다. 저축이 투자보다 커지면 수요와 공급의 법칙에 의해 이자율이 떨어지고, 이자율이 떨어지면 저축은 줄어들고 투자는 늘어나게 된다는 것이다. 따라서 저축의 크기와 투자의 크기는 일치하게 된다는 것이 고전파 경제학자들의 생각이었다.
　그렇지만 케인스는 저축과 투자의 크기가 이자율의 조정만으로 일치하게 될 것이라고 생각하지는 않았다. 저축과 투자는 이자율뿐 아니라 미래의 경기, 정치 상황, 기술 개발 등에 더욱 민감하게 반응한다는 점을 지적하며, 경기 회복을 위해서는 정부의 인위적인 수요팽창정책이 필요함을 역설한 것이다.

17 윗글을 통해 알 수 있는 내용으로 적절한 것은?

① 유효수요이론에서는 정부의 역할을 중요하게 여기고 있다.
② 케인스는 대공황이 자연적으로 해소될 것이라고 낙관했다.
③ 고전파 경제학자들은 경기의 자연적인 회복에 비관적이다.
④ 케인스는 세금을 올리는 것이 투자를 증가시킨다고 보았다.
⑤ 케인스는 경기 침체의 원인을 공급의 부족으로 보았다.

> ✔ 해설 유효수요이론에서는 정부가 경기 회복을 위해 중요한 역할을 한다고 보고 있다.

18 다음 글의 관점으로 보아 ㉠에 대해 보일 반응으로 가장 적절한 것은?

> 저축은 총수요를 감소시켜 경제 불황을 유발하기도 한다. 그러나 경우에 따라 저축은 전혀 다른 모습으로 나타날 수도 있다. 특히, 투자 기회와 투자 수요가 많고 자본이 만성적으로 부족한 개발도상국에서는 저축을 통한 자본 축적이 경제 성장을 위한 긍정적인 요소로 작용한다.

① 다수의 의견임을 내세워 자신의 주장을 강요하고 있다.
② 논리적 근거를 제시하지 않고 감정에만 호소하고 있다.
③ 다른 상황이 있을 수 있음을 간과하고 대상을 지나치게 일반화하고 있다.
④ 단순히 시간상으로 선후 관계에 있는 것을 인과관계인 것으로 착각하고 있다.
⑤ 소비와 저축은 모두 긍정적인 신호로 주장하고 있다.

> ✔ 해설 ㉠은 저축을 부정적인 것으로 단정하고 있는 데 비하여, 문제의 지문은 상황에 따라 저축이 부정적으로 작용하거나 또는 긍정적으로 작용할 수 있다고 말하고 있다. 그러므로 문제의 지문에서 나타난 관점으로 볼 때 '소비는 미덕, 저축은 악덕'이라는 것은 다른 상황이 있을 수 있음을 간과하고 대상을 지나치게 일반화하고 있다고 볼 수 있다.

Answer 17.① 18.③

19~20 다음 글을 읽고 물음에 답하시오.

르네상스는 신 중심의 시각에서 벗어나 인간 중심의 문화를 추구하는 분위기를 조성하였다. 미술계에서도 이러한 추세에 영향을 받아 현실을 인간의 눈에 보이는 대로 그리려는 노력이 다양하게 전개되었다. 그래서 미술사에서는 사실적인 미술의 시작을 15세기 르네상스로 본다.

현실을 있는 그대로 화면에 재현하려면 3차원의 현실을 2차원의 캔버스로 변환해야 하는데, 그 변환 기법이 '선 원근법'이다. 15세기 이전의 화가들도 원근법을 사용했지만, 이때의 원근법은 기하학에 바탕을 둔 선 원근법이 아니라 경험적 원근법이었다. 그들은 거리가 멀어지면 크기가 얼마나 작게 보이는지 정확하게 계산하지 않았기 때문에 그림에 어색한 부분이 많았다. 반면 15세기의 선 원근법은 기하학에 바탕을 두고 정확한 비례를 계산해서 그리는 기법이다. 화가들은 선 원근법을 사용하여 비로소 현실의 공간을 정확한 비례에 따라 화폭에 재현할 수 있었다.

그들은 다음과 같은 방법으로 선 원근법을 이했다. 우선 화가와 대상 사이에 격자무늬가 그려진 투명한 창인 그리드를 세우고, 화가의 눈앞에는 구멍이 뚫린 기구인 파인더를 놓는다. 화가는 파인더의 구멍을 통해 그리드 너머로 보이는 대상을 책상 위의 모눈종이에 옮겨 그린다. 화가는 그림이 다 끝날 때까지 눈을 떼면 안 된다. 눈을 움직이면 바라보는 위치가 달라져 선 원근법의 적용이 어렵기 때문이다. 그리드는 정확한 상을 얻는 데에는 유용했지만 사용하기에는 불편했다. 화가들은 이런 연습을 장기간 한 후에야 그리드를 세우지 않고 대상을 선 원근법에 따라 그릴 수 있었다.

선 원근법에 따라 그림을 그리던 화가들은 거리가 멀어질수록 사물의 형태나 색채가 흐릿해지는 데에도 주목하였다. 이것은 대기 중의 공기 즉, 수분과 먼지가 빛을 난반사하기 때문에 생기는 현상이다. 화가들은 이러한 특징을 감안하여 세밀한 붓질로 물체의 윤곽을 문질러 흐릿하게 처리하였는데 이것을 '공기 원근법'이라 한다. 이 방법은 가까운 것은 진하고 선명하게, 먼 것은 흐리고 엷게 표현하여 공간의 사실감을 한층 높여 주었다.

당시의 화가들은 현실을 사실적으로 재현하기 위해 선 원근법, 공기 원근법 외에도 해부학, 명암법 등을 전문적인 교육 기관에서 배워야 했다. 그런데 화가들의 이러한 고된 상황은 카메라 옵스큐라의 출현으로 개선될 여지가 있었다. 카메라 옵스큐라는 어두운 방의 한 부분에 구멍을 뚫어 밖의 풍경이 구멍을 통해 들어와 맞은편 막에 상을 맺히게 하는 장치이다. 화가들은 그 막에 종이를 대고 맺힌 상을 베끼기만 하면 밖의 풍경을 그대로 재현할 수 있었다. 이 장치는 초기에는 너무 커서 이용에 불편했지만 나중에는 갖고 다닐 수 있을 정도로 작아져 많은 화가들이 이용했다. 당시의 그림 중에는 놀랄 만큼 정교한 것이 있는데, 그것은 화가의 실력이 늘어서이기도 하겠지만 카메라 옵스큐라의 사용과 무관하지 않다.

19 윗글에 대한 설명으로 가장 적절한 것은?

① 르네상스 미술을 바라보는 통념을 비판하고 있다.
② 르네상스 미술을 감상하는 방법을 제안하고 있다.
③ 르네상스 미술과 관련된 기법과 장치를 설명하고 있다.
④ 르네상스 미술이 종교에 끼친 파급 효과를 점검하고 있다.
⑤ 르네상스 미술에 영향을 미치는 해부학을 강조하고 있다.

> ✔해설 윗글은 르네상스 시기의 화가들이 사실적인 그림을 그리기 위해 따랐던 미술기법과 그들이 활용했던 장치에 대해 설명하고 있다.

20 윗글로 미루어 알 수 있는 내용으로 적절하지 않은 것은?

① 15세기 이전에도 화가들은 원근감을 고려하였다.
② 선 원근법은 르네상스 문화를 토대로 태동되었다.
③ 카메라 옵스큐라는 풍경을 그대로 재현하는 데 유용했다.
④ 경험적 원근법은 선 원근법과 공기 원근법의 성과로 완성되었다.
⑤ 그리드는 정확한 상을 얻는데는 유용했지만 사용하기에 불편했다.

> ✔해설 경험적 원근법은 15세기 이전의 원근법을 가리키며, 선 원근법은 15세기 르네상스 이후의 원근법을 가리킨다. 그러므로 시기상 경험적 원근법이 선 원근법보다 먼저이다.

Answer   19.③   20.④

| 21~22 | 다음 글을 읽고 물음에 답하시오.

중국의 전국시대는 주 왕실의 봉건제가 무너지고 열국들이 중국 천하를 할거하면서 끝없는 전쟁으로 패권을 다투던 혼란과 분열의 시기였다. 이때 등장한 제자백가 철학은 전국시대라는 난세를 극복하고 더 나은 세상을 세우기 위한 사회적 필요와 인간에 대한 치열한 사유로부터 비롯되었다. 그렇다면 당대 사상가들은 국가 또는 공동체의 질서 회복과 개인의 삶의 관계를 어떻게 모색하였을까?

전국시대의 주류 사상가로서 담론을 주도했던 양주는 인간은 기본적으로 자신만을 위한다는 위아주의(爲我主義)를 주장했다. 이는 ⊙사회의 모든 제도와 문화를 인위적인 허식으로 보고 자신의 생명을 완전하게 지키며 사는 것이 인생에서 가장 중요하다는 생각이다. 얼핏 보면 양주의 이러한 사상이 극단적인 이기주의로 보일 수도 있으나, 이는 군주를 정점으로 하는 국가 체제를 부정하고 개인의 중요성을 강조하였다는 점에서 의미 있는 관점이다. 일반적으로 무질서한 사회의 원인을 국가나 국가 지향적 이념의 부재로 여기는 데 반해, 양주는 '바람직한 사회를 위해서 삶을 희생하라'는 국가 지향적 이념을 문제 삼은 것이다. 그는 강력한 공권력을 독점한 국가에 의해 개인의 삶이 일종의 수단으로 전락할 수 있다는 점을 통찰하고, 개인은 사회 규범이나 국가 지향적 이념에 사로잡혀 개인을 희생하지 말고 자신들의 삶의 절대적 가치를 자각해야만 한다고 역설했다.

반면, 한비자는 강력한 법치주의(法治主義)로 무장한 국가의 중요성과 절대군주론을 주장했다. 한비자는 군주가 법의 화신이 되어 엄한 법으로 다스려야 국가의 혼란을 치유할 수 있다고 믿었던 것이다. 또한 법의 실질적인 효과를 위해 법은 반드시 성문법 형식으로 만들어져 백성들 사이에 두루 알려져야 하며, 그렇게 만들어진 법은 상하귀천을 막론하고 공정하게 집행되어야 한다고 보았다. 한비자는 인간을 자신의 이익을 추구하는 이기적 존재로 간주하였기 때문에 강력한 공권력으로 상벌 체계를 확립하면 상을 얻기 위해 법을 지키게 될 것이라고 확신했다. 그렇게 된다면, 법치를 통해서 국가는 강력해지고, 동시에 백성들도 국가로부터 보호를 얻어 자신의 이득을 확보할 수 있다는 것이다. 결국 한비자가 생각하는 법치의 진정한 의의는 백성을 보호하고 이롭게 하는 것이었다.

이렇듯 양주는 국가와 같은 외적 존재가 개인의 삶에 개입하는 것을 부정한 반면, 한비자는 공평무사한 정신으로 질서를 확립하여 백성의 고통을 해결하는 군주 정치를 최선으로 여겼다.

21 윗글의 '양주'와 '한비자' 모두가 동의할 수 있는 생각으로 가장 적절한 것은?

① 인간은 자신의 이익을 중시하는 존재이다.
② 개인의 삶이 국가의 제약을 받는 것은 정당하다.
③ 개인의 권리를 보장하기 위해 사회 규범이 필요하다.
④ 개인과 국가의 이익이 조화를 이루는 사회가 이상적이다.
⑤ 국가를 엄한 벌로 다스려야 한다.

> ✔ 해설 윗글에서 양주는 인간이 자신만을 위한다는 위아주의를 강조하였고, 한비자는 인간을 자신의 이익을 추구하는 이기적 존재로 간주하였다. 이를 바탕으로 ① 인간이 자신의 이익을 중시하는 존재라는 것에 양주와 한비자 모두 동의한다고 추론할 수 있다.

22 밑줄 친 ⊙의 이유로 가장 적절한 것은?

① 국가 지향적 이념 추구가 개인의 삶을 위협한다고 보았기 때문이다.
② 당대 정치가들이 난세를 극복하기에는 능력이 부족하다고 보았기 때문이다.
③ 법과 제도만으로는 인간의 다양한 욕구를 충족할 수 없다고 보았기 때문이다.
④ 전쟁으로 인한 제도의 혼란이 국가의 권위를 유지하기 어렵다고 보았기 때문이다.
⑤ 국가가 개인의 삶에 개입하는 것이 최선으로 보았기 때문이다.

> ✔ 해설 양주는 강력한 공권력을 독점한 국가에 의해 개인의 삶이 일종의 수단으로 전락할 수 있다고 보기 때문에 사회의 제도와 문화를 인위적인 허식으로 보았기 때문이다.

Answer 21.① 22.①

|23~24| 다음 글을 읽고 물음에 답하시오.

이탈리아의 경제학자 파레토는 한쪽의 이익이 다른 쪽의 피해로 이어지지 않는다는 전제하에, 모두의 상황이 더 이상 나빠지지 않고 적어도 한 사람의 상황이 나아져 만족도가 커진 상황을 자원의 배분이 효율적으로 이루어진 상황이라고 보았다. 이처럼 파레토는 경제적 효용을 따져 최선의 상황을 모색하는 이론을 만들었고, 그 중심에는 '파레토 개선', '파레토 최적'이라는 개념이 있다.

갑은 시간당 500원, 을은 1,000원을 받는 상황 A와, 갑은 시간당 750원, 을은 1,000원을 받는 상황 B가 있다고 가정해 보자. 파레토에 의하면 상황 B가 을에게는 손해가 되지 않으면서 갑이 250원을 더 받을 수 있기에 상황 A보다 우월하다. 즉 상황 A에서 상황 B로 바뀌었을 때 아무도 나빠지지 않고 적어도 한 사람 이상은 좋아지게 되는 것이다. 이때, 상황 A에서 상황 B로의 전환을 파레토 개선이라고 하고, 더 이상 파레토 개선의 여지가 없는 상황을 파레토 최적이라고 한다.

이와 같이 파레토 최적은 서로에게 유리한 결과를 가져오는 선택의 기회를 보장한다는 점에서 의미가 있지만 한계 또한 있다. 예를 들어 갑이 시간당 500원을 받고 을이 시간당 1,000원을 받는 상황에서 갑과 을 모두의 임금이 인상되면 이는 파레토 개선이다. 그러나 만약 갑은 100원이 인상되고 을은 10원이 인상되는 상황과 갑은 10원 인상되고 을이 100원 인상되는 상황 가운데 어느 것을 선택해야 하는지에 대해서 파레토 이론은 답을 제시하지 못한다.

그러나 이러한 한계에도 불구하고 파레토 최적은 자유 시장에서 유용한 경제학 개념으로 평가받고 있는데, 그 이유는 무엇일까? 특정한 한쪽의 이득이 다른 쪽의 손해로 이어지지 않는다는 전제하에, 위와 같이 갑은 시간당 500원, 을은 1,000원을 받는 상황 A에서 갑은 시간당 750원, 을은 1,000원을 받는 상황 B로의 전환에 대해 협의한다고 가정하자. 을은 자신에게는 아무런 이익도 없고 만족도도 별로 나아지지 않는 상황 전환에 대해 별로 마음 내켜 하지 않을 것이나 갑은 250원이나 더 받을 수 있으므로 상황의 전환이 절실하다. 이에 따라 갑이 을에게 자신이 더 받는 250원 중에서 100원을 주기로 제안한다면 을은 이러한 제안을 받아들여 상황 B로 전환하는 데 동의할 것이다. 이와 같이 파레토 최적은 (_____㉠_____)을/를 설명했다는 점에서 가치 있게 평가받고 있다.

23 윗글에 대한 설명으로 적절하지 않은 것은?

① 파레토 최적의 개념과 특성을 밝히고 있다.
② 파레토 이론의 발전 과정을 설명하고 있다.
③ 파레토 이론의 한계와 의의를 설명하고 있다.
④ 파레토 개선과 관련한 구체적 상황을 소개하고 있다.
⑤ 파레토 이론의 의의를 예를 통해 설명하고 있다.

> ✔ 해설 ① 파레토 최적에 관한 개념을 '~ 이처럼 파레토는 경제적 효용을 따져 최선의 상황을 모색하는 이론을 만들었고~'를 통해 확인할 수 있다.
> ③ 파레토 이론의 한계는 '~이러한 한계에도 불구하고 파레토 최적은 자유 시장에서 유용한 경제학 개념으로 평가받고 있는~'을 통해 밝히고 있다.
> ④ 파레토 개선과 관련된 구체적 상황은 '~파레토 최적은 서로에게 유리한 결과를 가져오는 선택의 기회를 보장한다는 점에서 의미가 있지만 한계~' 등에서 확인할 수 있다.

24 윗글의 빈칸 ㉠에 들어갈 내용으로 가장 적절한 것은?

① 선택의 기회가 많을수록 이익은 줄어드는 경우
② 경제 주체 간의 타협보다는 경쟁이 중요한 이유
③ 소비자의 기호에 따라 상품 가격이 결정되는 상황
④ 모두에게 손해가 되지 않으면서 효용을 증가시키는 상황
⑤ 협상을 통한 가격의 결정

> ✔ 해설 한쪽의 이익이 다른 쪽의 피해로 이어지지 않는다는 전제하에, 모두의 상황이 더 이상 나빠지지 않고 적어도 한 사람의 상황이 나아져 만족도가 커진 상황을, 자원의 배분이 효율적으로 이루어진 상황을 파레토 최적이라 하며, 더 이상은 좋아질 수 없는, 양측에게 가장 이익이 되는 상황이 파레토 최적이며 이해 당사자는 협상을 통해 이러한 파레토 최적의 상황에 도달할 수 있으므로 파레토 최적 이론은 손해가 없으면서 효용을 증가시키는 상황을 설명한 이론이라 할 수 있다.

Answer 23.② 24.④

| 25~26 | 다음 글을 읽고 물음에 답하시오.

동물들은 체내 상태를 유지하기 위해 많은 전략들을 진화시켜왔는데, 삼투조절은 그 중 하나이다. 삼투조절 이란 생물이 체액 농도를 유지하기 위해 다양한 방법을 사용하여 체내의 수분 양을 조절하는 것을 말한다.

육상동물과 달리 어류는 물이라는 외부 환경과 직접 접촉하게 되므로 물과 체내의 농도 차이에 의한 삼투현상을 겪는 경우가 많다. 이때 삼투현상이란 농도가 다른 두 용액 사이에 반투과성 막을 설치하면 농도가 낮은 쪽에서 높은 쪽으로 용매*가 이동하는 현상을 말한다. 척추가 있는 대부분의 어류는 물속에서 삼투현상이 지속적으로 일어나면 자신의 체액 농도를 유지할 수 없어 생존하기 힘들다. 따라서 삼투조절을 통해 체내의 수분 양을 조절해야 한다.

담수어와 해수어는 외부 환경 조건이 서로 다르기 때문에 이들의 삼투조절 방식은 서로 반대이다. 담수어의 체액 농도는 담수보다 높고, 해수어의 체액 농도는 해수보다 낮다. 이들 어류의 표피 세포막이 반투과성 막의 역할을 하므로, 삼투조절을 하지 않으면 담수어의 체내에는 외부로부터 수분이 과도하게 유입된다. 반면, 해수어에는 과도한 탈수 현상이 발생한다. 따라서 이들은 끊임없이 삼투조절을 해야 한다.

해수어는 최대한 많은 양의 해수를 마신 후 장에서 물만 흡수하고 염류를 배출함으로써 체액 농도를 일정하게 유지한다. 체내에 수분을 최대한 많이 축적하기 위해 배출하는 오줌 양은 흡수한 수분의 약 10% 정도로 매우 적다. 오줌의 농도도 체액 농도보다 더 높을 정도로 매우 짙다. 해수어의 신장에서는 수분 배출을 최소화하기 위해 오줌 생성 과정에서 수분을 재흡수하는 작용이 활발히 일어나기 때문이다.

또한 물고기의 아가미에는 염류를 흡수하거나 배출하는 세포가 있다. 이러한 염류세포에 있는 작은 통로를 열어 체내에 유입된 염류를 활발히 배출함으로써 해수어는 체액 농도를 일정하게 유지한다. 삼투조절을 할 때는 에너지가 소모된다. 해수어는 삼투조절을 위해 휴식기 에너지 소모량의 5% 이상을 사용한다. 그런데 에너지 소모량은 체액 농도와 주위 환경과의 차이, 표피 세포막의 수분 투과 정도 등에 따라 달라질 수 있다.

강에서 태어난 연어는 바다로 내려가면 해수어와 같은 방법으로 삼투조절을 해서 수분을 최대한 체내에 저장하고 염류를 배출한다. 그러나 산란기에 다시 모천으로 회귀하게 되면 이와는 반대의 방법으로 삼투조절을 한다. 따라서 연어는 바다에서는 수분 손실로 인한 체형 수축이 일어나지 않으며, 강에서는 수분 유입으로 인해 풍선처럼 몸이 불어나는 일도 없다. 연어와 같이 물이라는 환경에 직접 노출되어 있는 대부분의 어류에게 있어서 삼투조절은 주위 환경 속에서 생존하기 위한 필수적인 작용이다.

25 윗글의 내용으로 적절하지 않은 것은?

① 해수의 농도는 해수어의 체액 농도보다 높다.
② 대부분의 해수어에서 표피 세포막은 반투과성 막의 역할을 한다.
③ 삼투가 일어나면 용매는 농도가 낮은 쪽에서 높은 쪽으로 이동한다.
④ 삼투조절은 체액의 농도를 주변 환경과 비슷하게 유지하는 현상이다.
⑤ 삼투조절을 할 때는 에너지가 소모된다.

> ✔해설 ① 해수어는 해수보다 체액 농도가 낮음을 알 수 있다.
> ② 표피 세포막이 반투과성 막의 역할을 함을 알 수 있다.
> ③ 삼투현상이 일어날 때에는 반투과성 막을 기준으로 농도가 낮은 쪽에서 높은 쪽으로 용매가 이동함을 알 수 있다.
> ⑤ 해수어는 삼투조절을 위해 휴식기 에너지 소모량의 5% 이상을 사용한다.

26 윗글의 '삼투조절'에 해당하는 사례를 바르게 고른 것은?

> ㉠ 국이 싱거워 소금으로 간을 맞추었다.
> ㉡ 더운 여름날 차가운 물에 적신 수건으로 몸을 닦았다.
> ㉢ 격렬한 운동으로 땀을 많이 흘린 운동선수가 물을 마셨다.
> ㉣ 물을 많이 마시고 잤더니 다음날 아침 평소보다 오줌 양이 많았다.

① ㉠㉡　　　　　　　　　　　② ㉡㉢
③ ㉠㉣　　　　　　　　　　　④ ㉢㉣
⑤ ㉠㉡㉢

> ✔해설 ㉠ 자신의 입맛에 맞게 간을 맞춘 것은 삼투조절과 관련이 없다.
> ㉡ 체액의 농도가 아니라 체온을 조절하기 위한 것이다.
> ㉢ 격렬한 운동을 하고 땀을 흘린 후 물을 마신 것은 땀으로 인해 체내 수분이 배출되었기 때문에 수분을 보충하여 체액의 농도를 조절하기 위한 것이다.
> ㉣ 평소보다 물을 많이 마셔서 체액의 농도가 낮아졌으므로 많은 양의 오줌을 통해 체내의 수분이 배출되는 것이다.
> ※ 삼투조절 … 생명체가 자신의 체액 농도를 유지하기 위한 조절 작용을 말한다.

Answer 25.④ 26.④

│27~36│ 다음 문장의 문맥상 ( ) 안에 들어갈 단어로 가장 적절한 것을 고르시오.

27
> 매립지에 가득 찬 쓰레기들을 보고 온 담당자는 시민들에게 분리수거의 중요성에 대해 다시 한 번 ( )했다.

① 주파 ② 격파
③ 추파 ④ 설파
⑤ 반파

✅ **해설** ① 도중에 쉬지 않고 끝까지 달림
② 단단한 물체를 손이나 발 따위로 쳐서 깨뜨림
③ 이성의 관심을 끌기 위하여 은근히 보내는 눈길
④ 어떤 내용을 듣는 사람이 납득하도록 분명하게 드러내어 말함
⑤ 반쯤 부서짐

28
> 확진자 수가 점점 늘어나면서 밀접하게 접촉한 사람들끼리의 감염이 기하급수적으로 ( )되고 있습니다.

① 배송 ② 배격
③ 배신 ④ 배정
⑤ 배가

✅ **해설** ① 물자를 여러 곳에 나누어 보내 줌
② 어떤 사상, 의견, 물건 따위를 물리침
③ 믿음이나 의리를 저버림
④ 몫을 나누어 정함
⑤ 갑절 또는 몇 배로 늘어나거나 늘림

29

> 어젯밤에 갑자기 내린 폭우로 지하차도가 침수되어 할 수 없이 먼 거리를 (   )해 가야 했다.

① 회신 ② 우회
③ 회선 ④ 정회
⑤ 회수

✔해설 ① 편지, 전신, 전화 따위로 회답을 함
② 곧바로 가지 않고 멀리 돌아서 감
③ 전화가 통할 수 있도록 가설된 선
④ 회의를 일시 중지함
⑤ 도로 거두어들임

30

> 오랜 노사분쟁을 끝내기 위해 모처럼 모인 회의에서 좀처럼 (   )점을 찾지 못해 회의가 정체되었다.

① 합의 ② 합격
③ 합주 ④ 협소
⑤ 협동

✔해설 ① 둘 이상의 당사자의 의사가 일치함
② 시험, 검사, 심사 따위에서 일정한 조건을 갖추어 어떠한 자격이나 지위를 얻음
③ 두 가지 이상의 악기로 동시에 연주함
④ 공간이 좁고 작다
⑤ 서로 마음과 힘을 하나로 합함

Answer 27.④ 28.⑤ 29.② 30.①

31

> 최근 전동킥보드를 이용하는 사람이 많아짐에 따라 새롭게 관련법을 (   )해야 한다는 목소리가 커지고 있다.

① 미정 ② 예정
③ 제정 ④ 확정
⑤ 시정

✔해설 ① 아직 정하지 못함
② 앞으로 일어날 일이나 해야 할 일을 미리 정하거나 생각함
③ 제도나 법률 따위를 만들어서 정함
④ 일을 확실하게 정함
⑤ 잘못된 것을 바로잡음

32

> 수도권에 대한 그린벨트 지정이 확대됨에 따라 개발이 (   )되는 곳이 늘어났다.

① 제공 ② 제작
③ 제소 ④ 제어
⑤ 제한

✔해설 ① 무엇을 내주거나 갖다 바침
② 재료를 가지고 기능과 내용을 가진 새로운 물건이나 예술작품을 만듦
③ 소송을 제기함
④ 기계나 설비 또는 화학 반응 따위가 목적에 알맞은 작용을 하도록 조절함
⑤ 일정한 한도를 정하거나 그 한도를 넘지 못하게 막음

33

한류의 영향력이 커지면서 한국어를 배우고 싶어 하는 외국인이 많아졌기 때문에 서원출판사에서는 비영어권 외국인을 위한 알기 쉬운 한국어 (　　)서를 출간하였다.

① 입주　　　　　　　　　　② 입학
③ 입문　　　　　　　　　　④ 입력
⑤ 입상

> ✔해설　① 새집에 들어가 삶
> ② 학생이 되어 공부하기 위해 학교에 들어감
> ③ 어떤 학문의 길에 처음 들어섬, 또는 그때 초보적으로 배우는 과정
> ④ 문자나 숫자를 컴퓨터가 기억하게 하는 일
> ⑤ 상을 탈 수 있는 등수 안에 듦

34

예술작품에 대한 사람들의 관심이 늘어나면서 유명 화가의 그림을 그대로 (　　)한 그림이 시장에 팔리고 있다.

① 모사　　　　　　　　　　② 모집
③ 모병　　　　　　　　　　④ 모략
⑤ 모임

> ✔해설　① 원본을 베끼어 씀
> ② 사람이나 작품, 물품 따위를 일정한 조건 아래 널리 알려 뽑아 모음
> ③ 병정을 모집함
> ④ 사실을 왜곡하거나 속임수를 써 남을 해롭게 함, 또는 그런 일
> ⑤ 어떤 목적 아래 여러 사람이 모이는 일

Answer　31.③　32.⑤　33.③　34.①

35

국토교통부는 10년간 교통사고 발생 원인을 분석해본 결과 운전 중 한눈을 팔 때 가장 사고가 빈번히 일어난다고 밝혔습니다. 이러한 사고를 방지하기 위해서는 운전 중에 전방을 (   )하고 앞차와의 안전거리를 충분히 유지하는 것이 중요하다고 밝혔습니다.

① 예시　　　　　　　　　　② 제시
③ 지시　　　　　　　　　　④ 게시
⑤ 주시

✔ 해설　① 예를 들어 보임
　　　　② 어떠한 의사를 말이나 글로 나타내어 보임
　　　　③ 일러서 시킴
　　　　④ 여러 사람에게 알리기 위하여 내붙이거나 내걸어 두루 보게 함
　　　　⑤ 어떤 목표물에 주의를 집중하여 봄

36

미국의 스포츠사회학자인 이브라힘은 "스포츠는 인간 표현의 한 형태로서 역사적으로 신체적 놀이로부터 유래하며, 문화적으로 특정 사회의 승인을 받은 인간의 기본적인 여가 활동이다. 스포츠의 목표는 미리 동의한, 따라서 중재되어지는 일련의 규칙을 통한 경쟁적인 상황에서 획득된다."고 (   )했다.

① 토의　　　　　　　　　　② 사의
③ 문의　　　　　　　　　　④ 고의
⑤ 정의

✔ 해설　① 어떤 문제에 대하여 검토하고 협의함
　　　　② 맡아보던 일자리를 그만두고 물러날 뜻
　　　　③ 물어서 의논함
　　　　④ 일부러 하는 생각이나 태도
　　　　⑤ 어떤 말이나 사물의 뜻을 명백히 밝혀 규정함

|37~42| 다음 밑줄 친 부분과 같은 의미로 사용된 것을 고르시오.

37
> 입사 후 처음으로 프로젝트팀에 합류하게 되었다. <u>맡겨진</u> 임무는 비록 작은 일이었지만 최선을 다해서 임무 수행을 수행하였고 그 결과 만족할 만한 성과를 얻을 수 있었다.

① 화장실에 다녀올 테니 잠시 가방을 <u>맡아줘</u>.
② 무사히 관계 기관의 승인을 <u>맡았다</u>.
③ 도서관에서 자리를 <u>맡았다</u>.
④ 담임을 <u>맡다</u>.
⑤ 그릇에 담긴 액체의 냄새를 <u>맡았다</u>.

> ✔ 해설 맡다 … 어떤 일에 대한 책임을 지고 담당하다.
> ① 어떤 물건을 받아 보관하다.
> ② 면허나 증명, 허가, 승인 따위를 얻다.
> ③ 자리나 물건 따위를 차지하다.
> ⑤ 코로 냄새를 느끼다.

38
> 보건복지부는 노인·한부모 가구에 배우자, 1촌의 직계혈족 등 부양할 수 있는 가족이 있으면 기초생활보장제도 생계급여를 주지 않는 기존의 기준을 폐지하고 수급 대상자를 확대한다고 밝혔다. 이에 따라 부양가족이 있다는 이유로 급여를 <u>타지</u> 못하거나 부양가족이 부양 능력이 없음을 입증해야 하던 약 15만 7천 가구가 새로 수급 대상이 된다.

① 오랜만에 놀러온 친구에게 특별한 커피를 <u>타서</u> 주었다.
② 영연방 국가에서는 현재에도 말을 <u>타고</u> 다니는 기마경찰을 볼 수 있다.
③ 그 자리에는 다 <u>타서</u> 꺼져가는 불씨만이 남았다.
④ 찌는 듯한 뙤약볕에 살갗이 <u>탔다</u>.
⑤ 그는 4년간 성적장학금을 <u>타서</u> 학비에 보탰다.

> ✔ 해설 타다 … 몫으로 주는 돈이나 물건 따위를 받다.
> ① 다량의 액체에 소량의 액체나 가루 따위를 넣어 섞다.
> ② 탈것이나 짐승의 등 따위에 몸을 얹다.
> ③ 불씨나 높은 열로 불이 붙어 번지거나 불꽃이 일어나다.
> ④ 피부가 햇볕을 오래 쬐어 검은색으로 변하다.

39

> 이청준은 예술가나 장인들의 세계를 <u>다룬</u> 작품을 많이 썼다. 이들은 세속적 가치를 강요하는 외부의 압력에 굴하지 않고 자신들의 엄격성을 지키려는 인간들이다. 또한 현실과 이상의 괴리를 극복하고 예술혼을 고양시켜 근원적인 삶의 의미를 발견하려 애쓰는 인물들이다.

① 정보과라면 적어도 사기, 치정, 폭행 따위의 사건을 <u>다루는</u> 곳이 아니란 것쯤은 나도 잘 알고 있다.
② 이 상점은 주로 전자 제품만을 <u>다룬다</u>.
③ 요즘 아이들은 학용품을 소중히 <u>다루는</u> 경향이 있다.
④ 일간지들은 경제 위기의 사회 문제를 비중 있게 <u>다루고</u> 있다.
⑤ 그는 상대 선수를 마음대로 <u>다루어</u> 쉽게 승리했다.

> ✔ **해설** 다루다 … 어떤 것을 소재나 대상으로 삼다.
> ① 일거리를 처리하다.
> ② 어떤 물건을 사고파는 일을 하다.
> ③ 어떤 물건이나 일거리 따위를 어떤 성격을 가진 대상 혹은 어떤 방법으로 취급하다.
> ⑤ 사람이나 짐승 따위를 부리거나 상대하다.

40

> 내가 탐방한 고궁은 경복궁으로, 그곳에서 우리나라 고궁의 아름다움을 <u>엿볼</u> 수 있었다. 경복궁에 있는 건축물 중에서 가장 인상 깊었던 것은 생활공간인 교태전의 후원에 있는 아미산 굴뚝이다. 아미산 굴뚝은 붉은 벽돌을 쌓아 만들었는데, 모서리마다 새겨진 사군자, 십장생, 봉황 등의 무늬가 무척 아름다웠다. 연기를 배출하는 굴뚝이지만, 이렇게 조형적인 기교가 뛰어난 석조물을 만든 우리 조상들의 미적 안목이 놀라웠다.

① 그는 분명히 집안사람이 잠든 때를 타서 금순이가 자고 있는 건넌방 미닫이 틈으로 곧잘 안을 <u>엿보고</u> 그랬다.
② 이 책은 어떤 말의 유래뿐 아니라 우리 선조들의 생활사까지 <u>엿볼</u> 수 있는 유익한 읽을거리가 될 만하다.
③ 아내는 아들의 기색을 <u>엿보듯</u> 물끄러미 바라보았다.
④ 징집영장이 나왔다는 소리를 은근한 방법으로 알리려고 잠시 틈을 <u>엿보고</u> 있는데 그의 편에서 먼저 불쑥 말하였다.
⑤ 왕의 눈에는 모두 다 왕의 자리를 <u>엿보고</u> 나라를 좀먹게 하는 간특한 신하와 무리로만 보였다.

> **해설** 엿보다 … 어떤 사실이나 바탕으로 실상을 미루어 알다.
> ① 남이 보이지 아니하는 곳에 숨거나 남이 알아차리지 못하게 하여 대상을 살펴보다.
> ③ 잘 드러나지 아니하는 마음이나 생각을 알아내려고 살피다.
> ④ 무엇을 이루고자 온 마음을 쏟아서 눈여겨보다.
> ⑤ 음흉한 목적을 가지고 남의 것을 빼앗으려고 벼르다.

41

> 우리에게 친숙한 동물들의 사소한 행동을 살펴보면 그들이 자신의 환경을 개조한다는 것을 알 수 있다. 가장 단순한 생명체는 물위에 뜬 채로 다니며 먹이가 그들에게 헤엄쳐 오게 만들고, 고등동물은 먹이를 구하기 위해 땅을 파거나 포획 대상을 추적하기도 한다. 이처럼 동물들은 자신의 목적을 위해 행동함으로써 환경을 변형시킨다. 이러한 생존 방식을 흔히 환경에 적응하는 것으로 설명한다. 그러나 이러한 설명은 생명체들이 그들의 환경 개변(改變)에 능동적으로 행동한다는 중요한 사실을 놓치고 있다.

① 갑작스럽게 일어난 사고에 질끈 감은 눈을 떠서 상황을 확인했다.
② 밀려오는 걱정에 잠들 수 없어 자꾸만 눈이 떠졌다.
③ 자원봉사자들은 유조선 사고로 인해 유출되어 바다에 뜬 기름을 하루 종일 걷어냈다.
④ 오늘따라 교실 분위기가 붕 떠 있는 것처럼 보였다.
⑤ 익숙하지 않은 도배작업이라 도배지가 여기저기 떠 있었다.

> **해설** 뜨다 … 물속이나 지면 따위에서 가라앉지 않고 물 위나 공중에 있거나 위쪽으로 솟아오르다.
> ①② 감았던 눈을 벌리다.
> ④ 차분하지 못하고 어수선하게 들떠 가라앉지 않게 되다.
> ⑤ 착 달라붙지 않아 틈이 생기다.

Answer 39.④ 40.② 41.③

42

> 최근 언택트(Untact)시대가 되면서 많은 사람들이 장을 보러 나가는 대신에 필요한 물품을 온라인으로 주문하여 한꺼번에 배달받는 서비스를 이용하고 있다. 그러나 집에서 편리하게 받을 수 있는 반면 제품의 하자가 있거나 구매자의 변심으로 구매를 <u>무르기</u>는 아직도 쉽지 않다.

① 장마기간이 길어진 탓에 과일들이 전부 <u>물러졌다</u>.
② 실수로 구매한 물건을 <u>무르기</u> 위해 찾아갔으나 만나주지 않았다.
③ 평소 마음이 <u>무른</u> 탓에 손해를 자주 보는 느낌이 들었다.
④ 어설프고 <u>무른</u> 마음가짐으로는 이 일을 해낼 수 없을 것이다.
⑤ 달팽이는 연하고 <u>무른</u> 피부를 통해 호흡하므로 적절한 습도를 맞춰주어야 한다.

> **해설** 무르다 … 사거나 바꾼 물건을 원래 임자에게 도로 주고 돈이나 물건을 되찾다.
> ①⑤ 여리고 단단하지 않다.
> ③④ 마음이 여리거나 힘이 약하다.

43 다음 문장에서 잘못 사용된 경어법의 개수는?

> 먼저 본인을 대표로 선출하여 주신 대의원 여러분과 국민 여러분에게 감사의 뜻을 표하고자 합니다.

① 0개 ② 1개
③ 2개 ④ 3개
⑤ 4개

> **해설** 공식적인 발언을 할 때에는 자신은 낮추고 청자는 높여서 표현해야 하므로 '본인 → 저, 여러분에게 → 여러분께'로 고쳐야 한다.

44 다음 밑줄 친 단어들의 의미 관계가 나머지와 다른 하나는?

① 폭우 때문에 <u>배</u>가 출항하지 못했다.
　우리 할머니는 달콤한 <u>배</u>를 정말 좋아하신다.
② 산꼭대기에 올라서니 <u>다리</u>가 후들거린다.
　인천대교는 세계에서도 손꼽히는 긴 <u>다리</u>이다.
③ 발 없는 <u>말</u>이 천 리 간다.
　<u>말</u>이 망아지를 낳으면 시골로 보내야 한다.
④ 어제 시험은 잘 <u>보았니</u>?
　아침에 택시와 버스가 충돌하는 걸 <u>보았니</u>?
⑤ 햇볕에 얼굴이 까맣게 <u>탔다</u>.
　어제는 오랜만에 기차를 <u>탔다</u>.

> **해설** ④ 두 문장에 쓰인 '보다'의 의미가 '자신의 실력이 나타나도록 치르다.', '눈으로 대상의 존재나 형태적 특징을 알다.'이므로 다의어 관계이다.
> ①②③⑤ 두 문장의 단어가 서로 동음이의어 관계이다.

45 유사한 속담끼리 연결된 것이 아닌 것은?

① 금강산도 식후경 – 수염이 대 자라도 먹어야 양반이다.
② 재주는 곰이 부리고 돈은 왕 서방이 번다. – 먹기는 파발이 먹고 뛰기는 역마가 뛴다.
③ 지렁이도 밟으면 꿈틀한다. – 한 치 벌레도 오 푼 결기는 있다.
④ 동지섣달에 배지기 적삼 – 상주보고 제삿날 다툰다.
⑤ 발 없는 말이 천리 간다. – 낮말은 새가 듣고 밤말은 쥐가 듣는다.

> **해설** '동지섣달에 배지기 적삼'은 '격에 어울리지 않는 상황'을 이르는 말이고, '상주보고 제삿날 다툰다.'는 '잘 모르는 사람이 잘 아는 사람에게 자신의 의견을 고집함'을 이르는 말이다.
> ① 아무리 재미있는 일이라도 배가 불러야 흥이 나지 배가 고파서는 아무 일도 할 수 없음을 비유적으로 이르는 말
> ② 정작 애쓴 사람은 대가를 받지 못하고 딴 사람이 받는다는 말
> ③ 아무리 눌려 지내는 미천한 사람이나, 순하고 좋은 사람이라도 너무 업신여기면 가만있지 아니한다는 말
> ⑤ 말을 삼가야 함을 비유적으로 이르는 말

Answer 42.② 43.③ 44.④ 45.④

46 다음 속담 중 반의어가 사용되지 않은 것은?

① 달면 삼키고 쓰면 뱉는다.
② 가까운 이웃이 먼 친척보다 낫다.
③ 사공이 많으면 배가 산으로 간다.
④ 가는 말이 고와야 오는 말이 곱다.
⑤ 맞은 놈은 다리 뻗고 자도 때린 놈은 오그리고 잔다.

✔해설 ① '달다'와 '쓰다', '삼키다'와 '뱉다'가 각각 서로 반의어이다.
② '가깝다'와 '멀다'가 서로 반의어이다.
④ '가다'와 '오다'가 서로 반의어이다.
⑤ '맞다'와 '때리다', '뻗다'와 '오그리다'가 각각 서로 반의어이다.

47 다음 빈칸 안에 들어갈 알맞은 것은?

마리아 릴케는 많은 글에서 '위대한 내면의 고독'을 즐길 것을 권했다. '고독은 단 하나 뿐이며 그것은 위대하며 견뎌 내기가 쉽지 않지만, 우리가 맞이하는 밤 가운데 가장 조용한 시간에 자신의 내면으로 걸어 들어가 몇 시간이고 아무도 만나지 않는 것, 바로 이러한 상태에 이를 수 있도록 노력해야 한다'고 언술했다. 고독을 버리고 아무하고나 값싼 유대감을 맺지 말고, 우리의 심장의 가장 깊숙한 심실(心室) 속에 ___을 꽉 채우라고 권면했다.

① 이로움　　　　　　② 고독
③ 흥미　　　　　　　④ 사랑
⑤ 행복

✔해설 고독을 즐기라고 권했으므로 '심실 속에 고독을 채우라'가 어울린다. 따라서 빈칸에 들어갈 알맞은 것은 고독이다.

| 48~51 | 다음 빈칸에 공통으로 들어갈 단어로 알맞은 것을 고르시오.

48

- 이번 올림픽에서는 세계 신기록이 여러 번 (　)되었다.
- 주가가 1000포인트를 (　)했다.
- 국제 유가가 연일 사상 최고치를 (　)하면서 경제 전망을 어둡게 하고 있다.

① 개선(改善)　　　　　　② 경신(更新)
③ 개정(改正)　　　　　　④ 갱생(更生)
⑤ 개괄(概括)

> **해설** ① 잘못된 것이나 나쁜 것 따위를 고쳐 더 좋거나 착하게 만드는 것을 의미한다.
> ② 이미 있던 것을 고쳐 새롭게 함을 뜻한다.
> ③ 문서의 내용 따위를 고쳐서 바르게 하는 것을 이르는 말이다.
> ④ 마음이나 생활태도를 바로잡아 본디의 옳은 생활로 되돌아가거나 발전된 생활로 나아감
> ⑤ 중요한 내용이나 줄거리를 대강 추려내는 것을 의미한다.

49

- 컨디션 난조에 따른 자신감 (　)로 제 기량을 발휘하기 어려웠다.
- 그 사람은 진실성이 (　)돼 있다는 느낌을 받곤 한다.
- 문화재 보호 기능이 (　)된 등록문화재 제도에 대해 전면 재검토할 것을 결정했다.

① 결여　　　　　　② 경시
③ 견지　　　　　　④ 괄시
⑤ 박멸

> **해설** ① 빠져서 없음을 의미한다.
> ② 가볍게 보는 것을 뜻한다.
> ③ 어떤 견해나 입장 따위를 굳게 지니거나 지킴
> ④ 업신여김을 뜻한다.
> ⑤ 모조리 잡아 없애는 것을 뜻한다.

Answer　46.③　47.②　48.②　49.①

50

> 어쩌면 모든 문명의 바탕에는 ( )가(이) 깔려 있는지도 모른다. 우리야 지금 과학으로 무장하고 있지만, 자연 지배의 능력 없이 알몸으로 자연에 맞서야 했던 원시인들에게 세계란 곧 ( ) 그 자체였음에 틀림없다. 지식이 없는 상태에서 맞닥뜨린 세계는 온갖 우연으로 가득 찬 혼돈의 세계였을 터이고, 그 혼돈은 인간의 생존 자체를 위협하는 것이었으리라. 그리하여 그 앞에서 인간은 무한한 ( )을(를) 느끼지 않을 수 없을 게다.

① 공포　　　　　　　　　　② 신앙
③ 욕망　　　　　　　　　　④ 이성
⑤ 본능

✔해설 세 번째 문장의 '인간의 생존 자체를 위협하는 것'이라는 어구를 통해 공포라는 어휘가 적절함을 유추할 수 있다.

51

> 　문경 새재 입구에 있던 마을 이름은 듣기에도 정이 가는 '푸실'이었다. 풀이 우거졌다는 뜻의 '풀'에다 마을을 나타내는 '실'을 합해 '풀실'이 되고, 거기서 발음하기 어려운 'ㄹ'이 떨어져 '푸실'이 되었다. 다른 지방에 있는 '푸시울'이나 '풀실'도 같은 뜻이다.
> 　푸실! 한번 소리 내서 불러 보라. 참 예쁘지 않은가? 부르기도 좋고 듣기도 좋고, 뜻도 좋은 순수 우리 이름이다. 이런 이름을 두고 일제 강점기 때 한자어로 지은 상초리(上草里), 하초리(下草里) 등을 지금껏 공식 땅 이름으로 사용하고 있다.
> 　정겹고 사랑스런 ( ) 이름이 멋도 뜻도 없는 한자 이름으로 불리는 경우는 수천수만 가지다. 곰내가 웅천(熊川), 까막다리가 오교(烏橋), 도르메가 주봉(周峯), 따순개미가 온동(溫洞), 잿고개가 탄현(炭峴), 지픈내(깊은 내)가 심천(深川), 구름터가 운기리(雲基里) 등, 생각나는 대로 살펴봐도 대번에 알 수 있다. 왜 우리는 ( ) 이름을 제대로 찾아 쓰지 못하고 있을까?

① 고유어　　　　　　　　　② 외래어
③ 외국어　　　　　　　　　④ 전문어
⑤ 유행어

✔해설 '풀'과 '실'은 모두 고유어이고 두 단어가 결합한 '푸실' 또한 고유어이다. 고유어에는 우리 민족의 정서가 담겨 있고 뜻을 파악하기 쉽다는 장점이 있다.

| 52~53 | 다음에 제시된 문장의 밑줄 친 부분의 의미가 나머지와 가장 다른 것은?

52 ① 자정이 되어서야 목적지에 <u>이르다</u>.
② 결론에 <u>이르다</u>.
③ 중대한 사태에 <u>이르다</u>.
④ 위험한 지경에 <u>이르러서야</u> 사태를 파악했다.
⑤ 그의 피나는 노력으로 드디어 성공에 <u>이르게</u> 되었다.

> ✔해설 ① 어떤 장소·시간에 닿음을 의미한다.
> ②③④⑤ 어떤 정도나 범위에 미침을 의미한다.

53 ① 그는 아프리카 난민 <u>돕기</u> 운동에 참여하였다.
② 민수는 물에 빠진 사람을 <u>도왔다</u>.
③ 불우이웃을 <u>돕다</u>.
④ 한국은 허리케인으로 인하여 발생한 미국의 수재민을 <u>도왔다</u>.
⑤ 이 한약재는 소화를 <u>돕는다</u>.

> ✔해설 ①②③④ 위험한 처지나 어려운 상황에서 벗어나게 하다.
> ⑤ 어떤 상태를 증진하거나 촉진하다.

54 다음 중 표준어로만 묶인 것은?
① 사글세, 멋쟁이, 아지랭이, 윗니
② 웃어른, 으레, 상판때기, 고린내
③ 딴전, 어저께, 가엽다, 귀이개
④ 주근깨, 코빼기, 며칠, 가벼히
⑤ 뭇국, 느즈감치, 마늘종, 통째로

> ✔해설 ③ '가엽다'는 '가엾다'와 함께 표준어로 쓰인다.
> ① 아지랭이 → 아지랑이 ② 상판때기 → 상판대기 ④ 가벼히 → 가벼이 ⑤ 느즈감치 → 느지감치

Answer 50.① 51.① 52.① 53.⑤ 54.③

55 다음 보기 중 어법에 맞는 문장은?

① 시간 내에 역에 도착하려면 <u>가능한</u> 빨리 달려야 합니다.
② 그다지 효과적이지 <u>않는</u> 비판이 계속 이어지면서 회의 분위기는 급격히 안 좋아졌다.
③ 그는 <u>그들</u>에 뒤지지 않기 위해 끊임없는 노력을 계속하였다.
④ 부서원 대부분은 주말 근무 시간을 <u>늘리는</u> 것에 매우 부정적입니다.
⑤ 우리 회사는 사원 여러분의 뜻을 <u>쫓아</u> 이번 안건의 방향을 결정했습니다.

> ✔ 해설 ④ '수나 분량, 시간 따위를 본디보다 많아지게 하다'라는 뜻의 '늘리다'가 적절하게 쓰였다.
> ① '가능한'은 그 뒤에 명사 '한'을 수식하여 '가능한 조건하에서'라는 의미로 사용한다. '가능한 빨리'와 같이 부사가 이어지는 것은 적절하지 않다.
> ② '아니하다(않다)'는 앞 용언의 품사를 따라가므로 '효과적이지 않은'으로 적는다.
> ③ '~에/에게 뒤지다'와 같이 쓰는데, '그들'이 사람이므로 '그들에게'로 쓴다.
> ⑤ '쫓다'는 '어떤 대상을 잡거나 만나기 위하여 뒤를 급히 따르다.' 등의 뜻으로 쓰인다. '남의 의견이나 말을 따르다'는 뜻의 '좇다'라는 어휘로 쓴다.

56 다음 중 띄어쓰기가 모두 옳은 것은?

① 행색이∨초라한∨게∨보아∨하니∨시골∨양반∨같다.
② 이처럼∨희한한∨구경은∨난생∨처음입니다.
③ 이제∨별볼일이∨없으니∨그냥∨돌아갑니다.
④ 하잘것없는∨일로∨형제∨끼리∨다투어서야∨되겠소?
⑤ 동생네는∨때맞추어∨모든∨일을∨잘∨처리해∨나갔다.

> ✔ 해설 ⑤ '때맞추다'는 한 단어이므로 붙여 쓴 것이 맞다. '처리해 나갔다'에서 '나가다'는 '앞말이 뜻하는 행동을 계속 진행함'을 뜻하는 보조동사로 본용언과 띄어 쓰는 것이 원칙이다.
> ① '보아하니'는 부사로, 한 단어이므로 붙여 쓰기 한다. 유사한 형태로 '설마하니, 멍하니' 등이 있다.
> ② '난생처음'은 한 단어이므로 붙여 쓰기 한다.
> ③ '별∨볼∨일이'와 같이 띄어쓰기 한다.
> ④ '하잘것없다'는 형용사로 한 단어이므로 붙여 쓰고, '끼리'는 접미사이므로 '형제끼리'와 같이 앞 단어와 붙여 쓴다.

57 밑줄 친 단어의 맞춤법이 옳은 것은?

① 그대와의 추억이 <u>있으매</u> 저는 행복하게 살아갑니다.
② 신제품을 <u>선뵀어도</u> 매출에는 큰 영향이 없을 거예요.
③ 생각지 못한 일이 자꾸 생기니 그때의 상황이 참 <u>야속터군요.</u>
④ 그 발가숭이 몸뚱이가 위로 번쩍 쳐들렸다가 물속에 텀벙 <u>쳐박히는</u> 순간이었습니다.
⑤ 하늘이 뚫린 것인지 <u>몇 날 몇 일</u>을 기다려도 비는 그치지 않았다.

> **✔해설** '있다'의 어간 '있-'에 '어떤 일에 대한 원인이나 근거'를 나타내는 연결 어미 '-(으)매'가 결합한 형태이다.
> ② '선보이-'+'-었'+'-어도' → 선보이었어도 → 선뵀어도
> ③ 한글 맞춤법 제40항에 따르면 어간의 끝음절 '하'가 아주 줄 적에는 준 대로 적는다. 따라서 '야속하다'는 '야속다'로 줄여 쓸 수 있다.
> ④ '마구', '많이'의 뜻을 더하는 접두사 '처-'를 쓴 단어이다. '(~을) 치다'의 '치어'가 준 말인 '쳐'가 오지 않도록 한다.
> ⑤ '몇 일'은 없는 표현이다. 표준어인 '며칠'로 쓴다.

58 다음 〈보기〉의 문장 중, 이중피동이 사용된 사례를 모두 고른 것은 어느 것인가?

〈보기〉
㈎ 이윽고 한 남성이 산비탈에 놓여진 사다리를 타고 오르기 시작했다.
㈏ 그녀의 눈에 눈물이 맺혀졌다.
㈐ 짜장면 네 그릇은 그들 두 사람에 의해 단숨에 비워졌다.
㈑ 그는 바람에 닫혀진 문을 바라보고 있었다.

① ㈏, ㈐, ㈑
② ㈎, ㈏, ㈑
③ ㈎, ㈐, ㈑
④ ㈎, ㈏, ㈐
⑤ ㈎, ㈏, ㈐, ㈑

> **✔해설** 이중피동은 피동이 한 번 더 쓰인 것을 의미하며, 이는 비문으로 간주된다.
> ㈎ 놓여진: 놓다 → 놓이다(피동) → 놓여지다(이중피동)
> ㈏ 맺혀졌다: 맺다 → 맺히다(피동) → 맺혀지다(이중피동)
> ㈐ 비워졌다: 비우다 → 비워지다(피동) → 비워졌다(과거형일 뿐, 이중피동이 아니다.)
> ㈑ 닫혀진: 닫다 → 닫히다(피동) → 닫혀지다(이중피동)
> 따라서 이중피동이 사용된 문장은 ㈎, ㈏, ㈑가 된다.

Answer 55.④ 56.⑤ 57.① 58.②

59 다음 〈보기〉와 같은 문장의 빈 칸 ㉠~㉣에 들어갈 알맞은 어휘를 순서대로 나열한 것은 어느 것인가?

〈보기〉
- 많은 노력을 기울인 만큼 이번엔 네가 반드시 1등이 (㉠)한다고 말씀하셨다.
- 계약서에 명시된 바에 따라 한 치의 오차도 없이 일이 추진(㉡)를 기대한다.
- 당신의 배우자가 (㉢) 평생 외롭지 않게 해 줄 자신이 있습니다.
- 스승이란 모름지기 제자들의 마음을 어루만져 줄 수 있는 사람이 (㉣)한다.

① 돼어야, 되기, 되어, 돼야
② 되어야, 돼기, 돼어, 되야
③ 되어야, 되기, 되어, 돼야
④ 돼어야, 돼기, 돼어, 되어야
⑤ 돼야, 돼기, 돼어, 되어야

✔**해설** '되~'에 '아/어라'가 붙는 말의 줄임말로 쓰일 경우는 '돼'가 올바른 표현이며, '(으)라'가 붙으며 '아/어'가 불필요한 경우에는 그대로 '되'를 쓴다. 따라서 제시된 각 문장에는 다음의 어휘가 올바른 사용이다.
㉠ '되어야' 혹은 '돼야'
㉡ '되기'
㉢ '되어' 혹은 '돼'
㉣ '되어야' 혹은 '돼야'

60 밑줄 친 단어 중 우리말의 어문 규정에 따라 맞게 쓴 것은?

① <u>윗층</u>에 가 보니 전망이 정말 좋다.
② <u>뒷편</u>에 정말 오래된 감나무가 서 있다.
③ 그 일에 <u>익숙지</u> 못하면 그만 두자.
④ <u>생각컨대</u>, 그 대답은 옳지 않을 듯하다.
⑤ <u>윗어른</u>의 말씀은 잘 새겨들어야 한다.

✔**해설** 어간의 끝음절 '하'가 아주 줄 적에는 준 대로 적는다〈한글맞춤법 제40항 붙임2〉.
① 윗층→위층
② 뒷편→뒤편
④ 생각컨대→생각건대
⑤ 윗어른→웃어른

61 밑줄 친 부분이 어법에 맞게 표기된 것은?

① 박 사장은 자기 돈이 어떻게 <u>쓰여지는 지</u>도 몰랐다.
② 그녀는 조금만 <u>추어올리면</u> 기고만장해진다.
③ <u>나룻터</u>는 이미 사람들로 가득 차 있었다.
④ 우리들은 <u>서슴치</u> 않고 차에 올랐다.
⑤ 구렁이가 <u>또아리</u>를 틀고 있다.

 '위로 끌어 올리다'의 뜻으로 사용될 때는 '추켜올리다'와 '추어올리다'를 함께 사용할 수 있지만 '실제보다 높여 칭찬하다'의 뜻으로 사용될 때는 '추어올리다'만 사용해야 한다.
① 쓰여지는 지→쓰이는지
③ 나룻터→나루터
④ 서슴치→서슴지
⑤ 또아리→똬리

62 외래어 표기가 모두 옳은 것은?

① 뷔페 – 초콜렛 – 컬러
② 컨셉 – 서비스 – 윈도
③ 파이팅 – 악세사리 – 리더십
④ 플래카드 – 로봇 – 캐럴
⑤ 심포지움 – 마이크 – 이어폰

해설 ① 초콜렛→초콜릿
② 컨셉→콘셉트
③ 악세사리→액세서리
⑤ 심포지움→심포지엄

Answer 59.③ 60.③ 61.② 62.④

63 다음 중 띄어쓰기가 옳은 문장은?

① 태권도에서 만큼은 발군의 실력을 낼 거야.
② 일이 오늘부터는 잘돼야 할텐데.
③ 용수야, 5년만인데 한잔해야지.
④ 이끄는 대로 따라갈 수밖에.
⑤ 나는 친구가 많기는 해도 우리 집을 아는 사람은 너 뿐이다.

> ✔ 해설 '어떤 모양이나 상태와 같이'라는 뜻으로 의존 명사로 쓰인 '대로'는 앞 관형절 '이끄는'과 띄어 써야 한다. '밖에'는 '그것 말고는', '그것 이외에는', '기꺼이 받아들이는', '피할 수 없는'의 뜻을 나타내는 보조사로 쓰여 명사 '수'와 붙여 썼다.
> ① 태권도에서 만큼은 → 태권도에서만큼은
>   '에서', '만큼', '은' 모두 조사이므로 앞말에 붙여 쓴다.
> ② '잘되다'+'-어야' → 잘돼야[ㅇ], 할텐데 → 할∨텐데
>   '텐데'는 '터이다'의 활용형 '터인데'의 준말이다. '터'는 의존명사이므로 앞 말과 띄어 쓴다.
> ③ 5년만인데 → 5년∨만인데
>   '앞말이 가리키는 동안이나 거리'를 나타내는 의존 명사 '만'은 앞 말과 띄어 써야 한다. '한잔하다'라는 단어는 사전에 등재된 하나의 단어이므로 붙여 쓴다. 이 경우, '한∨잔'의 의미가 아닌 '간단하게 한 차례 차나 술 따위를 마시다'라는 뜻을 가진다.
> ⑤ 너 뿐이다 → 너뿐이다.
>   '뿐'은 체언 뒤에서 '그것 말고는 더는 없음'의 뜻을 가진 보조사로 쓰이므로 붙여 쓴다.

|64~66| 다음 문장 또는 글의 빈칸에 어울리지 않는 단어를 고르시오.

64
- 돈의 사용에 대해서 (   )을/를 달리한다.
- 학생들은 과학자보다 연예인이 되기를 더 (   )한다.
- 오늘날 흡연은 사회적 (   )이/가 되었다.
- 최근 북한의 인권 문제에 대하여 미국 의회가 문제를 (   )하였다.
- 직장 내에서 갈등의 양상은 다양하게 (   )된다.

① 선호   ② 제기
③ 견해   ④ 전제
⑤ 표출

• 돈의 사용에 대해서 견해를 달리한다.
• 학생들은 과학자보다 연예인이 되기를 더 선호한다.
• 오늘날 흡연은 사회적 쟁점이 되었다.
• 최근 북한의 인권 문제에 대하여 미국 의회가 문제를 제기하였다.
• 직장 내에서 갈등의 양상은 다양하게 표출된다.

① 선호 : 여럿 가운데서 특별히 가려서 좋아함
② 제기 : 의견이나 문제를 내어놓음
③ 견해 : 어떤 사물이나 현상에 대한 자기의 의견이나 생각
④ 전제 : 어떠한 사물이나 현상을 이루기 위하여 먼저 내세우는 것
⑤ 표출 : 겉으로 나타냄

65

• 선약이 있어서 모임에 (   )이(가) 어렵게 되었다.
• 홍보가 부족했는지 사람들의 (   )이(가) 너무 적었다.
• 그 대회에는 (   )하는 데에 의의를 두자.
• 손을 뗀다고 했으면 (   )을(를) 마라.
• 대중의 (   )가 배제된 대중문화는 의미가 없다.

① 참여
② 참석
③ 참가
④ 참견
⑤ 참관

 • 선약이 있어서 모임에 참석이 어렵게 되었다.
• 홍보가 부족했는지 사람들의 참여가 너무 적었다.
• 그 대회에는 참가하는 데에 의의를 두자.
• 손을 뗀다고 했으면 참견을 마라.
• 대중의 참여가 배제된 대중문화는 의미가 없다.

① 참여 : 어떤 일에 끼어들어 관계함
② 참석 : 모임이나 회의 따위의 자리에 참여함
③ 참가 : 모임이나 단체 또는 일에 관계하여 들어감
④ 참견 : 자기와 별로 관계없는 일이나 말 따위에 끼어들어 쓸데없이 아는 체하거나 이래라저래라 함
⑤ 참관 : 어떤 자리에 직접 나아가서 봄

※ '참여'는 '어떤 일에 관계하다'의 의미로서 쓰여 그 일의 진행 과정에 개입해 있는 경우를 드러내는 데에 쓰이는 것인데 반해서, '참석'은 모임이나 회의에 출석하는 것의 의미를 지니는 경우에 사용되며, '참가'는 단순한 출석의 의미가 아니라 '참여'의 단계로 들어가는 과정을 나타내는 것으로 이해하여 볼 수 있다.

Answer 63.④ 64.④ 65.⑤

66

- 우리나라의 사회보장 체계는 사회적 위험을 보험의 방식으로 (   )함으로써 국민의 건강과 소득을 보장한다.
- 혼자서 일상생활을 (   )하기 어려운 노인 등에게 신체활동 또는 가사노동에 도움을 준다.
- 제조·판매업자가 장애인으로부터 서류일체를 위임받아 청구를 (   )하였을 경우 지급이 가능한가요?
- 급속한 고령화에 능동적으로 (   )할 수 있는 능력을 배양해야 한다.
- 고령 사회에 (   )해 제도가 맞닥뜨린 문제점을 정확히 인식하고 개선방안을 모색하는 것이 필요하다.

① 완수 ② 대비
③ 대행 ④ 수행
⑤ 대처

✔ 해설 「• 우리나라의 사회보장 체계는 사회적 위험을 보험의 방식으로 대처함으로써 국민의 건강과 소득을 보장한다.
• 혼자서 일상생활을 수행하기 어려운 노인 등에게 신체활동 또는 가사노동에 도움을 준다.
• 제조·판매업자가 장애인으로부터 서류일체를 위임받아 청구를 대행하였을 경우 지급이 가능한가요?
• 급속한 고령화에 능동적으로 대처할 수 있는 능력을 배양해야 한다.
• 고령 사회에 대비해 제도가 맞닥뜨린 문제점을 정확히 인식하고 개선방안을 모색하는 것이 필요하다.」
① 완수 : 뜻한 바를 완전히 이루거나 다 해냄.
② 대비 : 앞으로 일어날지도 모르는 어떠한 일에 대응하기 위하여 미리 준비함. 또는 그런 준비.
③ 대행 : 남을 대신하여 행함.
④ 수행 : 일정한 임무를 띠고 가는 사람을 따라감. 또는 그 사람.
⑤ 대처 : 어떤 정세나 사건에 대하여 알맞은 조치를 취함.

| 67~71 | 다음 문장의 밑줄 친 부분과 같은 의미로 쓰인 것을 고르시오.

67

범인은 경찰의 손이 미치지 않는 곳으로 도망갔다.

① 요즘에는 손이 부족하다.
② 그 일은 손이 많이 간다.
③ 그는 두 손 모아 기도한다.
④ 그는 장사꾼의 손에 놀아났다.
⑤ 그 일은 선배의 손에 떨어졌다.

> ✔해설 ⑤ '어떤 사람의 영향력이나 권한이 미치는 범위'라는 뜻으로 쓰여, 주어진 문장에서 사용된 의미와 동일하다. 나머지 보기에서는 각각 ①에서는 '일손', ②에서는 '어떤 일을 하는 데 드는 사람의 힘, 노력, 기술', ③에서는 '사람의 팔목 끝에 달린 부분', ④에서는 '사람의 수완이나 꾀'의 뜻으로 쓰였다.

68

나는 우리 회사의 장래를 너에게 걸었다.

① 이 작가는 이번 작품에 생애를 걸었다.
② 우리나라는 첨단 산업에 승부를 걸었다.
③ 마지막 전투에 주저 없이 목숨을 걸었다.
④ 그는 친구를 보호하기 위해 자신의 직위를 걸었다.
⑤ 그는 관객들에게 최면을 걸었다.

> ✔해설 밑줄 친 부분은 '앞으로의 일에 대한 희망 따위를 품거나 기대하다.'라는 의미로 사용되었다.
> ①③④ 목숨, 명예 따위를 담보로 삼거나 희생할 각오를 하다.
> ⑤ 어떤 상태에 빠지도록 하다.

Answer   66.① 67.⑤ 68.②

69

| 그는 해결하기만 하면 좋은 기회가 될 수 있는 사건을 하나 <u>물어왔다</u>. |

① 사장은 과장에게 이번 일의 책임을 <u>물었다</u>.
② 친구는 나에게 그 일이 어떻게 되어가고 있는지 <u>물어왔다</u>.
③ 나는 입에 음식을 <u>물고</u> 말하다가 혼이 났다.
④ 일이 잘못되어 꼼짝없이 내가 모든 돈을 <u>물어주게</u> 생겼다.
⑤ 여자들은 그녀가 부자를 <u>물어</u> 팔자가 피었다며 속닥거렸다.

> ✔해설 밑줄 친 부분은 '(속되게) 이익이 되는 어떤 것이나 사람을 차지하다.'라는 의미로 사용되었다.
> ① ('책임' 따위를 목적어 성분으로 하여) 어떠한 일에 대한 책임을 따지다.
> ② 무엇을 밝히거나 알아내기 위하여 상대편의 대답이나 설명을 요구하는 내용으로 말하다.
> ③ 입 속에 넣어 두다.
> ④ 남에게 입힌 손해를 돈으로 갚아 주거나 본래의 상태로 해 주다.

70

| 잔치 음식에는 품이 많이 <u>든다</u>. |

① 하숙집에 <u>든</u> 지도 벌써 삼 년이 지났다.
② 언 고기가 익는 데에는 시간이 좀 <u>드는</u> 법이다.
③ 일단 마음에 <u>드는</u> 사람이 있으면 적극적으로 나설 작정이다.
④ 4월에 <u>들어서만</u> 이익금이 두 배로 늘었다.
⑤ 숲속에 <u>드니</u> 공기가 훨씬 맑았다.

> ✔해설 밑줄 친 부분은 '(어떤 일에 돈이나 시간, 노력 따위가) 필요하게 되거나 쓰이게 되다.'라는 의미로 사용되었다.
> ① 방이나 집 따위에 있거나 거처를 정해 머무르게 되다.
> ③ 어떤 물건이나 사람이 좋게 받아들여지다.
> ④ 어떠한 시기가 되다.
> ⑤ 밖에서 속이나 안으로 향해 가거나 오거나 하다.

71

> 충신이 반역죄를 <u>쓰고</u> 감옥에 갇혔다.

① 밖에 비가 오니 우산을 <u>쓰고</u> 가거라.
② 광부들이 온몸에 석탄가루를 까맣게 <u>쓰고</u> 일을 한다.
③ 그는 마른 체격에 테가 굵은 안경을 <u>썼고</u> 갸름한 얼굴이다.
④ 어머니는 머리에 수건을 <u>쓰고</u> 일을 하셨다.
⑤ 뇌물 수수 혐의를 <u>쓴</u> 정치인은 결백을 주장했다

✔해설 밑줄 친 부분은 '사람이 죄나 누명 따위를 가지거나 입게 되다.'라는 의미로 사용되었다.
① 산이나 양산 따위를 머리 위에 펴 들다.
② 먼지나 가루 따위를 몸이나 물체 따위에 덮은 상태가 되다.
③ 얼굴에 어떤 물건을 걸거나 덮어쓰다.
④ 모자 따위를 머리에 얹어 덮다.

|72~76| 다음 중 나머지 네 개의 단어의 의미로 사용될 수 있는 단어를 고르시오.

72 ① 적다   ② 부리다
③ 쓰다   ④ 사용하다
⑤ 작곡하다

✔해설 ① 글을 적다(= 쓰다).
② 사람을 부리다(= 쓰다).
④ 물건을 사용하다(= 쓰다).
⑤ 음악을 작곡하다(= 쓰다).

73 ① 바르다   ② 붙이다
③ 묻히다   ④ 추리다
⑤ 정하다

✔해설 ② 종이나 헝겊 따위를 표면에 붙이다(= 바르다).
③ 물이나 화장품 따위를 문질러 묻히다(= 바르다).
④ 가시 따위를 추리다(= 바르다).
⑤ 몸과 마음이 정하다(= 바르다).

Answer 69.⑤ 70.② 71.⑤ 72.③ 73.①

74 ① 합격하다
② 따르다
③ 기대다
④ 나서다
⑤ 붙다

> **해설** ① 시험에 합격하다(= 붙다).
> ② 조건, 이유, 구실 따위가 따르다(= 붙다).
> ③ 남에게 기대다(= 붙다).
> ④ 일에 나서다(= 붙다).

75 ① 입다
② 맡다
③ 지다
④ 넘어가다
⑤ 떨어지다

> **해설** ① 신세나 은혜를 입다(=지다).
> ② 책임이나 의무를 맡다(=지다).
> ④ 해나 달이 서쪽으로 넘어가다(=지다).
> ⑤ 꽃이나 잎 따위가 시들어 떨어지다(=지다).

76 ① 솟다
② 생기다
③ 실리다
④ 나다
⑤ 일어나다

> **해설** ① 눈물이 솟다(= 나다).
> ② 길이 생기다(= 나다).
> ③ 글이 신문, 잡지 따위에 실리다(= 나다).
> ⑤ 홍수 장마 따위가 일어나다(= 나다).

| 77~81 | 다음의 빈칸에 공통으로 들어갈 말로 가장 적절한 것을 고르시오.

77

- 바깥바람이 (   ).
- 마음에 (   ).
- 공연장이 (   ).
- 팔찌를 (   ).

① 차갑다
② 가득하다
③ 차다
④ 흡족하다
⑤ 지니다

✔해설
- 바깥바람이 차다(=차갑다).
- 공연장이 차다(=가득하다).
- 마음에 차다(=들다).
- 팔찌를 차다(=지니다).

78

- 음식이 입맛에 (   ).
- 털실로 스웨터를 (   ).
- 물기를 (   ).
- 월급이 (   ).

① 짜다
② 만들다
③ 인색하다
④ 오르다
⑤ 빼내다

✔해설
- 음식이 입맛에 짜다.
- 물기를 짜다(=빼내다).
- 털실로 스웨터를 짜다(=만들다).
- 월급이 짜다(=인색하다).

Answer 74.⑤ 75.③ 76.④ 77.③ 78.①

79

• 너무 더워서 목이 ( ).	• 커피를 ( ).
• 마음이 몹시 ( ).	• 모형비행기가 바람을 ( ).

① 마르다 ② 섞다
③ 달다 ④ 타다
⑤ 퍼지다

✔해설
• 너무 더워서 목이 타다(= 마르다).
• 커피를 타다(= 섞다).
• 마음이 몹시 타다(= 달다).
• 모형비행기가 바람을 타다.

80

• 작동이 ( ).	• 5일장이 ( ).
• 자리에서 ( ).	• 빌딩이 ( ).

① 멈추다 ② 서다
③ 일어나다 ④ 지어지다
⑤ 열리다

✔해설
• 작동이 서다(= 멈추다).
• 5일장이 서다(= 열리다).
• 자리에서 서다(= 일어나다).
• 빌딩이 서다(= 지어지다).

81

• 못이 ( ).	• 샛길로 ( ).
• 옷에서 때가 ( ).	• 이익이 ( ).

① 나오다　　　　　　　　　② 남다
③ 벗어나다　　　　　　　　④ 씻기다
⑤ 빠지다

> ✔ 해설
> • 못이 빠지다(= 나오다).
> • 샛길로 빠지다(= 벗어나다).
> • 옷에서 때가 빠지다(= 씻기다).
> • 이익이 빠지다(= 남다).

┃82~84┃ 제시된 문장의 빈칸에 들어갈 단어가 순서대로 바르게 나열된 것을 고르시오.

82

• 정부는 저소득층을 위한 새로운 경제 정책을 (   )했다.
• 불우이웃돕기를 통해 총 1억 원의 수익금이 (   )되었다.
• 청소년기의 중요한 과업은 자아정체성을 (   )하는 것이다.

① 수립(樹立) - 정립(正立) - 확립(確立)
② 수립(樹立) - 적립(積立) - 확립(確立)
③ 확립(確立) - 적립(積立) - 수립(樹立)
④ 기립(起立) - 적립(積立) - 수립(樹立)
⑤ 확립(確立) - 정립(正立) - 설립(設立)

> ✔ 해설
> • 수립(樹立) : 국가나 정부, 제도, 계획 따위를 이룩하여 세움.
> • 적립(積立) : 모아서 쌓아 둠.
> • 확립(確立) : 체계나 견해, 조직 따위가 굳게 섬. 또는 그렇게 함.

Answer 79.④　80.②　81.⑤　82.②

83

- 환전을 하기 위해 현금을 (   )했다.
- 장기화 되던 법정 다툼에서 극적으로 합의가 (   )되었다.
- 회사 내의 주요 정보를 빼돌리던 스파이를 (   )했다.

① 입출(入出) – 도출(導出) – 검출(檢出)
② 입출(入出) – 검출(檢出) – 도출(導出)
③ 인출(引出) – 도출(導出) – 색출(索出)
④ 인출(引出) – 검출(檢出) – 색출(索出)
⑤ 수출(輸出) – 도출(導出) – 검출(檢出)

✔ 해설
- 인출(引出) : 예금 따위를 찾음.
- 도출(導出) : 판단이나 결론 따위를 이끌어 냄.
- 색출(索出) : 샅샅이 뒤져서 찾아냄.

84 아래의 (   )에 들어갈 이음말을 바르게 나열한 것은?

사회는 수영장과 같다. 수영장에는 헤엄을 잘 치고 다이빙을 즐기는 사람이 있는가하면, 헤엄에 익숙지 않은 사람도 있다. 사회에도 권력과 돈을 가진 사람이 있는가하면, 그렇지 못한 사람도 존재한다. 헤엄을 잘 치고 다이빙을 즐기는 사람이 바라는 수영장과 헤엄에 익숙지 못한 사람이 바라는 수영장은 서로 다를 수밖에 없다. 전자는 높은 데서부터 다이빙을 즐길 수 있게끔 물이 깊은 수영장을 원하지만, 후자는 그렇지 않다. (   ) 문제는 사회라는 수영장이 하나밖에 없다는 것이다. (   ) 수영장을 어떻게 만들 것인지에 관하여 전자와 후자 사이에 갈등이 생기고 쟁투가 벌어진다.

① 그러나 – 하지만
② 그러나 – 한편
③ 그런데 – 그래서
④ 그런데 – 반면에
⑤ 그러므로 – 그러면

✔ 해설 첫 번째 괄호는 바로 전 문장에 대해 전환하는 내용을 이어주어야 하므로 '그런데'가 적절하다. 두 번째 괄호는 바로 전 문장과 인과관계에 있는 문장을 이어주므로 '그래서'가 적절하다.

| 85~86 | 다음의 글의 상황과 관련된 말로 가장 적절한 것을 고르시오.

85

> 충무공 이순신은 명량해전을 앞두고 임금에게 글을 올려 "~신에게는 아직 배가 열 두 척이 남아있고 신은 아직 죽지 않았습니다."라고 했다. 충무공은 부하들에게 반드시 죽고자 하면 살고, 반드시 살고자 하면 죽을 것이라며 한 사람이 길목을 지키면 천 명도 두렵게 할 수 있다고 비장하게 격려했다.

① 군신유의(君臣有義) ② 적자생존(適者生存)
③ 파부침선(破釜沈船) ④ 혼정신성(昏定晨省)
⑤ 발본색원(拔本塞源)

✔해설 파부침선 … '솥을 깨뜨려 다시 밥을 짓지 아니하며 배를 가라앉혀 강을 건너 돌아가지 아니한다.'는 뜻으로, 죽을 각오로 싸움에 임함을 비유적으로 이르는 말이다.
① 오륜(五倫)의 하나로 임금과 신하 사이의 도리는 의리에 있음을 뜻한다.
② 환경에 적응하는 생물만이 살아남고, 그렇지 못한 것은 도태되어 멸망하는 현상을 말한다.
④ '밤에는 부모의 잠자리를 보아 드리고 이른 아침에는 부모의 밤새 안부를 묻는다.'는 뜻으로, 부모를 잘 섬기고 효성을 다함을 이르는 말이다.
⑤ 폐단의 근원을 완전히 뽑아 버려 다시 고치려는 것을 의미한다.

86

> 어느 날 윤동이는 서점에 들렀다. 서가에 꽂힌 책들을 보는데 괴테의 「파우스트」가 눈에 띄었다. 독일어 선생님이 입에 침이 마르도록 칭찬했던 작가의 대표작이다. 사실 별로 사고 싶은 생각은 없었지만 책값을 할인해 준다기에 7천원을 지불하고 가방에 넣었다. 그리고 당장 읽고 싶은 생각은 없었지만 속는 셈치고 집으로 돌아오자마자 읽기 시작했다. 그런데 일단 읽기 시작하자 책을 놓을 수가 없었다. 정말 훌륭한 작품이었다. 윤동이는 사람들이 왜 괴테를 높이 평가하고 「파우스트」를 명작이라고 일컫는지 그 이유를 알게 되었다.

① 명불허전(名不虛傳) ② 식자우환(識字憂患)
③ 주마간산(走馬看山) ④ 전전긍긍(戰戰兢兢)
⑤ 절차탁마(切磋琢磨)

✔해설 명불허전 … 이름이 날 만한 까닭이 있음, 명성이나 명예가 헛되이 퍼진 것이 아니다.
② 학식이 있는 것이 오히려 근심을 사게 되다.
③ 자세히 살피지 않고 대충대충 훑어 살피다.
④ 몹시 두려워 벌벌 떨며 조심하다.
⑤ 옥이나 돌 따위를 갈고 닦듯이 부지런히 학문과 덕행을 쌓다.

Answer 83.③ 84.③ 85.③ 86.①

| 87~89 | 다음을 읽고, 빈칸에 들어갈 내용으로 가장 알맞은 것을 고르시오.

87

> 언어와 사고의 관계를 연구한 사피어(Sapir)에 의하면 우리는 객관적인 세계에 살고 있는 것이 아니다. 우리는 언어를 매개로 하여 살고 있으며, 언어가 노출시키고 분절시켜 놓은 세계를 보고 듣고 경험한다. 워프(Whorf) 역시 사피어와 같은 관점에서 언어가 우리의 행동과 사고의 양식을 주조(鑄造)한다고 주장한다. 예를 들어 어떤 언어에 색깔을 나타내는 용어가 다섯 가지밖에 없다면, 그 언어를 사용하는 사람들은 수많은 색깔을 결국 다섯 가지 색 중의 하나로 인식하게 된다는 것이다. 이는 결국 _____는 주장과 일맥상통한다.

① 언어와 사고는 서로 영향을 주고받는다.
② 언어가 우리의 사고를 결정한다.
③ 인간의 사고는 보편적이며 언어도 그러한 속성을 띤다.
④ 사용언어의 속성이 인간의 사고에 영향을 줄 수는 없다.
⑤ 인간의 사고에 따라 언어가 결정된다.

✔해설 '워프(Whorf) 역시 사피어와 같은 관점에서 언어가 우리의 행동과 사고의 양식을 주조(鑄造)한다고 주장한다'라는 문장을 통해 빈칸에도 워프가 사피어와 같은 주장을 하는 내용이 나와야 자연스럽다.

88

> 슬로비치 모델은 과학기술 보도의 사회적인 증폭 양상에 보다 주목하는 이론이다. 이 모델은 언론의 과학기술 보도가 어떻게 사회적인 증폭 역할을 수행하게 되는지, 그리고 그 효과가 사회적으로 어떤 식으로 확대 재생산될 수 있는지를 보여 준다. 특정 과학기술 사건이 발생하면 뉴스 보도로 이어진다. 이때 언론의 집중 보도는 수용자 개개인의 위험 인지를 증폭시키며, 이로부터 수용자인 대중이 위험의 크기와 위험 관리의 적절성에 대하여 판단하는 정보 해석 단계로 넘어간다. 이 단계에서 이미 증폭된 위험 인지는 보도된 위험 사건에 대한 해석에 영향을 미쳐 _____. 이로 말미암은 부정적 영향은 그 위험 사건에 대한 인식에서부터 유관기관, 업체, 관련 과학기술 자체에 대한 인식까지 미치게 되며, 또한 관련 기업의 매출 감소, 소송의 발생, 법적 규제의 강화 등의 다양한 사회적 파장을 일으키게 된다.

① 보도 대상에 대한 신뢰 훼손과 부정적 이미지 강화로 이어진다.
② 대중들로 하여금 잘못된 선택을 하게 한다.
③ 대중들의 선택에 모든 책임을 부여한다.
④ 언론에 대한 대중들의 신뢰가 무너지게 된다.
⑤ 특정 과학기술 사건에 대해 더 이상 신경을 쓰지 않게 된다.

✔해설 슬로비치 모델은 언론의 보도가 확대 재생산되는 과정에 대한 이론이고, 빈칸 이후의 '이로 말미암은 부정적 영향…'을 볼 때, 빈칸에 들어갈 문장은 ①이 가장 적절하다.

89
> 역사적 사실(historical fact)이란 무엇인가? 이것은 우리가 좀 더 꼼꼼히 생각해 보아야만 하는 중요한 질문이다. 상식적인 견해에 따르면, 모든 역사가들에게 똑같은, 말하자면 역사의 척추를 구성하는 어떤 기초적인 사실들이 있다. 예를 들면 헤이스팅스(Hastings) 전투가 1066년에 벌어졌다는 사실이 그런 것이다. 그러나 이 견해에는 명심해야 할 두 가지 사항이 있다. 첫째로, 역사가들이 주로 관심을 가지는 것은 그와 같은 사실들이 아니라는 점이다. 그 대전투가 1065년이나 1067년이 아니라 1066년에 벌어졌다는 것, 그리고 이스트본(Eastbourne)이나 브라이턴(Brighton)이 아니라 헤이스팅스에서 벌어졌다는 것을 아는 것은 분명히 중요하다. 역사가는 이런 것들에서 틀려서는 안 된다. 하지만 나는 이런 종류의 문제들이 제기될 때 _____ 라는 하우스먼의 말을 떠올리게 된다. 어떤 역사가를 정확하다는 이유로 칭찬하는 것은 어떤 건축가를 잘 말린 목재나 적절히 혼합된 콘크리트를 사용하여 집을 짓는다는 이유로 칭찬하는 것과 같다.

① '정확성은 의무이며 곧 미덕이다'
② '정확성은 미덕이지 의무는 아니다'
③ '정확성은 의무도 미덕도 아니다'
④ '정확성은 의무이지 미덕은 아니다'
⑤ '정확성은 가장 우선적인 의무이다'

> **해설** 뒤에 이어지는 문장에서 빈칸에 들어갈 문장을 부연설명하고 있다. 뒤에 이어지는 문장에서 '정확성은 마땅히 해야 하는 것이며, 칭찬할 것은 아니다.'라는 내용을 이야기 하고 있으므로, 이와 일치하는 내용은 ④번이다.

Answer 87.② 88.① 89.④

02 수리능력

|1~10| 다음에 제시된 숫자의 배열을 보고 규칙을 적용하여 "?"에 들어갈 숫자를 적으시오.

1

> 1　4　9　16　25　?

① 36　　　　　　　　　　② 49
③ 64　　　　　　　　　　④ 81
⑤ 100

> ✔ 해설　1^2 2^2 3^2 … 순으로 증가하고 있다.
> ∴ ? = 6^2 = 36

2

> 25　26　13　14　7　?

① 7　　　　　　　　　　② 8
③ 9　　　　　　　　　　④ 10
⑤ 11

> ✔ 해설
> | A　B |
> |---|
> ∴ A가 홀수이면, B=A+1
> 　A가 짝수이면, B=$\frac{A}{2}$

3

$$\frac{3}{11} \quad \frac{9}{14} \quad \frac{12}{23} \quad \frac{21}{35} \quad \frac{33}{?}$$

① 54 ② 55
③ 56 ④ 57
⑤ 58

 해설

$$\frac{A}{B} \quad \frac{C}{D}$$

$$\therefore \frac{C}{D} = \frac{B-2}{A+B}$$

4

$$\frac{5}{8} \quad \frac{16}{7} \quad \frac{27}{6} \quad \frac{38}{5} \quad \frac{?}{4}$$

① 46 ② 47
③ 48 ④ 49
⑤ 50

✔ 해설

$$\frac{A}{B} \quad \frac{C}{D}$$

$$\therefore \frac{C}{D} = \frac{A+11}{B-1}$$

Answer 1.① 2.② 3.③ 4.④

5

4	3
5	

5	7
10	

6	10
?	

① 10　　　　　　　　　　　　② 11
③ 12　　　　　　　　　　　　④ 13
⑤ 14

A	B
C	

∴ $(A+B)-2=C$

6

| 5 : 3 |　| 4 : 12 |　| 3 : 21 |　| ? |

① 2 : 30　　　　　　　　　　② 2 : 35
③ 2 : 40　　　　　　　　　　④ 2 : 45
⑤ 2 : 50

 | A : B | → | C : D |

∴ $A-1=C,\ B+9=D$

7

	5	
4	5	

	8	
9	18	

	7	
?	14	

① 7 ② 8
③ 9 ④ 10
⑤ 11

 해설

A	
B	C

∴ $\dfrac{A \times B}{4} = C$

8

	3	
1	5	

	4	
5	10	

	7	
6	?	

① 12 ② 13
③ 14 ④ 15
⑤ 16

 해설

A	
B	C

∴ $A + B + 1 = C$

Answer 5.⑤ 6.① 7.② 8.③

9

44	87	25
52	74	31
17	?	23

① 55 ② 65
③ 75 ④ 85
⑤ 95

✔ 해설

AB	EF	CD

∴ $A+B=E,\ C+D=F$

10

12	31	21
23	53	52
35	84	?

① 22 ② 32
③ 42 ④ 52
⑤ 62

✔ 해설

AB	EF	CD

∴ $A+B=E,\ C-D=F$

11 다음은 우체국 택배물 취급에 관한 기준표이다. 미영이가 서울에서 포항에 있는 보람이와 설희에게 각각 택배를 보내려고 한다. 보람이에게 보내는 물품은 10kg에 130cm이고, 설희에게 보내려는 물품은 4kg에 60cm이다. 미영이가 택배를 보내는 데 드는 비용은 모두 얼마인가?

(단위 : 원/개)

중량(크기)		2kg까지 (60cm까지)	5kg까지 (80cm까지)	10kg까지 (120cm까지)	20kg까지 (140cm까지)	30kg까지 (160cm까지)
동일지역		4,000원	5,000원	6,000원	7,000원	8,000원
타지역		5,000원	6,000원	7,000원	8,000원	9,000원
제주 지역	빠른(항공)	6,000원	7,000원	8,000원	9,000원	11,000원
	보통(배)	5,000원	6,000원	7,000원	8,000원	9,000원

※ 1) 중량이나 크기 중에 하나만 기준을 초과하여도 초과한 기준에 해당하는 요금을 적용한다.
　2) 동일지역은 접수지역과 배달지역이 동일한 시/도이고, 타지역은 접수한 시/도지역 이외의 지역으로 배달되는 경우를 말한다.
　3) 부가서비스(안심소포) 이용시 기본요금에 50% 추가하여 부가한다.

① 13,000원
② 14,000원
③ 15,000원
④ 16,000원
⑤ 17,000원

> **해설** 중량이나 크기 중에 하나만 기준을 초과하여도 초과한 기준에 해당하는 요금을 적용한다고 하였으므로, 보람이에게 보내는 택배는 10kg지만 130cm로 크기 기준을 초과하였으므로 요금은 8,000원이 된다. 또한 설희에게 보내는 택배는 60cm이지만 4kg으로 중량기준을 초과하였으므로 요금은 6,000원이 된다.

Answer 9.④ 10.⑤ 11.②

12 다음은 2016~2023년 서원기업의 콘텐츠 유형별 매출액에 관한 자료이다. 이에 대한 설명으로 옳지 않은 것은?

(단위 : 백만 원)

연도＼유형	게임	음원	영화	SNS	전체
2016	235	108	371	30	744
2017	144	175	355	45	719
2018	178	186	391	42	797
2019	269	184	508	59	1,020
2020	485	199	758	58	1,500
2021	470	302	1,031	308	2,111
2022	603	411	1,148	104	2,266
2023	689	419	1,510	341	2,959

① 2018년 이후 매출액이 매년 증가한 콘텐츠 유형은 영화뿐이다.
② 2023년에 전년대비 매출액 증가율이 가장 큰 콘텐츠 유형은 SNS이다.
③ 영화 매출액은 매년 전체 매출액의 40% 이상이다.
④ 2020~2023년 동안 매년 게임 매출액은 음원 매출액의 2배 이상이다.
⑤ 2016년 대비 2022년도의 모든 콘텐츠 매출액은 증가했다.

> ✔ 해설 ④ 2020~2023년 동안 게임 매출액이 음원 매출액의 2배 이상인 경우는 2020년 한 번 뿐이며, 그 외의 기간 동안에는 모두 2배에 미치지 못하고 있다.
> ① 게임은 2021년에, 음원은 2019년에, SNS는 2020년과 2022년에 각각 전년대비 매출액이 감소한 반면, 영화는 유일하게 매년 매출액이 증가하고 있다.
> ② 2023년 SNS 매출액은 341백만 원으로 전년도의 104백만 원의 3배 이상이나 되는 반면, 다른 콘텐츠의 매출액은 전년도의 2배에도 미치지 못하고 있으므로 SNS의 전년대비 매출액 증가율이 가장 크다.
> ③ 영화 매출액의 비중을 일일이 계산하지 않더라도 매년 영화 매출액은 전체 매출액의 절반에 육박하고 있다는 점을 확인한다면 전체의 40% 이상을 차지한다는 것도 쉽게 알 수 있다.

13 다음은 쥐 A~E의 에탄올 주입량별 렘(REM) 수면시간을 측정한 결과이다. 이에 대한 설명으로 옳은 것만을 모두 고른 것은?

에탄올 주입량별 쥐의 렘 수면시간

(단위 : 분)

에탄올 주입량(g) \ 쥐	A	B	C	D	E
0.0	88	73	91	68	75
1.0	64	54	70	50	72
2.0	45	60	40	56	39
4.0	31	40	46	24	24

㉠ 에탄올 주입량이 0.0g일 때 쥐 A~E 렘 수면시간 평균은 에탄올 주입량이 4.0g일 때 쥐 A~E 렘 수면시간 평균의 2배 이상이다.
㉡ 에탄올 주입량이 2.0g일 때 쥐 B와 쥐 E의 렘 수면시간 차이는 20분 이하이다.
㉢ 에탄올 주입량이 0.0g일 때와 에탄올 주입량이 1.0g일 때의 렘 수면시간 차이가 가장 큰 쥐는 A이다.
㉣ 쥐 A~E는 각각 에탄올 주입량이 많을수록 렘 수면시간이 감소한다.

① ㉠㉡
② ㉠㉢
③ ㉡㉢
④ ㉡㉣
⑤ ㉢㉣

✔해설 ㉠ 에탄올 주입량이 0.0g일 때와 4.0g일 때의 평균을 직접 구하면 비교할 수 있으나 그보다는 4.0g일 때 각 쥐의 렘 수면시간의 2배와 0.0g일 때 각 쥐의 렘 수면시간을 서로 비교하는 것이 좋다. 이 값들을 비교해 보면, 전체적으로 0.0g일 때의 렘 수면시간이 4.0g일 때의 렘 수면시간의 2배 보다 훨씬 더 크게 나타나고 있으므로 평균 역시 0.0g일 때가 4.0g일 때의 2배 보다 클 것이다.
㉡ 에탄올 주입량이 2.0g일 때 쥐 B의 렘 수면시간은 60분, 쥐 E의 렘 수면시간은 39분이므로 둘의 차이는 21분이다.
㉢ 쥐 A의 경우 에탄올 주입량이 0.0g일 때와 1.0g일 때의 렘 수면시간 차이는 24분으로 가장 크다.
㉣ 쥐 C의 경우 에탄올 주입량이 4.0g일 때 렘 수면시간은 46분으로 이는 2.0g일 때 렘 수면시간은 40분보다 더 길다.

Answer 12.④ 13.②

14 다음은 2014 ~ 2023년 5개 자연재해 유형별 피해금액에 관한 자료이다. 이에 대한 설명으로 옳은 것만을 모두 고른 것은?

5개 자연재해 유형별 피해금액

(단위 : 억 원)

연도 유형	2014	2015	2016	2017	2018	2019	2020	2021	2022	2023
태풍	3,416	1,385	118	1,609	9	0	1,725	2,183	8,765	17
호우	2,150	3,520	19,063	435	581	2,549	1,808	5,276	384	1,581
대설	6,739	5,500	52	74	36	128	663	480	204	113
강풍	0	93	140	69	11	70	2	0	267	9
풍랑	0	0	57	331	0	241	70	3	0	0
전체	12,305	10,498	19,430	2,518	637	2,988	4,268	7,942	9,620	1,720

㉠ 2014 ~ 2023년 강풍 피해금액 합계는 풍랑 피해금액 합계보다 적다.
㉡ 2022년 태풍 피해금액은 2022년 5개 자연재해 유형 전체 피해금액의 90% 이상이다.
㉢ 피해금액이 매년 10억 원보다 큰 자연재해 유형은 호우 뿐이다.
㉣ 피해금액이 큰 자연재해 유형부터 순서대로 나열하면 2020년과 2021년의 순서는 동일하다.

① ㉠㉡ ② ㉠㉢
③ ㉢㉣ ④ ㉠㉡㉣
⑤ ㉠㉡㉢㉣

 해설 ㉠ 주어진 기간 동안 강풍 피해금액과 풍랑 피해금액의 합계를 각각 계산하여 비교하기 보다는 소거법을 이용하여 비교하는 것이 좋다. 비슷한 크기의 값들을 서로 비교하여 소거한 뒤 남은 값들의 크기를 비교해주는 것으로 2019년 강풍과 2020년 풍랑 피해금액이 70억 원으로 동일하고 2015, 2016, 2018년 강풍 피해금액의 합 244억 원과 2019년 풍랑 피해금액 241억 원이 비슷하다. 또한 2017, 2022년 강풍 피해금액의 합 336억 원과 2017년 풍랑 피해금액 331억 원이 비슷하다. 이 값들을 소거한 뒤 남은 값들을 비교해보면 강풍 피해금액의 합계가 풍랑 피해금액의 합계보다 더 작다는 것을 알 수 있다.
㉡ 2022년 태풍 피해금액이 2022년 5개 자연재해 유형 전체 피해금액의 90% 이상이라는 것은 즉, 태풍을 제외한 나머지 4개 유형 피해금액의 합이 전체 피해금액의 10% 미만이라는 것을 의미한다. 2022년 태풍을 제외한 나머지 4개 유형 피해금액의 합을 계산하면 전체 피해금액의 10% 밖에 미치지 못함을 알 수 있다.
㉢ 피해금액이 매년 10억 원보다 큰 자연재해 유형은 호우, 대설이 있다.
㉣ 피해금액이 큰 자연재해 유형부터 순서대로 나열하면 2020년 호우, 태풍, 대설, 풍랑, 강풍이며 이 순서는 2021년의 순서와 동일하다.

15 다음은 '갑'국의 2023년 복지종합지원센터, 노인복지관, 자원봉사자, 등록노인 현황에 대한 자료이다. 이에 대한 설명 중 옳은 것들로만 바르게 짝지어진 것은?

(단위 : 개소, 명)

지역 \ 구분	복지종합지원센터	노인복지관	자원봉사자	등록노인
A	20	1,336	8,252	397,656
B	2	126	878	45,113
C	1	121	970	51,476
D	2	208	1,388	69,395
E	1	164	1,188	59,050
F	1	122	1,032	56,334
G	2	227	1,501	73,825
H	3	362	2,185	106,745
I	1	60	529	27,256
전국	69	4,377	30,171	1,486,980

㉠ 전국의 노인복지관, 자원봉사자 중 A 지역의 노인복지관, 자원봉사자의 비중은 각각 25% 이상이다.
㉡ A～I 지역 중 복지종합지원센터 1개소당 노인복지관 수가 100개소 이하인 지역은 A, B, D, I이다.
㉢ A～I 지역 중 복지종합지원센터 1개소당 자원봉사자 수가 가장 많은 지역과 복지종합지원센터 1개소당 등록노인 수가 가장 많은 지역은 동일하다.
㉣ 노인복지관 1개소당 자원봉사자 수는 H 지역이 C 지역보다 많다.

① ㉠㉡
② ㉠㉢
③ ㉠㉣
④ ㉡㉢
⑤ ㉠㉡㉢

 ㉠ A 지역의 노인복지관, 자원봉사자 수를 각각 4배할 경우 전국의 노인복지관, 자원봉사자 수를 초과한다. 그러므로 A 지역의 노인복지관, 자원봉사자 수는 각각 전국의 25% 이상이다.
㉡ D 지역의 경우 복지종합지원센터 1개소당 노인복지관 수는 104개로 100개소를 초과한다.
㉢ 복지종합지원센터 1개소당 자원봉사자 수 또는 등록노인 수가 가장 많으려면 분모에 해당하는 복지종합지원센터의 수는 작고, 자원봉사자 수 또는 등록노인의 수가 많아야 한다. E 지역의 경우 복지종합지원센터의 수가 1개소인 지역(C, E, F, I) 중 자원봉사자 수와 등록노인 수 각각에서 가장 많은 수를 차지하고 있으며, 그 외 지역과 비교해보아도 상대적으로 많은 자원봉사자 수와 등록노인 수를 보유하고 있어 복지종합지원센터 1개소당 자원봉사자 및 등록노인 수 각각에서 가장 많은 지역에 해당한다.
㉣ H 지역과 C 지역의 노인복지관 1개소당 자원봉사자 수를 비교하면 C 지역은 $\frac{970}{121}$≒ 8명, H 지역은 $\frac{2,185}{362}$≒ 6명이므로 H 지역이 더 적다.

Answer 14.④ 15.②

16 서원무역회사의 해외지사 수출 상담실적에 대한 자료에 대한 설명으로 옳지 않은 것은?

연도 해외지사	2020	2021	2022	2023년 1~11월	
					전년 동기대비증감률
칠레	352	284	472	644	60.4
싱가포르	136	196	319	742	154.1
독일	650	458	724	810	22.4
태국	3,630	1,995	1,526	2,520	80.0
미국	307	120	273	1,567	526.8
인도	0	2,333	3,530	1,636	-49.4
영국	8	237	786	12,308	1,794.1
합계	5,083	5,623	7,630	20,227	197.3

① 2022년 12월 태국지사 수출 상담실적은 100건 이상이다.
② 전년대비 2022년 수출 상담실적 건수가 가장 많이 늘어난 해외지사는 인도이다.
③ 2021~2023년 동안 해외지사의 수출 상담실적 건수 합계는 매년 증가하였다.
④ 2023년 12월 칠레지사 수출 상담실적이 256건이라면 2023년 연간 칠레지사 수출 상담실적 건수는 전년대비 100% 이상 증가한다.
⑤ 2023년의 전년 동기 대비증감률은 인도가 가장 낮다.

 ④ 2023년 12월 칠레지사 수출 상담실적이 256건이라면 2023년 연간 총 수출 상담실적은 900건이다. 2022년 수출 상담실적이 472건이었으므로 428건이 증가한 것이 된다.

17 다음은 A기업의 올해 여름휴가 계획을 조사한 표이다. 여름휴가로 해외여행을 가는 직원은 전체의 몇 %인가?

국내여행	해외여행	자기계발	계획 없음	기타
88	55	49	3	5

① 12%
② 25.5%
③ 27.5%
④ 35%
⑤ 40%

 $\dfrac{55}{88+55+49+3+5} = \dfrac{55}{200}$

$\dfrac{55}{200} \times 100 = 27.5(\%)$

18 다음은 갑과 을의 시계 제작 실기시험 지시서의 내용이다. 을의 최종 완성 시간과 유휴 시간은 각각 얼마인가? (단, 이동 시간은 고려하지 않는다.)

> [각 공작 기계 및 소요 시간]
> 1. 앞면 가공용 A 공작 기계 : 20분
> 2. 뒷면 가공용 B 공작 기계 : 15분
> 3. 조립 : 5분
>
> [공작 순서]
> 시계는 각 1대씩 만들며, 갑은 앞면부터 가공하여 뒷면 가공 후 조립하고, 을은 뒷면부터 가공하여 앞면 가공 후 조립하기로 하였다.
>
> [조건]
> • A, B 공작 기계는 각 1대씩이며 모두 사용해야 하고, 두 사람이 동시에 작업을 시작한다.
> • 조립은 가공이 이루어진 후 즉시 실시한다.

	최종 완성 시간	유휴 시간
①	40분	5분
②	45분	5분
③	45분	10분
④	50분	5분
⑤	55분	15분

✔해설 을은 뒷면을 가공한 이후 갑의 앞면 가공이 끝날 때까지 5분을 기다려야 한다.
뒷면 가공 15분→5분 기다림→앞면 가공 20분→조립 5분
총 45분이 걸리고, 유휴 시간은 기다린 시간인 5분이 된다.

Answer 16.④ 17.③ 18.②

| 19~20 | 다음 표는 커피 수입 현황에 대한 표이다. 물음에 답하시오.

(단위 : 톤, 천 달러)

구분	연도	2019	2020	2021	2022	2023
생두	중량	97.8	96.9	107.2	116.4	100.2
	금액	252.1	234.0	316.1	528.1	365.4
원두	중량	3.1	3.5	4.5	5.4	5.4
	금액	37.1	42.2	55.5	90.5	109.8
커피조제품	중량	6.3	5.0	5.5	8.5	8.9
	금액	42.1	34.6	44.4	98.8	122.4

※ 1) 커피는 생두, 원두, 커피조제품으로만 구분됨
2) 수입단가 = $\frac{금액}{중량}$

19 다음 중 표에 관한 설명으로 가장 적절한 것은?

① 커피 전체에 대한 수입금액은 매해마다 증가하고 있다.
② 2022년 생두의 수입단가는 전년의 2배 이상이다.
③ 원두 수입단가는 매해마다 증가하고 있지는 않다.
④ 2023년 커피조제품 수입단가는 2019년의 2배 이상이다.
⑤ 2020년도의 커피조제품 중량은 전년 대비 증가하였다.

 ① 커피 전체에 대한 수입금액은 2019년 331.3, 2020년 310.8, 2021년 416, 2022년 717.4, 2023년 597.6으로 2020년과 2023년에는 전년보다 감소했다.
② 생두의 2022년 수입단가는 $\left(\frac{528.1}{116.4} = 4.54\right)$로, 2021년 수입단가 $\left(\frac{316.1}{107.2} = 2.95\right)$의 약 1.5배 정도이다.
③ 원두의 수입단가는 2019년 11.97, 2020년 12.06, 2021년 12.33, 2022년 16.76, 2023년 20.33로 매해마다 증가하고 있다.
⑤ 2020년도의 커피조제품 중량은 전년 대비 감소하였다.

20 다음 중 수입단가가 가장 큰 것은?

① 2021년 원두   ② 2022년 생두
③ 2023년 원두   ④ 2022년 커피조제품
⑤ 2020년 생두

 ① 2021년 원두의 수입단가 = $\frac{55.5}{4.5}$ ≒ 12.33   ② 2022년 생두의 수입단가 = $\frac{528.1}{116.4}$ ≒ 4.54
③ 2023년 원두의 수입단가 = $\frac{109.8}{5.4}$ ≒ 20.33   ④ 2022년 커피조제품의 수입단가 = $\frac{98.8}{8.5}$ ≒ 11.62
⑤ 2020년 생두의 수입단가 = $\frac{234}{96.9}$ ≒ 2.41

21 다음은 (주)서원기업의 재고 관리 사례이다. 금요일까지 부품 재고 수량이 남지 않게 완성품을 만들 수 있도록 월요일에 주문할 A~C 부품 개수로 옳은 것은? (단, 주어진 조건 이외에는 고려하지 않는다.)

[부품 재고 수량과 완성품 1개당 소요량]

부품명	부품 재고 수량	완성품 1개당 소요량
A	500	10
B	120	3
C	250	5

[완성품 납품 수량]

항목 \ 요일	월	화	수	목	금
완성품 납품 개수	없음	30	20	30	20

[조건]
1. 부품 주문은 월요일에 한 번 신청하며 화요일 작업 시작 전 입고된다.
2. 완성품은 부품 A, B, C를 모두 조립해야 한다.

	A	B	C
①	100	100	100
②	100	180	200
③	500	100	100
④	500	180	250
⑤	500	250	180

✓ 해설 완성품 납품 개수는 30+20+30+20으로 총 100개이다.
완성품 1개당 부품 A는 10개가 필요하므로 총 1,000개가 필요하고, B는 300개, C는 500개가 필요하다.
이때 각 부품의 재고 수량에서 부품 A는 500개를 가지고 있으므로 필요한 1,000개에서 가지고 있는 500개를 빼면 500개의 부품을 주문해야 한다.
부품 B는 120개를 가지고 있으므로 필요한 300개에서 가지고 있는 120개를 빼면 180개를 주문해야 하며, 부품 C는 250개를 가지고 있으므로 필요한 500개에서 가지고 있는 250개를 빼면 250개를 주문해야 한다.

Answer 19.④ 20.③ 21.④

22 다음은 성인 직장인을 대상으로 소속감에 대하여 조사한 결과를 정리한 표이다. 조사 결과를 사회 집단 개념을 사용하여 분석한 내용으로 옳은 것은?

(단위 : %)

구분		가정	직장	동창회	친목 단체	합계
성별	남성	53.1	21.9	16.1	8.9	100.0
	여성	68.7	13.2	9.8	8.3	100.0
학력	중졸 이하	71.5	8.2	10.6	9.7	100.0
	고졸	62.5	17.7	11.8	8.0	100.0
	대졸 이상	54.0	22.5	16.0	7.5	100.0

① 학력이 높을수록 공동 사회라고 응답한 비율이 높다.
② 이익 사회라고 응답한 비율은 남성이 여성보다 높다.
③ 성별과 상관없이 자발적 결사체라고 응답한 비율이 가장 높다.
④ 과업 지향적인 집단이라고 응답한 비율은 여성이 남성보다 높다.
⑤ 고졸 직장인의 친목 단체에서 느끼는 소속감은 다른 집단에서의 소속감보다 높다.

✔ 해설 직장, 동창회, 친목 단체는 이익 사회에 해당하며, 이들 집단에서 소속감을 가장 강하게 느낀다고 응답한 비율은 남성이 더 높다.

23 농촌 거주민을 상대로 한 현재 생활 만족도에 대한 설문 조사를 실시하였다. 다음은 조사 결과 농촌을 떠나겠다고 응답한 비율을 정리한 것이다. 이를 근거로 하여 확인할 수 있는 질문만을 있는 대로 고른 것은?

(단위 : %)

구분	성별		연령별				
	남	여	30대 이하	40대	50대	60대	70대 이상
2012년	8.4	8.7	29.9	16.6	11.0	4.1	3.1
2017년	8.3	5.7	22.4	12.8	5.7	4.2	1.8
2022년	5.9	5.2	24.0	12.8	5.3	2.0	1.6

㉠ 어느 해에 이농이 가장 활발하게 일어났는가?
㉡ 시간이 흐르면서 이농하려는 생각은 확산되고 있는가?
㉢ 연령이 높을수록 이농에 대한 긍정적 응답률은 낮아지고 있는가?
㉣ 남자와 여자 중 이농을 생각하는 사람의 수는 어느 쪽이 더 많은가?

① ㉠㉣
② ㉡㉢
③ ㉡㉣
④ ㉠㉡㉢
⑤ ㉠㉡㉢㉣

✔ 해설 ㉠ 실제로 이농이 얼마나 일어났는지는 표에서 확인할 수 없다.
㉡ 남녀의 응답 비율 변화를 볼 때, 시간이 흐르면서 이농하려는 생각이 확산되지는 않는다는 점을 확인할 수 있다.
㉢ 연령이 높아질수록 이농에 대한 긍정적 응답률이 낮아지고 있다는 점을 확인할 수 있다.

Answer 22.② 23.②

24 다음은 청소년이 고민하는 문제에 대한 조사표이다. 이에 대한 설명으로 적절한 것은?

(단위 : 명, %)

구분		응답인원	외모	가계경제어려움	공부	직업	이성교제	기타
지역	도시	12,000	13.0	6.1	49.1	12.1	1.6	18.1
	농촌	3,000	11.0	7.0	35.3	24.0	1.8	20.9
성별	남자	8,000	9.1	5.8	40.7	23.4	1.5	19.5
	여자	7,000	16.3	6.8	36.4	22.4	1.8	16.3
연령	13~14세	4,000	16.9	2.2	60.6	5.8	0.2	14.3
	15~16세	6,000	11.0	2.4	65.2	6.6	0.3	14.5
	17~18세	5,000	12.3	9.7	59.9	9.1	1.6	7.4

① 지역 간 응답 비율의 격차가 가장 작은 항목은 외모에 대한 고민이다.
② 이성교제에 대한 고민을 하고 있다고 응답한 수는 남자가 여자보다 많다.
③ 연령이 높을수록 공부에 대한 고민을 하고 있다고 응답한 비율이 감소하고 있다.
④ 직업에 대한 고민을 하고 있다고 응답한 수는 도시 지역이 농촌 지역의 2배 이상이다.
⑤ 남자 청소년의 응답 비율은 '외모'가 가장 높다.

> **해설** ① 지역 간 응답 비율의 격차가 가장 작은 항목은 이성교제에 대한 고민이다.
> ② 이성교제에 대한 고민을 하고 있다고 응답한 수는 여자가 남자보다 많다.
> ③ 15~16세에서 공부에 대한 고민을 하고 있다고 응답한 비율이 가장 높다.
> ④ 직업에 대한 고민을 하고 있다고 응답한 수는 도시 지역이 농촌 지역보다 높다.
> ⑤ 남자 청소년의 응답 비율은 '공부'가 가장 높다.

｜25~26｜ 다음은 지방자치단체별 재정지수에 관한 표이다. 물음에 답하시오.

(단위 : 십억 원)

자치 단체명	기준재정 수입액	기준재정 수요액	재정자립도
A	4,520	3,875	92%
B	1,342	1,323	79%
C	892	898	65%
D	500	520	72%
E	2,815	1,620	69%
F	234	445	18%
G	342	584	29%
H	185	330	30%
I	400	580	35%
J	82	164	31%

※ 재정력지수 = $\dfrac{기준재정\ 수입액}{기준재정\ 수요액}$

25 다음 설명 중 옳지 않은 것은?

① 자치단체 F의 재정력지수는 자치단체 I보다 작다.
② 표에서 재정자립도가 가장 낮은 자치단체는 F이다.
③ 기준재정 수입액과 기준재정 수요액이 가장 높은 자치단체의 재정자립도가 가장 높다.
④ 자치단체 A, B, D, E의 재정력지수는 모두 1보다 크다.
⑤ 재정력 지수가 가장 낮은 지방자치단체는 J이다.

✓ 해설 ① F의 재정력지수 = $\dfrac{234}{445}$ ≒ 0.53

　　　　　I의 재정력지수 = $\dfrac{400}{580}$ ≒ 0.69

　　　④ A의 재정력지수 = $\dfrac{4,520}{3,875}$ ≒ 1.17

　　　　　B의 재정력지수 = $\dfrac{1,342}{1,323}$ ≒ 1.01

　　　　　D의 재정력지수 = $\dfrac{500}{520}$ ≒ 0.96

　　　　　E의 재정력지수 = $\dfrac{2,815}{1,620}$ ≒ 1.74

　　　⑤ J의 재정력지수 = $\dfrac{82}{164}$ ≒ 0.5

Answer　24.④　25.④

26 다음 중 재정자립도가 가장 높은 곳은?

① A ② B
③ C ④ D
⑤ E

✔해설 A = 92%, B = 79%, C = 65%, D = 72%, E = 69%

|27~28| 다음을 보고 물음에 답하시오.

대학교 응시생 수와 합격생 수

분류	응시인원	1차 합격자	2차 합격자
어문학부	3,300명	1,695명	900명
법학부	2,500명	1,500명	800명
자연과학부	2,800명	980명	540명
생명공학부	3,900명	950명	430명
전기전자공학부	2,650명	1,150명	540명

27 자연과학부의 1차 시험 경쟁률은 얼마인가?

① 1 : 1.5 ② 1 : 2.9
③ 1 : 3.4 ④ 1 : 4
⑤ 1 : 5

✔해설 $1 : 980 = x : 2,800$
$980x = 2,800$
$x = 2.85 ≒ 2.9$
∴ $1 : 2.9$

28 1차 시험 경쟁률이 가장 높은 학부는?

① 어문학부
② 법학부
③ 생명공학부
④ 전기전자공학부
⑤ 자연과학부

✔해설 ① 어문학부 : $1:1,695=x:3,300$ ∴ $1:1.9$
② 법학부 : $1:1,500=x:2,500$ ∴ $1:1.6$ 프
⑤ 자연과학부 : $1:980=x:2,800$ ∴ $1:2.9$

Answer 26.① 27.② 28.③

【29~30】 다음에 제시된 투자 조건을 보고 물음에 답하시오.

투자안	판매단가(원/개)	고정비(원)	변동비(원/개)
A	2	20,000	1.5
B	2	60,000	1.0

1) 매출액＝판매단가×매출량(개)
2) 매출원가＝고정비＋(변동비×매출량(개))
3) 매출이익＝매출액－매출원가

29 위의 투자안 A와 B의 투자 조건을 보고 매출량과 매출이익을 해석한 것으로 옳은 것은?

① 매출량 증가폭 대비 매출이익의 증가폭은 투자안 A가 투자안 B보다 항상 작다.
② 매출량 증가폭 대비 매출이익의 증가폭은 투자안 A가 투자안 B보다 항상 크다.
③ 매출량 증가폭 대비 매출이익의 증가폭은 투자안 A와 B가 항상 같다.
④ 매출이익이 0이 되는 매출량은 투자안 A가 투자안 B보다 많다.
⑤ 매출이익이 0이 되는 매출량은 투자안 A가 투자안 B가 같다.

> **해설** ①②③ 매출량 증가폭 대비 매출이익의 증가폭은 기울기를 의미하는 것이다.
> 매출량을 x, 매출이익을 y라고 할 때,
> A는 $y = 2x - (20{,}000 + 1.5x) = -20{,}000 + 0.5x$
> B는 $y = 2x - (60{,}000 + 1.0x) = -60{,}000 + x$
> 따라서 A의 기울기는 0.5, B의 기울기는 1이 돼서 매출량 증가폭 대비 매출이익의 증가폭은 투자안 A가 투자안 B보다 항상 작다.
> ④⑤ A의 매출이익은 매출량 40,000일 때 0이고, B의 매출이익은 매출량이 60,000일 때 0이 된다. 따라서 매출이익이 0이 되는 매출량은 투자안 A가 투자안 B보다 작다.

30 매출량이 60,000개라고 할 때, 투자안 A와 투자안 B를 비교한 매출이익은 어떻게 되겠는가?

① 투자안 A가 투자안 B보다 같다.
② 투자안 A가 투자안 B보다 작다.
③ 투자안 A가 투자안 B보다 크다.
④ 투자안 B가 투자안 A보다 크다.
⑤ 제시된 내용만으로 비교할 수 없다.

✔ 해설 ㉠ A의 매출이익
 • 매출액 $= 2 \times 60,000 = 120,000$
 • 매출원가 $= 20,000 + (1.5 \times 60,000) = 110,000$
 • 매출이익 $= 120,000 - 110,000 = 10,000$
㉡ B의 매출이익
 • 매출액 $= 2 \times 60,000 = 120,000$
 • 매출원가 $= 60,000 + (1.0 \times 60,000) = 120,000$
 • 매출이익 $= 120,000 - 120,000 = 0$
∴ 투자안 A가 투자안 B보다 크다.

Answer 29.① 30.③

|31~33| 다음은 주유소 4곳을 경영하는 서원각에서 2023년 VIP 회원의 업종별 구성비율을 지점별로 조사한 표이다. 표를 보고 물음에 답하시오. (단, 가장 오른쪽은 각 지점의 회원수가 전 지점의 회원 총수에서 차지하는 비율을 나타낸다)

구분	대학생	회사원	자영업자	주부	각 지점 / 전 지점
A	10%	20%	40%	30%	10%
B	20%	30%	30%	20%	30%
C	10%	50%	20%	20%	40%
D	30%	40%	20%	10%	20%
전 지점	20%		30%		100%

31 서원각 전 지점에서 회사원의 수는 회원 총수의 몇 %인가?

① 24%   ② 33%
③ 39%   ④ 51%
⑤ 58%

> ✔ 해설
> A = 0.1×0.2 = 0.02 = 2(%)
> B = 0.3×0.3 = 0.09 = 9(%)
> C = 0.4×0.5 = 0.2 = 20(%)
> D = 0.2×0.4 = 0.08 = 8(%)
> ∴ A+B+C+D = 39(%)

32 A지점의 회원수를 5년 전과 비교했을 때 자영업자의 수가 2배 증가했고 주부회원과 회사원은 1/2로 감소하였으며 그 외는 변동이 없었다면 5년전 대학생의 비율은? (단, A지점의 2023년 VIP회원의 수는 100명이다.)

① 7.69%   ② 8.53%
③ 8.67%   ④ 9.12%
⑤ 10.32%

> 2023년 A지점의 회원 수는 대학생 10명, 회사원 20명, 자영업자 40명, 주부 30명이다. 따라서 2018년의 회원 수는 대학생 10명, 회사원 40명, 자영업자 20명, 주부 60명이 된다. 이 중 대학생의 비율은 $\frac{10명}{130명} \times 100(\%) ≒ 7.69\%$ 가 된다.

33 B지점의 대학생 회원수가 300명일 때 C지점의 대학생 회원수는?

① 100명
② 200명
③ 300명
④ 400명
⑤ 500명

> ✔해설 B지점의 대학생이 차지하는 비율 $= 0.3 \times 0.2 = 0.06 = 6(\%)$
> C지점의 대학생이 차지하는 비율 $= 0.4 \times 0.1 = 0.04 = 4(\%)$
> B지점 대학생수가 300명이므로 $6 : 4 = 300 : x$
> $\therefore x = 200(명)$

34 다음 재고 현황을 통해 파악할 수 있는 완성품의 최대 수량과 완성품 1개당 소요 비용은 얼마인가? (단, 완성품은 A, B, C, D의 부품이 모두 조립되어야 하고 다른 조건은 고려하지 않는다.)

부품명	완성품 1개당 소요량(개)	단가(원)	재고 수량(개)
A	2	50	100
B	3	100	300
C	20	10	2,000
D	1	400	150

	완성품의 최대 수량(개)	완성품 1개당 소요 비용(원)
①	50	100
②	50	500
③	50	1,000
④	100	500
⑤	100	1,000

> ✔해설 재고 수량에 따라 완성품을 A 부품으로는 $100 \div 2 = 50$개, B 부품으로는 $300 \div 3 = 100$개, C 부품으로는 $2,000 \div 20 = 100$개, D 부품으로는 $150 \div 1 = 150$개까지 만들 수 있다.
> 완성품은 A, B, C, D가 모두 조립되어야 하므로 50개만 만들 수 있다.
> 완성품 1개당 소요 비용은 완성품 1개당 소요량과 단가의 곱으로 구하면 되므로 A 부품 $2 \times 50 = 100$원, B 부품 $3 \times 100 = 300$원, C 부품 $20 \times 10 = 200$원, D 부품 $1 \times 400 = 400$원이다.
> 이를 모두 합하면 $100 + 300 + 200 + 400 = 1,000$원이 된다.

Answer 31.③ 32.① 33.② 34.③

| 35~36 | 다음은 ㈜서원각의 신입사원 300명을 대상으로 어떤 스포츠 종목에 관심이 있는지 조사한 표이다. 물음에 답하시오.

스포츠 종목	비율	스포츠 종목	비율
야구	30%	축구와 농구	7%
농구	20%	야구와 축구	9%
축구	25%	농구와 야구	6%
–	–	야구, 농구, 축구	3%

35 두 종목 이상에 관심이 있는 사원수는?

① 25명　　　　　　　　　　② 50명
③ 75명　　　　　　　　　　④ 100명
⑤ 125명

✔ 해설　(7%+9%+6%+3%)×300 = 75(명)

36 세 종목 이상에 관심이 있는 사원수는?

① 9명　　　　　　　　　　② 19명
③ 21명　　　　　　　　　　④ 30명
⑤ 39명

✔ 해설　0.03×300 = 9(명)

| 37~38 | 다음은 A, B, C 세 제품의 가격, 월 전기료 및 관리비용을 나타낸 표이다. 물음에 답하시오.

분류	가격	월 전기료	월 관리비
A 제품	300만 원	3만 원	1만 원
B 제품	270만 원	4만 원	1만 원
C 제품	240만 원	3만 원	2만 원

37 제품 구입 후 1년을 사용했다고 가정했을 경우 총 지불액이 가장 높은 제품은? (단, 총 지불금액은 제품의 가격을 포함한다)

① A
② B
③ C
④ A, B
⑤ B, C

✔해설 A = 3,000,000+(30,000+10,000)×12 = 3,480,000(원)
B = 2,700,000+(40,000+10,000)×12 = 3,300,000(원)
C = 2,400,000+(30,000+20,000)×12 = 3,000,000(원)

38 A제품을 구입할 경우, 3년 동안 B나 C 제품에 비해 얼마를 절약할 수 있는가? (단, 제품가격은 고려하지 않는다.)

① 36만 원
② 35만 원
③ 34만 원
④ 33만 원
⑤ 32만 원

✔해설 3년 간 들어가는 전기료와 관리비를 계산하면
A = (30,000+10,000)×36 = 1,440,000(원)
B = (40,000+10,000)×36 = 1,800,000(원)
C = (30,000+20,000)×36 = 1,800,000(원)
따라서 B에 비해 360,000, C에 비해 360,000원을 절약할 수 있다.

Answer 35.③ 36.① 37.① 38.①

【39~40】 다음은 영희네 반 영어시험의 점수분포도이다. 물음에 답하시오.

점수(점)	0~20	20~40	40~60	60~80	80~90	90~100	합계
인원수(명)	3	㉠	15	24	㉡	3	60
상대도수	0.050	0.15	0.250	0.400	-	0.050	1

39 다음 중 ㉠에 알맞은 수는?

① 6명　　　　　　　　　② 9명
③ 15명　　　　　　　　 ④ 20명
⑤ 25명

　✔ 해설　$0.15 \times 60 = 9$(명)

40 다음 중 ㉡에 알맞은 수는?

① 3명　　　　　　　　　② 4명
③ 5명　　　　　　　　　④ 6명
⑤ 7명

　✔ 해설　$60 - (3 + 9 + 15 + 24 + 3) = 6$(명)

41 어느 날 A부서 팀장이 다음 자료를 주며 "이번에 회사에서 전략 사업으로 자동차 부품 시범 판매점을 직접 운영해 보기로 했다."며 자동차가 많이 운행되고 있는 도시에 판매점을 둬야하므로 후보도시를 추천하라고 하였다. 다음 중 후보도시로 가장 적절한 곳은?

도시	인구수	도로연장	자동차 대수(1,000명당)
A	100만 명	200km	200대
B	70만 명	150km	150대
C	50만 명	300km	450대
D	40만 명	100km	300대

① A
② B
③ C
④ D
⑤ A, B

✔해설 각 도시별 자동차 대수를 구해보면 자동차 대수의 단위가 1,000명이므로 10을 곱하여 만 명당 대수로 변환하게 계산을 하면 된다.
A : $100 \times 2,000 = 200,000$
B : $70 \times 1,500 = 105,000$
C : $50 \times 4,500 = 225,000$
D : $40 \times 3,000 = 120,000$

Answer 39.② 40.④ 41.③

【42~43】 다음은 H 자동차회사의 고객만족도결과이다. 물음에 답하시오.

분류	출고시기 1~12개월	출고시기 13~24개월	고객평균
애프터서비스	20%	16%	18%
정숙성	2%	1%	1.5%
연비	15%	12%	13.5%
색상	10%	12%	11%
주행편의성	12%	8%	10%
인정성	40%	50%	45%
옵션	1%	1%	1%
합계	100%	100%	100%

42 출고시기와 상관없이 조사에 참가한 전체대상자 중 2,700명이 애프터서비스를 장점으로 선택하였다면 이 설문에 응한 고객은 모두 몇 명인가?

① 5,000명　　　　　　　　　　② 10,000명
③ 15,000명　　　　　　　　　 ④ 20,000명
⑤ 25,000명

✔ 해설　$2,700 : 18 = x : 100$
$18x = 270,000$
$x = 15,000(명)$

43 차를 출고 받은지 13~24개월 된 고객 중 120명이 연비를 선택하였다면 옵션을 선택한 고객은 몇 명인가?

① 5명　　　　　　　　　　　② 10명
③ 15명　　　　　　　　　　 ④ 20명
⑤ 25명

✔ 해설　12%가 120명이므로 1%는 10명이 된다.
$12 : 120 = 1 : x$
$x = 10$

44 다음은 예식장 사업형태에 대한 자료이다. 자료에 대한 설명으로 옳지 않은 것은?

구분	개인경영	회사법인	회사 이외의 법인	비법인 단체	합계
사업체수(개)	1,160	50	91	9	1,310
매출(백 만)	238,000	43,000	10,000	800	291,800
비용(백 만)	124,000	26,000	5,500	400	155,900
면적(km²)	1,253,000	155,000	54,000	3,500	1,465,500

① 예식장 사업비용은 매출액의 50% 이상이다.
② 예식장 사업은 대부분 개인경영의 형태로 이루어지고 있다.
③ 사업체당 매출액이 평균적으로 제일 큰 것은 회사법인 예식장이다.
④ 사업체당 면적의 크기는 회사법인보다 회사 이외의 법인이 더 크다.
⑤ 개인경영의 면적은 전체 사업형태의 면적의 80% 이상을 차지한다.

 해설 회사법인의 사업체당 면적의 크기 : $\frac{155,000}{50} = 3,100$

회사 이외의 법인의 사업체당 면적의 크기 : $\frac{54,000}{91} ≒ 593$

Answer 42.③ 43.② 44.④

|45~46| 아래 두 표는 A, B 두 목격자의 도주자 성별에 대한 판정의 정확성을 정리한 것이다. 다음 물음에 답하시오.

A 목격자

실제성별 \ A의 결정	여자	남자	합
여자	35	15	50
남자	25	25	50
합	60	40	100

B 목격자

실제성별 \ B의 결정	여자	남자	합
여자	20	30	50
남자	5	45	50
합	25	75	100

45 B 목격자의 여성 도주자에 대한 판정 성공률은?

① 20%   ② 30%
③ 40%   ④ 80%
⑤ 100%

✔해설 B의 여성 도주자에 대한 결정 중에서 20%만이 정확했으므로
∴ $\frac{20}{50} \times 100 = 40(\%)$

46 다음 기술 중 옳은 것을 모두 고르면?

> ㉠ 전체 판정성공률은 B가 A보다 높다.
> ㉡ 실제 도주자가 여성일 때 판정성공률은 B가 A보다 높다.
> ㉢ 실제 도주자가 남성일 때 판정성공률은 B가 A보다 높다.
> ㉣ A, B 모두 여성 도주자에 대한 판정성공률이 남성 도주자에 대한 판정성공률보다 높다.

① ㉠
② ㉠㉢
③ ㉠㉡㉢
④ ㉡㉢㉣
⑤ ㉠㉡㉢㉣

✔해설 ㉠ 전체 판정성공률
  • A : $\frac{35+25}{100} = 60(\%)$
  • B : $\frac{20+45}{100} = 65(\%)$
  ∴ A < B
 ㉡ 실제 도주자가 여성일 때 판정성공률
  • A : $\frac{35}{50} \times 100 = 70(\%)$
  • B : $\frac{20}{50} \times 100 = 40(\%)$
  ∴ A > B
 ㉢ 실제 도주자가 남성일 때 판정성공률
  • A : $\frac{25}{50} \times 100 = 50(\%)$
  • B : $\frac{45}{50} \times 100 = 90(\%)$
  ∴ A < B
 ㉣ ㉡㉢에서 보면 A는 여성 도주자에 대한 판정성공률이 높고, B는 남성 도주자에 대한 판정성공률이 높다는 것을 알 수 있다.

Answer 45.③ 46.②

【47~48】 다음은 60대 인구의 여가활동 목적추이를 나타낸 표(단위 : %)이고, 그래프는 60대 인구의 여가활동 특성(단위 : %)에 관한 것이다. 자료를 보고 물음에 답하시오.

여가활동 목적 \ 연도	2021	2022	2023
개인의 즐거움	21	22	19
건강	26	31	31
스트레스 해소	11	7	8
마음의 안정과 휴식	15	15	13
시간 때우기	6	6	7
자기발전 자기계발	6	4	4
대인관계 교제	14	12	12
자아실현 자아만족	2	2	4
가족친목	0	0	1
정보습득	0	0	0

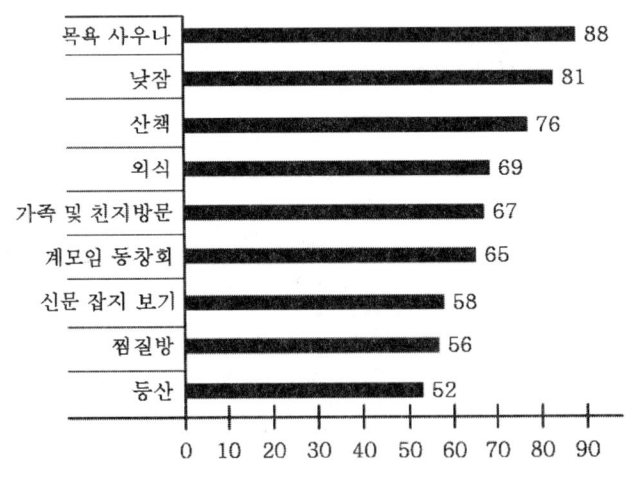

47 위의 자료에 대한 설명으로 올바른 것은?

① 60대 인구 대부분은 스트레스 해소를 위해 목욕·사우나를 한다.
② 60대 인구가 가족 친목을 위해 여가시간을 보내는 비중은 정보습득을 위해 여가시간을 보내는 비중만큼이나 작다.
③ 60대 인구가 여가활동을 건강을 위해 보내는 추이가 점차 감소하고 있다.
④ 여가활동을 낮잠으로 보내는 비율이 60대 인구의 여가활동 가운데 가장 높다.
⑤ 2023년에 60대 인구의 여가활동 목적 중 가장 높은 것은 '개인의 즐거움'이다.

> ✔해설 ① 제시된 자료로는 60대 인구가 스트레스 해소로 목욕·사우나를 하는지 알 수 없다.
> ③ 60대 인구가 여가활동을 건강을 위해 보내는 비중이 2022년에 증가하였고 2023년은 전년과 동일한 비중을 차지하였다.
> ④ 여가활동을 목욕·사우나로 보내는 비율이 60대 인구의 여가활동 가운데 가장 높다.
> ⑤ 2023년에 60대 인구의 여가활동 목적 중 비중이 가장 높은 것은 '건강'이다.

48 60대 인구가 25만 명이라면 여가활동으로 등산을 하는 인구는 몇 명인가?

① 13만 명
② 15만 명
③ 16만 명
④ 17만 명
⑤ 18만 명

> ✔해설 $\frac{x}{25만} \times 100 = 52\%$
> $x = 13만$ 명

Answer 47.② 48.①

|49~51| 〈표 1〉은 대재이상 학력자의 3개월간 일반도서 구입량에 대한 표이고 〈표 2〉는 20대 이하 인구의 3개월간 일반도서 구입량에 대한 표이다. 물음에 답하시오.

〈표 1〉 대재이상 학력자의 3개월간 일반도서 구입량

	2020년	2021년	2022년	2023년
사례 수	255	255	244	244
없음	41%	48%	44%	45%
1권	16%	10%	17%	18%
2권	12%	14%	13%	16%
3권	10%	6%	10%	8%
4~6권	13%	13%	13%	8%
7권 이상	8%	8%	3%	5%

〈표 2〉 20대 이하 인구의 3개월간 일반도서 구입량

	2020년	2021년	2022년	2023년
사례 수	491	545	494	481
없음	31%	43%	39%	46%
1권	15%	10%	19%	16%
2권	13%	16%	15%	17%
3권	14%	10%	10%	7%
4~6권	17%	12%	13%	9%
7권 이상	10%	8%	4%	5%

49 2021년 20대 이하 인구의 3개월간 일반도서 구입량이 1권 이하인 사례는 몇 건인가? (소수 첫째자리에서 반올림할 것)

① 268건
② 278건
③ 289건
④ 298건
⑤ 304건

> **해설** $545 \times (0.43 + 0.1) = 288.85 \rightarrow 289$건

50 2022년 대재이상 학력자의 3개월간 일반도서 구입량이 7권 이상인 경우의 사례는 몇 건인가? (소수 둘째자리에서 반올림할 것)

① 7.3건 ② 7.4건
③ 7.5건 ④ 7.6건
⑤ 7.9건

✔ 해설 244×0.03=7.32(건)

51 위 표에 대한 설명으로 옳지 않은 것은?

① 20대 이하 인구가 3개월간 1권 이상 구입한 일반도서량은 해마다 증가하고 있다.
② 20대 이하 인구가 3개월간 일반도서 7권 이상 읽은 비중이 가장 낮다.
③ 20대 이하 인구가 3권 이상 6권 이하로 일반도서 구입하는 량은 해마다 감소하고 있다.
④ 대재이상 학력자가 3개월간 일반도서 1권 구입하는 것보다 한 번도 구입한 적이 없는 경우가 더 많다.
⑤ 20대 이하 인구의 3개월간 일반도서 구입량이 3권인 경우는 2021년과 2022년의 비율이 동일하다.

✔ 해설 ① 20대 이하 인구가 3개월간 1권 이상 구입한 일반도서량은 2021년과 2023년에는 전년에 비해 감소했다.
※ 자료 해석에 있어 구별해야 할 용어
㉠ 대체로/일반적으로 증가(감소)한다
㉡ 해마다/지속적으로/꾸준히 증가(감소)한다
㉢ 증감이 반복된다/경향성을 예측할 수 없다
㉣ 자료를 통하여 판단하기 어렵다/알 수 없다

Answer 49.③ 50.① 51.③

【52~54】 다음은 농업총수입과 농작물수입을 영농형태와 지역별로 나타낸 표이다. 표를 보고 물음에 답하시오.

〈영농형태별 수입〉

영농형태	농업총수입(천 원)	농작물수입(천 원)
논벼	20,330	18,805
과수	34,097	32,382
채소	32,778	31,728
특용작물	45,534	43,997
화훼	64,085	63,627
일반밭작물	14,733	13,776
축산	98,622	14,069
기타	28,499	26,112

〈행정지역별 수입〉

행정지역	농업총수입(천 원)	농작물수입(천 원)
경기도	24,785	17,939
강원도	27,834	15,532
충청북도	23,309	17,722
충청남도	31,583	18,552
전라북도	26,044	21,037
전라남도	23,404	19,129
경상북도	28,690	22,527
경상남도	28,478	18,206
제주도	29,606	28,141

52 제주도의 농업총수입은 경기도 농업총수입과 얼마나 차이나는가?

① 4,821(천 원)
② 4,930(천 원)
③ 5,860(천 원)
④ 6,896(천 원)
⑤ 7,631(천 원)

✔해설 29,606 − 24,785 = 4,821(천 원)

53 앞의 표에 대한 설명으로 옳지 않은 것은?

① 화훼는 과수보다 약 2배의 농업총수입을 얻고 있다.
② 축산의 농업총수입은 다른 영농형태보다 월등히 많은 수입을 올리고 있다.
③ 경기도는 농업총수입과 농작물수입이 충청남도보다 높다.
④ 강원도의 농작물수입은 다른 지역에 비해 가장 낮은 수입이다.
⑤ 특용작물의 농업총수입은 농작물수입보다 크다.

✔해설 ③ 경기도는 농업총수입과 농작물수입이 충청남도보다 낮다.

54 특용작물의 농업총수입은 일반밭작물의 몇 배인가? (소수점 둘째자리까지 구하시오)

① 1.26배
② 2.95배
③ 3.09배
④ 4.21배
⑤ 5.34배

✔해설 45,534 ÷ 14,733 ≒ 3.09(배)

Answer 52.① 53.③ 54.③

55 다음 표는 어떤 보험 회사에 하루 동안 청구되는 보상 건수와 확률이다. 이틀 연속으로 청구된 보상 건수의 합이 2건 미만일 확률은? (단, 첫째 날과 둘째 날에 청구되는 보상건수는 서로 무관하다.)

보상 건수	0	1	2	3 이상
확률	0.4	0.3	0.2	0.1

① 0.4
② 0.5
③ 0.6
④ 0.8
⑤ 0.9

✔해설 이틀 연속으로 청구된 보상 건수의 합이 2건 미만인 경우는, 첫째 날과 둘째 날 모두 보상 건수가 0건인 경우, 첫째 날 보상 건수가 0건이고 둘째 날 1건인 경우, 첫째 날 보상 건수가 1건이고 둘째 날 0건인 경우가 존재한다.
∴ $0.4 \times 0.4 + 0.4 \times 0.3 + 0.3 \times 0.4 = 0.16 + 0.12 + 0.12 = 0.4$

56 100km 떨어진 목적지를 향하여 A 버스가 먼저 출발하고, 20분 뒤에 같은 장소에서 B 버스가 출발하여 목적지에 동시에 도착하였다. B 버스가 A 버스보다 시속 10km 더 빠르다고 할 때, B 버스의 속력은?

① 시속 50km
② 시속 60km
③ 시속 70km
④ 시속 80km
⑤ 시속 90km

✔해설 B 버스의 속력을 v라면, A 버스의 속력은 $v-10$이므로
$\frac{100}{v-10} = \frac{100}{v} + \frac{1}{3}$ 에서
$v^2 - 10v - 3,000 = 0$, $(v-60)(v+50) = 0$
∴ $v = 60$

57 지수가 낮잠을 자는 동안 엄마가 집에서 마트로 외출을 했다. 곧바로 잠에서 깬 지수는 엄마가 출발하고 10분 후 엄마의 뒤를 따라 마트로 출발했다. 엄마는 매분 100m의 속도로 걷고, 지수는 매분 150m의 속도로 걷는다면 지수는 몇 분 만에 엄마를 만나게 되는가?

① 10분
② 20분
③ 30분
④ 40분
⑤ 50분

✔해설 지수가 걸린 시간을 y, 엄마가 걸린 시간을 x라 하면
$\begin{cases} x - y = 10 & \cdots \text{㉠} \\ 100x = 150y & \cdots \text{㉡} \end{cases}$ 에서 ㉠을 ㉡에 대입한다.
$100(y+10) = 150y \Rightarrow 5y = 100 \Rightarrow y = 20$
따라서 지수는 20분 만에 엄마를 만나게 된다.

58 두 자리의 자연수가 있다. 이 수는 각 자리의 숫자의 합의 4배이고, 십의 자리의 숫자와 일의 자리 숫자를 서로 바꾸면 바꾼 수는 처음 수보다 27이 크다고 한다. 처음 자연수를 구하면?

① 24
② 30
③ 36
④ 60
⑤ 72

> ✔해설 십의 자리의 숫자를 x, 일의 자리의 숫자를 y라 하면
> $\begin{cases} 10x+y=4(x+y) \\ 10y+x=10x+y+27 \end{cases}$
> ∴ $x=3$, $y=6$이므로 처음의 자연수는 36이다.

59 A 쇼핑몰은 회원의 등급별로 포인트와 적립금을 다르게 제공하고 있다. 일반회원의 포인트는 P라 하며 200P당 1,000원의 적립금을 제공한다. 우수회원의 포인트는 S라 하며 40S당 1,500원의 적립금을 제공한다. 이때 360P는 몇 S인가?

① 45S
② 48S
③ 52S
④ 53S
⑤ 65S

> ✔해설 360P의 적립금을 x라 하면
> 200P : 1,000원 = 360P : x원
> $x=1,800$원
> 1,800원일 때 포인트 S를 y라 하면
> 40S : 1,500원 = y : 1,800원
> $y=48$
> ∴ 360P = 48S

Answer 55.① 56.② 57.② 58.③ 59.②

60 빨간 공 6개, 파란 공 4개가 들어 있는 상자에서 1개씩 연달아 두 번 공을 꺼낼 때, 두 번 모두 빨간 공일 확률은? (단, 꺼낸 공은 다시 넣지 않는다.)

① $\frac{1}{5}$
② $\frac{3}{10}$
③ $\frac{1}{3}$
④ $\frac{2}{5}$
⑤ $\frac{7}{10}$

✔ 해설 처음에 빨간 공을 꺼낼 확률은 $\frac{6}{10}=\frac{3}{5}$이다.
처음 빨간 공을 꺼낸 후 꺼낸 공을 다시 넣지 않으므로
그 다음 빨간 공을 꺼낼 확률은 $\frac{5}{9}$이다.
따라서 두 번 모두 빨간 공을 꺼낼 확률은 $\frac{3}{5}\times\frac{5}{9}=\frac{1}{3}$이다.

61 0, 2, 4, 6, 8의 숫자가 각각 적힌 5장의 카드 중에서 3장을 뽑아 만들 수 있는 세 자리 정수의 개수는?

① 44개
② 48개
③ 50개
④ 56개
⑤ 64개

✔ 해설 백의 자리에 올 수 있는 수는 0을 제외한 4가지
십의 자리에 올 수 있는 수는 백의 자리의 수를 제외한 4가지
일의 자리에 올 수 있는 수는 백의 자리, 십의 자리의 수를 제외한 3가지
따라서 구하는 세 자리 정수의 개수는 $4\times4\times3=48$(개)이다.

62 40%의 소금물 300g을 가열하여, 50g의 물을 증발시키면 몇 %의 소금물이 되는가?

① 44%
② 46%
③ 48%
④ 50%
⑤ 54%

✔ 해설 40% 소금물 300g에 들어 있는 소금의 양은 $300\times0.4=120$(g)이고,
물의 양은 $300-120=180$(g)이다.
물이 50g 증발했으므로 $180-50=130$(g)이므로
소금물의 농도는 $\frac{120}{130+120}\times100=\frac{120}{250}\times100=48(\%)$이다.

63 어느 청소부가 쓰레기와 재활용품을 수거하는데 맑은 날은 하루에 쓰레기 150kg, 재활용품 2kg을 수거하고, 비 오는 날은 쓰레기 70kg, 재활용품 1kg을 수거한다고 한다. 일주일 동안 청소부가 쓰레기는 850kg 이상, 재활용품은 10kg 이상 수거하려면 맑은 날은 적어도 며칠이어야 하는가?

① 2일
② 3일
③ 4일
④ 5일
⑤ 6일

✔해설 일주일 동안 맑은 날을 x일이라고 하면 비 오는 날은 $(7-x)$일이 된다.
일주일 동안 수거하게 되는 쓰레기의 무게는 $\{150x+70(7-x)\}$kg이고,
재활용품의 무게는 $\{2x+(7-x)\}$이므로
$$\begin{cases} 150x+490-70x \geq 850 \\ x+7 \geq 10 \end{cases} \Rightarrow \begin{cases} x \geq \dfrac{9}{2} \\ x \geq 3 \end{cases}$$
$\dfrac{9}{2}>3$이므로 연립부등식의 해는 $x \geq \dfrac{9}{2}$이고 x는 자연수이어야 하므로
적어도 5일은 맑은 날이어야 한다.

64 아시안 게임에 참가한 어느 종목의 선수들을 A, B, C 등급으로 분류하여 전체 4천 5백 만 원의 포상금을 지급하려고 한다. A등급의 선수 각각은 B등급보다 2배, B등급은 C등급보다 1.5배 지급하려고 한다. A등급은 5명, B등급은 10명, C등급은 15명이라면, A등급을 받은 선수 한 명에게 지급될 금액은?

① 300만 원
② 400만 원
③ 450만 원
④ 500만 원
⑤ 550만 원

✔해설 A등급 한 명에게 지급되는 금액을 $6x$, B등급 한 명에게 지급되는 금액을 $3x$, C등급 한 명에게 지급되는 금액을 $2x$라 하면, $6x \times 5 + 3x \times 10 + 2x \times 15 = 4,500$(만 원), $x=50 \rightarrow 6x=300$(만 원)

65 영수가 달리기를 하는데 처음에는 초속 6m의 속력으로 뛰다가 반환점을 돈 후에는 분속 90m의 속력으로 걸어서 30분 동안 4.5km를 운동했다면 출발지에서 반환점까지의 거리는?

① 2,400m
② 3,000m
③ 3,600m
④ 4,000m
⑤ 4,600m

> **해설** 처음의 초속을 분속으로 바꾸면 $6 \times 60 = 360 \text{m/min}$
> 출발지에서 반환점까지의 거리를 x라 하면
> $\dfrac{x}{360} + \dfrac{4,500-x}{90} = 30$ 이므로 양변에 360을 곱하여 식을 간단히 하면
> $x + 4(4,500 - x) = 10,800$
> $\therefore x = 2,400 (\text{m})$

66 아버지의 나이는 자식의 나이보다 24세 많고, 지금부터 6년 전에는 아버지의 나이가 자식의 나이의 5배였다. 아버지와 자식의 현재의 나이는 각각 얼마인가?

① 36세, 12세
② 37세, 15세
③ 39세, 17세
④ 40세, 19세
⑤ 43세, 20세

> **해설** 자식의 나이를 x라 하면,
> $(x + 24 - 6) = 5(x - 6)$
> $48 = 4x, \ x = 12$
> 아버지의 나이는 $12 + 24 = 36$
> $\therefore$ 아버지의 나이 36세, 자식의 나이는 12세

67 수열 2, 5, 8, 11, 14 … 에서 20번째의 수와 30번째까지의 합을 구하면?

① 59, 1365
② 65, 1420
③ 72, 1550
④ 82, 1620
⑤ 91, 1730

> **해설** 제시된 수열은 첫째항이 2, 공차 3인 등차수열이다.
> $\therefore$ 일반항 $a_n = 2 + (n-1) \times 3 = 3n - 1$
> $a_{20} = 20 \times 3 - 1 = 59$
> $S_n = \dfrac{30\{2 \times 2 + (30-1) \times 3\}}{2} = 1365$

68 창고의 짐을 옮기는 데 첫째 날은 A 혼자, 둘째 날은 B와 C, 셋째 날은 A와 C, 넷째 날은 A와 B와 C, 마지막 날에는 B 혼자 일하여 12일이 소요되었다. 처음부터 A와 B와 C가 같이 일했다면 며칠이 걸리겠는가? (단, A, B, C 세 사람의 일의 양은 같다.)

① 3일
② 4일
③ 5일
④ 6일
⑤ 7일

✔해설 A+(B+C)+(A+C)+(A+B+C)+B = 12(일)
3(A+B+C)=12(일), A+B+C = 4(일)
A, B, C가 처음부터 함께 일하면 4일이 걸린다.

69 어떤 모임에서 참가자에게 귤을 나누어 주는데 1명에게 5개씩 나누어 주면 3개 남고, 6개씩 나누어주면 1명만 4개 보다 적게 받게 된다. 참가자는 적어도 몇 명인가?

① 2인
② 6인
③ 9인
④ 10인
⑤ 13인

✔해설 참가자의 수를 x라 하면
전체 귤의 수는 $5x+3$,
6개씩 나누어 주면 1명만 4개보다 적게 되므로
$(5x+3) - \{6 \times (x-1)\} < 4 \Rightarrow -x < -5 \Rightarrow x > 5$
∴ 참가자는 적어도 6인이 있다.

70 현재 저금통에 형은 8,000원, 동생은 2,000원이 들어 있다. 형은 매일 200원씩, 동생은 매일 500원씩 저금통에 넣는다면 며칠 후에 형과 동생의 저금통에 들어 있는 금액이 같아지는가?

① 12일 후
② 14일 후
③ 16일 후
④ 20일 후
⑤ 25일 후

✔해설 x일 후에 형과 동생의 저금통에 들어 있는 금액이 같아진다고 하면
$8,000 + 200x = 2,000 + 500x$
$300x = 6,000 \quad \therefore x = 20$(일 후)

Answer 65.① 66.① 67.① 68.② 69.② 70.④

03 추리능력

| 1~5 | 다음 진술이 참이 되기 위해서 꼭 필요한 전제를 보기에서 모두 고르시오.

1

> 진주는 부지런한 사람이다.

〈보기〉
㉠ 진주는 밀린 업무를 미리 끝낸다.
㉡ 진주는 매일 저녁에 운동을 한다.
㉢ 진주는 멜로 영화를 좋아한다.
㉣ 업무를 미리 끝내는 사람은 부지런한 사람이다.
㉤ 저녁에 운동을 하는 사람은 신뢰할 수 있는 사람이다.
㉥ 커피를 마시는 사람은 졸음에서 깨어날 수 있는 사람이다.

① ㉠㉣　　　　　　　　　② ㉠㉤
③ ㉡㉣　　　　　　　　　④ ㉡㉤
⑤ ㉢㉣

✓ 해설　'진주는 부지런한 사람이다.'가 참이 되려면,
　　　　'진주는 밀린 업무를 미리 끝낸다.'와 '업무를 미리 끝내는 사람은 부지런한 사람이다.'가 필요하다.
　　　　따라서 ①이 정답이다.

2

| 가이드는 신뢰할 수 있는 사람이다. |

〈보기〉
㉠ 가이드는 많은 정보를 알고 있다.
㉡ 가이드는 관광객들을 이끈다.
㉢ 가이드는 누구에게나 친절하다.
㉣ 고민이 많은 사람은 성공과 실패를 할 수 있는 사람이다.
㉤ 많은 정보를 알고 있는 사람은 신뢰할 수 있는 사람이다.
㉥ 독서를 많이 하는 사람은 다양한 어휘를 사용할 수 있는 사람이다.

① ㉠㉣ ② ㉠㉤
③ ㉡㉣ ④ ㉡㉤
⑤ ㉢㉣

✔해설 '가이드는 신뢰할 수 있는 사람이다.'가 참이 되려면,
'가이드는 많은 정보를 알고 있다.'와 '많은 정보를 알고 있는 사람은 신뢰할 수 있는 사람이다.'가 필요하다.
따라서 ②가 정답이다.

3

| 프로게이머는 성공할 수 있는 사람이다. |

〈보기〉
㉠ 프로게이머는 순간적인 판단력이 좋다.
㉡ 프로게이머는 모든 경기에 최선을 다한다.
㉢ 경기에서 승리한 사람은 성공할 수 있는 사람이다.
㉣ 최선을 다하는 사람은 성공할 수 있는 사람이다.
㉤ 매사에 감사하며 사는 사람은 성공할 수 있는 사람이다.
㉥ 행복한 사람은 성공할 수 있는 사람이다.

① ㉠㉣ ② ㉠㉤
③ ㉡㉣ ④ ㉡㉤
⑤ ㉢㉣

✔해설 '프로게이머는 성공할 수 있는 사람이다.'가 참이 되려면,
'프로게이머는 모든 경기에 최선을 다한다.'와 '최선을 다하는 사람은 성공할 수 있는 사람이다.'가 필요하다.
따라서 ③이 정답이다.

Answer 1.① 2.② 3.③

4

운동선수는 긍정적인 사람이다.

〈보기〉
㉠ 운동선수는 미래를 과감히 투자한다.
㉡ 유도선수는 자신의 잠재력을 믿는다.
㉢ 축구선수는 패스 플레이를 잘한다.
㉣ 잠재력이 풍부한 사람은 성공할 수 있다.
㉤ 잠재력을 믿는 사람은 긍정적인 사람이다.
㉥ 도전적인 사람은 실패를 두려워하지 않는 사람이다.

① ㉠㉣ ② ㉠㉤
③ ㉡㉣ ④ ㉡㉤
⑤ ㉢㉣

> **해설** '운동선수는 긍정적인 사람이다.'가 참이 되려면,
> '운동선수는 자신의 잠재력을 믿는다.'와 '잠재력을 믿는 사람은 긍정적인 사람이다.'가 필요하다.
> 따라서 ④가 정답이다.

5

편집자는 행복한 사람이다.

〈보기〉
㉠ 편집자는 업무에 책임감을 가진다.
㉡ 편집자는 독자에게 감사함을 가진다.
㉢ 편집자는 자신의 업무에 만족한다.
㉣ 만족하는 사람은 행복한 사람이다.
㉤ 감사할 수 있는 사람은 긍정적인 사람이다.
㉥ 열정적인 사람은 도전적인 사람이다.

① ㉠㉣ ② ㉠㉤
③ ㉡㉣ ④ ㉡㉤
⑤ ㉢㉣

✔해설 '편집자는 행복한 사람이다.'가 참이 되려면,
'편집자는 자신의 업무에 만족한다.'와 '만족하는 사람은 행복한 사람이다.'가 필요하다.
따라서 ⑤가 정답이다.

|6~10| 다음을 읽고 빈칸에 들어갈 조건을 고르시오.

6

〈조건〉
- ( )
- 떠드는 사람은 부주의한 사람이다.

〈결론〉
관람객은 부주의한 사람이다.

① 관람객은 자주 떠든다.
② 관람객은 조심스럽다.
③ 관람객은 조용하다.
④ 관람객은 영화를 좋아한다.
⑤ 관람객은 남의 눈치를 본다.

✔해설 결론이 '관람객은 부주의한 사람이다.'이고
주어진 조건이 '떠드는 사람은 부주의한 사람이다.'이므로
필요한 조건은 ①이다.

Answer 4.④ 5.⑤ 6.①

7

〈조건〉
- (   )
- 이익을 따르면 계산적이다.

〈결론〉
사업가는 계산적인 사람이다.

① 사업가는 손해를 피한다.
② 사업가는 이익을 따른다.
③ 사업가는 도전적이다.
④ 사업가는 독서를 한다.
⑤ 사업가는 진취적이다.

✔ 해설 결론이 '사업가는 계산적인 사람이다.'이고
주어진 조건이 '이익을 따르면 계산적이다.'이므로
필요한 조건은 ②이다.

8

〈조건〉
- (   )
- 글에는 다양한 지식이 있다.

〈결론〉
책에는 다양한 지식이 있다.

① 책에는 글귀가 있다.
② 책에는 이성이 있다.
③ 책에는 글이 있다.
④ 책에는 감정이 있다.
⑤ 책에는 문화가 있다.

✔ 해설 결론이 '책에는 다양한 지식이 있다.'이고
주어진 조건이 '글에는 다양한 지식이 있다.'이므로
필요한 조건은 ③이다.

9

〈조건〉
- (   )
- 반성은 우리를 더 성장시킨다.

〈결론〉
고민은 우리를 더 성장시킨다.

① 고민은 정신적인 스트레스이다. ② 고민은 반복할 수 있다.
③ 고민은 큰 의미가 없다. ④ 고민은 반성을 하게 만든다.
⑤ 고민은 사람을 유익하게 만든다.

✔ 해설 결론이 '고민은 우리를 더 성장시킨다.'이고
주어진 조건이 '반성은 우리를 더 성장시킨다.'이므로
필요한 조건은 ④이다.

10

〈조건〉
- (   )
- 연기자는 감정적인 표현을 한다.

〈결론〉
배우는 감정적인 표현을 한다.

① 배우는 창조자이다.
② 배우는 작품을 만든다.
③ 배우는 행복한 사람이다.
④ 배우는 능력자이다.
⑤ 배우는 연기자이다.

✔ 해설 결론이 '배우는 감정적인 표현을 한다.'이고
주어진 조건이 '연기자는 감정적인 표현을 한다.'이므로
필요한 조건은 ⑤이다.

Answer 7.② 8.③ 9.④ 10.⑤

11 갑, 을, 병, 정, 무 5명이 해외연수를 받는 순서로 가능한 경우에 해당하는 것은?

> • 병과 무가 해외연수를 받는 사이에 적어도 두 사람이 해외연수를 받는다.
> • 해외연수는 다섯 달 동안 매달 진행되며, 한 달에 한 사람만 받는다.
> • 무가 5명 중에서 가장 먼저 해외연수를 받는 것은 아니다.
> • 정이 해외연수를 받은 달은 갑이 해외연수를 받은 달과 인접하지 않는다.

① 을 - 갑 - 병 - 정 - 무
② 을 - 무 - 갑 - 정 - 병
③ 정 - 병 - 을 - 갑 - 무
④ 정 - 을 - 갑 - 병 - 무
⑤ 갑 - 정 - 을 - 무 - 병

✓해설 보기에 조건을 대입하여 하나씩 제거하면 답을 금방 찾을 수 있다.
• 병과 무가 해외연수를 받는 사이에 적어도 두 사람이 해외연수를 받는다고 하였으므로 병과 무 사이에 두 명이 존재한다. → ①, ④ 답이 될 수 없음
• 한 달에 한 사람이 받으므로 겹치지는 않는다.
• 정과 갑은 인접해 있을 수 없으므로 최소 사이에 1명은 있어야 한다. → ②⑤ 답이 될 수 없음

12 A, B, C, D 네 명의 수강생이 외국어 학원에서 영어, 일본어, 중국어, 러시아어를 수강하고 있다. 다음에 제시된 내용을 모두 고려하였을 경우 항상 거짓인 것은?

- C는 한 과목만 수강하며, 한 명도 수강하지 않는 과목은 없다.
- 남자는 세 명, 여자는 한 명이다.
- 러시아어는 세 사람이 함께 수강해야 하며, 남자만 수강할 수 있다.
- 중국어는 여자만 수강할 수 있다.
- A는 남자이며, 일본어는 반드시 수강해야 한다.
- 남자는 모두 두 과목을 수강한다.

① 한 과목은 남자 두 명이 수강하게 된다.
② D는 반드시 두 과목을 수강하게 된다.
③ B는 일본어와 러시아어를 함께 수강하고 있지 않다.
④ B와 D는 영어를 수강하지 않는다.
⑤ 러시아어를 수강하고 있는 여자는 없다.

✔ 해설 제시된 내용에 따라 정리를 하면

	영어	일본어	중국어	러시아어
A	×	○	×	○
B			×	○
C	×	×	○	×
D			×	○

① 영어, 일본어 둘 중 하나는 남자 두 명이 수강하게 된다.
② D는 남자이므로 반드시 두 과목을 수강하게 된다.
③ B는 영어와 러시아어를 수강하게 되면 옳은 내용이 된다.
④ B와 D는 영어 또는 일본어를 수강하게 되므로 틀린 내용이다.
⑤ 러시아어를 수강하고 있는 사람은 모두 남자다.

13 A, B, C, D, E가 서로 거주하고 있는 집에 한 번씩 방문하려고 할 때, 세 번째로 방문하는 집은 누구의 집인가?

- A ~ E는 각각의 집에 함께 방문하며, 동시에 여러 집을 방문할 수 없다.
- A의 집을 방문한 후에 B의 집을 방문하나, 바로 이어서 방문하는 것은 아니다.
- D의 집을 방문한 후에 바로 C의 집을 방문한다.
- E의 집을 A의 집보다 먼저 방문한다.

① A
② B
③ C
④ D
⑤ E

✔해설 주어진 내용에 따라 정리해 보면 다음과 같음을 알 수 있다.
A집 다음에 B집을 방문하나 이어서 방문하지 않고, D집 다음에는 바로 C집을 방문한다.
그리고 E집을 A집 보다 먼저 방문하므로
E → A → D → C → B

14 다음 주어진 내용을 모두 고려하였을 때 A, B, C, D, E를 몸무게가 무거운 사람부터 나열하였을 때 C는 몇 번째에 해당하는가?

A, B, C, D, E가 신체검사를 한 결과는 다음과 같다.
- D는 E보다 키도 크고 몸무게도 많이 나간다.
- A는 E보다 키는 크지만 몸무게는 적게 나간다.
- C의 키는 E보다 작으며, A의 몸무게가 가장 적게 나가는 것은 아니다.
- B는 A보다 몸무게가 많이 나간다.

① 첫 번째
② 두 번째
③ 세 번째
④ 네 번째
⑤ 다섯 번째

✔해설 제시된 내용에 따라 정리해 보면
첫 번째와 두 번째 내용에 따라 D > E > A
세 번째 내용을 보면 A가 가장 적게 나가는 것이 아니므로 A 뒤에 C가 온다.
그러므로 D > E > B > A > C가 된다.

15 갑, 을, 병이 각각 다른 회사, 서로 다른 지역에서 근무하고 있을 때, 다음 중 항상 옳은 것은?

> • 갑, 을, 병은 각각 전력회사, 무역회사, 식품회사 중 서로 다른 한 곳에서 근무하며, 근무지는 서울, 제주도, 울릉도에 위치한다.
> • 전력회사는 서울에만 근무지가 있다.
> • 갑은 과거에 식품회사에서 근무했으나 현재는 다른 곳에서 근무하고 있다.
> • 을은 지금까지 섬을 떠나 생활해 본 적이 없다.
> • 병은 풍력발전에 대해 연구하고 있다.

① 갑은 무역회사에 다니거나 근무지가 서울이다.
② 을은 식품회사에 다니고 있지 않거나 근무지가 서울이다.
③ 병은 무역회사에 다니거나 섬에서 근무하고 있다.
④ 을의 근무지는 제주도 또는 울릉도이다.
⑤ 병의 근무지는 제주도 또는 울릉도이다.

> **✓ 해설** 병은 풍력발전에 대해 연구하므로 전력회사에 근무하며 전력회사는 서울에만 근무지가 있다.
> 갑은 과거 식품회사였지만 현재는 다른 곳에서 근무하므로 무역회사에 근무하는 것이 되고, 을이 식품회사에 근무하고 있음을 알 수 있다. 을은 섬을 떠나 본 적이 없으므로 제주도 또는 울릉도에 근무지가 있는 것이다.
> 이를 정리해 보면
> 갑→무역회사→울릉도 또는 제주도 근무
> 을→식품회사→울릉도 또는 제주도 근무
> 병→전력회사→서울 근무

Answer 13.④ 14.⑤ 15.④

16 A, B, C, D, E가 각각 영업팀, 연구팀, 법무팀, 기획팀, 재무팀 중 서로 다른 한 곳에 소속되어 있을 때 A의 소속으로 맞는 팀은?

> - B는 연구팀도 재무팀도 아니며, C는 기획팀이 아니다.
> - 재무팀에 속한 사람은 C 또는 D이며, 만일 C가 재무팀이 아니라면 B는 영업팀이다.
> - D는 영업팀도 법무팀도 아니다.
> - E는 연구팀도 기획팀도 아니다.
> - 연구팀과 기획팀에는 D가 소속되어 있지 않다.

① 영업팀 ② 연구팀
③ 법무팀 ④ 기획팀
⑤ 재무팀

✔해설 제시된 내용을 표를 통해 하나씩 지워가며 정리해 보면 다음과 같다.

	영업팀	연구팀	법무팀	기획팀	재무팀
A	×	×	×	○	×
B	○	×	×	×	×
C	×	○	×	×	×
D	×	×	×	×	○
E	×	×	○	×	×

A-기획팀, B-영업팀, C-연구팀, D-재무팀, E-법무팀

17 올림픽경기에서 한국, 중국, 일본, 러시아, 태국이 선두그룹을 형성하고 있는데, 태국이 한 나라를 사이에 두고 중국에 앞서 있고, 한국은 중국보다 앞서 있다. 또한, 러시아 뒤로는 두 나라가 뒤따르고, 일본 앞으로는 세 나라 이상이 앞서 있다면, 현재 선두 그룹에서 3번째는 어느 나라인가? (단, 동등 순위는 없다.)

① 한국 ② 중국
③ 일본 ④ 러시아
⑤ 태국

✔해설 태국과 중국 사이에 한 나라가 있어야 하며, 러시아 뒤로는 두 나라가 일본 앞으로는 세 나라 이상이 앞서 있으므로 일본은 5위가 된다.
순서에 맞게 정리하면 한국 - 태국 - 러시아 - 중국 - 일본이 순이 된다.
그러므로 3번째 나라는 러시아이다.

18 다음 명제를 기준으로 결론을 내릴 때, 이 중 참인지 거짓인지 알 수 없는 내용은 무엇인가?

> • 월계 빌라의 주민들은 모두 A의 친척이다.
> • B는 자식이 없다.
> • C는 A의 오빠이다.
> • D는 월계 빌라의 주민이다.
> • A의 아들은 미국에 산다.

① A의 아들은 C와 친척이다.
② D는 A와 친척 간이다.
③ B는 월계 빌라의 주민이다.
④ A와 D는 둘 다 남자이다.
⑤ D와 A의 아들은 친척이다.

✔해설 ① A는 C의 여동생이므로 친척관계이다.
② D는 월계 빌라의 주민이므로 친척관계이다.
③ B에 대해서는 알 수 없다.
④ A는 여자이며, D는 남자인지 여자인지 알 수 없다.
⑤ D와 A는 친척관계이므로 A의 아들도 친척 간이다.

Answer 16.④ 17.④ 18.③

19 다음 글을 근거로 유추할 경우 옳은 내용만을 바르게 짝지은 것은?

- 9명의 참가자는 1번부터 9번까지의 번호 중 하나를 부여 받고, 동시에 제비를 뽑아 3명은 범인, 6명은 시민이 된다.
- '1번의 오른쪽은 2번, 2번의 오른쪽은 3번, …, 8번의 오른쪽은 9번, 9번의 오른쪽은 1번'과 같이 번호 순서대로 동그랗게 앉는다.
- 참가자는 본인과 바로 양 옆에 앉은 사람이 범인인지 시민인지 알 수 있다.
- "옆에 범인이 있다."라는 말은 바로 양 옆에 앉은 2명 중 1명 혹은 2명이 범인이라는 뜻이다.
- "옆에 범인이 없다."라는 말은 바로 양 옆에 앉은 2명 모두 범인이 아니라는 뜻이다.
- 범인은 거짓말만 하고, 시민은 참말만 한다.

㉠ 1, 4, 6, 7, 8번의 진술이 "옆에 범인이 있다."이고, 2, 3, 5, 9번의 진술이 "옆에 범인이 없다."일 때, 8번이 시민임을 알면 범인들을 모두 찾아낼 수 있다.
㉡ 만약 모두가 "옆에 범인이 있다."라고 진술한 경우, 범인이 부여받은 번호의 조합은 (1, 4, 7) / (2, 5, 8) / (3, 6, 9) 3가지이다.
㉢ 한 명만이 "옆에 범인이 없다."라고 진술한 경우는 없다.

① ㉡
② ㉢
③ ㉠㉡
④ ㉠㉢
⑤ ㉠㉡㉢

해설 ㉠ "옆에 범인이 있다."고 진술한 경우를 ○, "옆에 범인이 없다."고 진술한 경우를 ×라고 하면

1	2	3	4	5	6	7	8	9
○	×	×	○	×	○	○	○	×
							시민	

- 9번이 범인이라고 가정하면
  9번은 "옆에 범임이 없다."고 진술하였으므로 8번과 1번 중에 범인이 있어야 한다. 그러나 8번이 시민이므로 1번이 범인이 된다. 1번은 "옆에 범인이 있다."라고 진술하였으므로 2번과 9번에 범인이 없어야 한다. 그러나 9번이 범인이므로 모순이 되어 9번은 범인일 수 없다.
- 9번이 시민이라고 가정하면
  9번은 "옆에 범인이 없다."라고 진술하였으므로 1번도 시민이 된다. 1번은 "옆에 범인이 있다."라고 진술하였으므로 2번은 범인이 된다. 2번은 "옆에 범인이 없다."라고 진술하였으므로 3번도 범인이 된다. 8번은 시민인데 "옆에 범인이 있다."라고 진술하였으므로 9번은 시민이므로 7번은 범인이 된다. 그러므로 범인은 2, 3, 7번이고 나머지는 모두 시민이 된다.
㉡ 모두가 "옆에 범인이 있다."라고 진술하면 시민 2명, 범인 1명의 순으로 반복해서 배치되므로 옳은 설명이다.
㉢ 다음과 같은 경우가 있음으로 틀린 설명이다.

1	2	3	4	5	6	7	8	9
○	○	○	○	○	○	○	×	○
범인	시민	시민	범인	시민	범인	시민	시민	시민

20 다음과 같은 내용이 참일 때 〈보기〉의 내용을 바르게 설명한 것은?

> ㉠ A, B, C, D는 커피, 홍차, 코코아, 우유 중 하나씩 마셨다.
> ㉡ A는 커피와 홍차를 마시지 않았다.
> ㉢ C는 커피를 마셨다.
> ㉣ B는 홍차와 우유를 마시지 않았다.

〈보기〉

A : D는 코코아를 마시지 않았다.
B : 우유를 마신 사람은 A이다.

① A만 참이다.
② B만 참이다.
③ B만 거짓이다.
④ A, B 모두 참이다.
⑤ A, B 모두 거짓이다.

✔해설 주어진 내용에 따라 표로 정리하면

	커피	홍차	코코아	우유
A	×	×	×	○
B	×	×	○	×
C	○	×	×	×
D	×	○	×	×

Answer 19.③ 20.④

21 민수, 영민, 민희 세 사람은 제주도로 여행을 가려고 한다. 제주도까지 가는 방법에는 고속버스→배→지역버스, 자가용→배, 비행기의 세 가지 방법이 있을 때 민수는 고속버스를 타기 싫어하고 영민이는 자가용 타는 것을 싫어한다면 이 세 사람이 선택할 것으로 생각되는 가장 좋은 방법은?

① 고속버스, 배
② 자가용, 배
③ 비행기
④ 지역버스, 배
⑤ 지역버스, 자가용

> ✔해설 민수는 고속버스를 싫어하고, 영민이는 자가용을 싫어하므로 비행기로 가는 방법을 선택하면 된다.

22 다음 문장을 읽고 보기에서 바르게 서술한 것은?

> 각각의 정수 A, B, C, D를 모두 곱하면 0보다 크다.

① A, B, C, D 모두 양의 정수이다.
② A, B, C, D 모두 음의 정수이다.
③ A, B, C, D 중 절댓값이 같은 2개를 골라 더했을 경우 0보다 크다면 나머지의 곱은 0보다 크다.
④ A, B, C, D 중 3개를 골라 더했을 경우 0보다 작으면 나머지 1개는 0보다 작다.
⑤ A, B, C, D의 합은 양수이다.

> ✔해설 제시된 조건을 만족시키는 것은 '양수×양수×양수×양수', '음수×음수×음수×음수', '양수×양수×음수×음수'인 경우이다. 각각의 정수 A, B, C, D 중 절댓값이 같은 2개를 골라 더하여 0보다 크다면 둘 다 양수일 경우이므로 나머지 수는 양수×양수, 음수×음수가 되어 곱은 0보다 크게 된다. A, B, C, D 중 3개를 골라 더했을 때 0보다 작으면 나머지 1개는 0보다 작을 수 있지만 클 수도 있다.

23 세 극장 A, B와 C는 직선도로를 따라 서로 이웃하고 있다. 이들 극장의 건물 색깔이 회색, 파란색, 주황색이며 극장 앞에서 극장들을 바라볼 때 다음과 같다면 옳은 것은?

- B극장은 A극장의 왼쪽에 있다.
- C극장의 건물은 회색이다.
- 주황색 건물은 오른쪽 끝에 있는 극장의 것이다.

① A의 건물은 파란색이다.
② A는 가운데 극장이다.
③ B의 건물은 주황색이다.
④ C는 맨 왼쪽에 위치하는 극장이다.
⑤ C는 오른쪽 끝에 위치하는 극장이다.

✔해설 제시된 조건에 따라 극장과 건물 색깔을 배열하면 C(회색), B(파란색), A(주황색)이 된다.

24 다음 사실로부터 추론할 수 있는 것은?

- 수지는 음악 감상을 좋아한다.
- 수지는 수학과 과학을 싫어한다.
- 수지는 국사를 좋아한다.
- 오디오는 거실에 있다.

① 수지는 공부를 하고 있다.
② 수지는 거실에 있는 것을 즐긴다.
③ 수지는 좋아하는 과목이 적어도 하나는 있다.
④ 수지는 과학보다는 수학을 좋아한다.
⑤ 수지는 방에서 음악을 감상한다.

✔해설 ① 수지가 공부를 하고 있는지는 알 수 없다.
② 오디오가 거실에 있고 음악 감상을 좋아하는 것뿐이지 수지가 거실에 있는 것을 즐긴다는 것을 알 수 없다.
③ 수지는 국사를 좋아하므로 '좋아하는 과목이 적어도 하나는 있다'가 정답이다.
④ 수지는 수학과 과학을 싫어한다.
⑤ 방에는 오디오가 없다.

Answer 21.③ 22.③ 23.④ 24.③

25 6명이 원탁에 앉아 식사를 하고 있다. ㈎의 오른쪽으로 한 사람 걸러 ㈏가 앉아 있고, ㈐의 맞은편에 ㈑가 앉아 있다. ㈒의 오른쪽 한 사람 걸러 ㈓가 앉아 있다면 ㈎의 맞은편에 앉아 있는 사람은?

① ㈐
② ㈓
③ ㈒
④ ㈑
⑤ ㈏

> ✔해설 조건에 따라 순서를 고려하면 시계방향으로 ㈎, ㈓, ㈐, ㈒, ㈏, ㈑의 순서로 앉게 되며 ㈑와 ㈐의 위치는 서로 바뀌어도 된다. ㈎의 맞은편에는 ㈒가 앉아 있다.

26 일등 병원에는 갑, 을, 병, 정 네 사람의 의사가 일하고 있다. 이들이 어느 날 진행한 수술과 관련하여 다음과 같은 정보가 알려져 있다. 다음 중 반드시 참이라고 볼 수 없는 것은?

- 갑, 을, 병, 정은 적어도 1건 이상의 수술을 하였다.
- 2명 이상의 의사가 함께 한 수술은 없었다.
- 네 의사들이 진행한 수술은 총 10건이었다.
- 어떤 두 의사의 수술 건수도 3건 이상 차이가 나지는 않는다.

① 갑, 을, 병, 정 중 두 명이 각각 1건씩 수술을 하지는 않았다.
② 갑이 4건의 수술을 진행하였다면 을, 병, 정은 각각 2건씩 수술을 진행하였다.
③ 을과 병이 각각 3건의 수술을 진행하였다면, 갑과 정은 각각 2건씩 수술을 진행하였다.
④ 정이 1건의 수술을 진행하였다면, 나머지 의사들은 각각 3건씩 수술을 진행하였다.
⑤ 두 의사가 각각 2건, 3건의 수술을 진행하였다면, 나머지 의사 역시 2건, 3건의 수술을 진행하였다.

> ✔해설 ① 두 명이 각각 1건씩만 수술했다면, 나머지 두 명이 8건의 수술을 해야 한다. 그런데 어떤 두 의사의 수술 건수도 3건 이상 차이가 나지는 않는다고 했으므로 틀린 말이 된다. (참)
> ② 갑이 4건의 수술을 진행했다면 남은 수술 건수는 6건이다. 3건 이상 차이가 나서는 안 되므로, 나머지 세 명이 각각 2건씩 수술을 진행하였다. (참)
> ③ 을과 병이 각각 3건의 수술을 진행했다면 남은 수술 건수는 4건이다. 3건 이상 차이가 나서는 안 된다는 조건을 만족하는 경우는 갑과 정이 2건씩 수술을 진행하거나 갑과 정이 1건과 3건의 수술을 진행하는 두 가지 경우가 있다. (거짓)
> ④ 정이 1건의 수술을 진행했다면 남은 수술 건수는 9건이다. 3건 이상 차이가 나면 안 되므로 나머지 의사들이 각각 3건씩 수술을 진행하였다. (참)
> ⑤ 두 의사가 5건의 수술을 진행했다면 남은 수술 건수는 5건이다. 3건 이상 차이가 나면 안 되므로 나머지 의사들은 2건, 3건의 수술을 진행하였다.

27 다음 대화로부터 추론한 진술에서 참인 것을 모두 고르면?

> 은행 직원 : 대출 서류들은 이제 다 준비되었겠죠? 그런데 보증인은 그 새 어디 가셨나요?
> 고객 : 담배 피우러 나갔나 봐요. 골초거든요. 제가 그렇게 잔소리해도 담배를 안 끊어요. 곧 들어올 거예요. 그런데 돈 빌리는 것은 문제없겠죠?
> 은행 직원 : 글쎄…. 요즈음 본부의 서류 심사가 엄격해져서 그렇다, 아니다 말씀을 이 자리에서….
> 고객 : 한창 대학입시 준비 중인 막내 때문에 들어가는 돈은 많고, 바깥양반이 가져다주는 월급은 쥐꼬리만도 못하고, 그렇다고 시집 간 딸한테 손을 벌릴 수도 없는 노릇이고, 장사라도 하려니 가게 빌릴 돈은 없고…. 과장님, 어떻게 잘 좀 봐 주세요. 네?

> ㉠ 고객은 기혼녀이다.
> ㉡ 보증인은 고객의 남편이다.
> ㉢ 고객의 막내는 고3이다.
> ㉣ 고객의 대출상담은 이번이 처음은 아니다.

① ㉠㉡㉢㉣ ② ㉠㉡㉣
③ ㉠㉢㉣ ④ ㉠㉣
⑤ ㉠㉡

 고객이 바깥양반이라는 언어를 사용한 것으로 보아 고객은 기혼녀이고, 보증인이 남편인지는 알 수 없으며 대학입시 준비 중이라고 함은 재수생도 포함하므로 고객의 막내가 고3일 것이라고 확정할 수 없다. 또한 은행직원의 '대출서류들은 이제 다 준비되었겠죠?'라는 말을 통해 처음에는 대출서류가 미비한 채로 고객이 대출상담을 받았다는 것을 알 수 있다. 따라서 고객의 대출상담은 이번이 처음이 아니다.

Answer 25.③ 26.③ 27.④

28 어느 대학에 이 교수, 정 교수, 박 교수, 김 교수가 있다. 아래 조건에 따라 올바르게 추론한 것은?

> - 이 교수가 강의를 하면 정 교수 또는 박 교수가 강의를 하지만, 이 교수가 휴강하면 김 교수는 강의를 한다.
> - 김 교수가 휴강하면 박 교수도 휴강한다.
> - 김 교수가 휴강했다.

① 이 교수만 강의한다.
② 정 교수만 강의한다.
③ 이 교수와 정 교수 두 사람 모두 강의한다.
④ 이 교수와 정 교수 중 적어도 한 사람은 강의한다.
⑤ 이 교수와 박 교수 중 한 사람만 강의한다.

✓해설 위의 조건을 표로 만들면 다음과 같다.

	이 교수	정 교수	박 교수	김 교수
강의	강의	강의	휴강	휴강
	휴강			강의

이 교수가 강의한다면 정 교수도 강의하지만 이 교수가 휴강했을 경우 정 교수가 강의하는지에 대한 여부는 알 수 없다.

29 6권의 책을 크기가 큰 것부터 차례대로 배열하려고 한다. 다음 조건에 맞는 진술은 어느 것인가? (단, 책의 크기가 동일하다면 알파벳 순서대로 배열한다.)

〈조건〉
- A는 두 번째로 큰 책이다.
- B는 C와 책 크기가 같다.
- D는 가장 작은 책이다.
- C는 E보다 작다.
- F는 B보다 크다.

① A는 D 다음 순서에 온다.
② 책의 크기는 E가 F보다 크다.
③ C는 D 바로 앞에 온다.
④ E 다음 순서로 A가 온다.
⑤ C 다음 순서로 B가 온다.

✔해설 ① D는 가장 작은 책이므로 마지막 순서에 온다.
② E와 F의 크기는 비교할 수 없다.
④ A와 E의 크기는 비교할 수 없다.
⑤ B와 C의 크기는 동일하므로 알파벳 순서인 B, C 순서대로 배열한다.

Answer 28.③ 29.③

30 다음 조건이 참일 때, 반드시 참인 것을 모두 고르면?

조건
- 모든 A는 B다.
- 모든 B는 C이다.
- 어떤 D는 B다.
- 어떠한 E도 B가 아니다.

㉠ 모든 A는 C다.
㉡ 어떤 C는 B다.
㉢ 어떤 A는 D다.
㉣ 어떠한 C도 E가 아니다.

① ㉠
② ㉠㉡
③ ㉠㉢
④ ㉠㉡㉢
⑤ ㉠㉡㉢㉣

✔해설 모든 조건이 참이라면 A→B→C와 E↛B가 성립한다. 따라서 모든 A는 C이고, 조건의 역인 C→B가 성립하여 어떤 C는 B이다.

31 종이 한 장에 다음과 같이 1번부터 40번까지의 40개의 문장이 쓰여 있다. 모든 문장의 내용은 똑같고 숫자만 달라진다. 이 문장이 무수히 반복될 경우 마지막 문장은 '이 종이에 쓰인 문장 중 꼭 n개가 거짓이다'가 된다. 그렇다면 어떤 문장이 참인지, 참인 문장의 개수(㉠)와 참인 문장의 번호(㉡)의 합을 구하면? (단, 참인 문장이 여러 개인 경우 ㉡은 각 번호의 합으로 한다)

1. 이 종이에 쓰인 문장 중 꼭 1개가 거짓이다.
2. 이 종이에 쓰인 문장 중 꼭 2개가 거짓이다.
3. 이 종이에 쓰인 문장 중 꼭 3개가 거짓이다.
   ↓
40. 이 종이에 쓰인 문장 중 꼭 40개가 거짓이다.

① 10
② 20
③ 40
④ 55
⑤ 60

✅**해설** 만약 40개의 문장 중 2개 이상의 문장이 참이라면 그들 문장의 내용에서 정확히 n개의 문장이 참이라는 명제와 모순이 된다. 그러므로 많아야 한 문장만이 참이 될 수 있다. 만약 참인 문장이 하나도 없다면 40개의 문장이 모두 거짓이 된다. 이럴 경우 40번째 문장이 참이 되어 또 모순이 된다. 따라서 39개의 거짓인 문장이 있게 되어 39번째 문장이 참이다. 즉, ㉠은 1이고 ㉡은 39가 되므로 A와 B의 합은 40이다.

32 5명의 친구 A~E가 모여 '수호천사' 놀이를 하기로 했다. 갑이 을에게 선물을 주었을 때 '갑은 을의 수호천사이다'라고 하기로 약속했고, 다음처럼 수호천사 관계가 성립되었다. 이후 이들은 〈규칙〉에 따라 추가로 '수호천사' 관계를 맺었다. 이들 외에 다른 사람은 이 놀이에 참여하지 않는다고 할 때, 옳지 않은 것은?

- A는 B의 수호천사이다.
- B는 C의 수호천사이다.
- C는 D의 수호천사이다.
- D는 B와 E의 수호천사이다.

〈규칙〉
- 갑이 을의 수호천사이고 을이 병의 수호천사이면, 갑은 병의 수호천사이다.
- 갑이 을의 수호천사일 때, 을이 자기 자신의 수호천사인 경우에는 을이 갑의 수호천사가 될 수 있고, 그렇지 않은 경우에는 을이 갑의 수호천사가 될 수 없다.

① A는 B, C, D, E의 수호천사이다.
② B는 A의 수호천사가 될 수 있다.
③ C는 자기 자신의 수호천사이다.
④ E는 A의 수호천사가 될 수 있다.
⑤ A는 E의 수호천사이다.

✅**해설** ④ E가 A의 수호천사가 될 수 있기 위해서는 A가 E의 수호천사이고 E는 자기 자신의 수호천사가 되어야 한다. 그러나 A는 E의 수호천사이나, E는 자기 자신의 수호천사가 아니므로 E는 A의 수호천사가 될 수 없다.
①⑤ A→B→C→D→B ∩ E 이므로 A는 B, C, D, E의 수호천사가 된다.
② A가 B의 수호천사이고 B는 자기 자신의 수호천사이므로 B는 A의 수호천사가 될 수 있다.
③ C는 B의 수호천사이고 B는 C의 수호천사이기 때문에 C는 자기 자신의 수호천사이다.

Answer 30.② 31.③ 32.④

33 다음 글을 읽고 결론을 고르면?

> - 생후 12개월 된 모든 아기는 잘 걷는다.
> - 윤아는 오늘 돌잔치를 했다.
> - 그러므로 _____

① 윤아는 잘 걷는다.
② 윤아는 잘 걷지 못한다.
③ 윤아는 아직 기어다닌다.
④ 윤아는 12개월이 되지 않았다.
⑤ 윤아는 말을 할 수 있다.

> ✔해설 윤아가 돌잔치를 한 것은 12개월이 지났다는 의미이므로 윤아는 잘 걷는다.

34 갑, 을, 병, 정의 네 나라에 대한 다음의 조건으로부터 추론할 수 있는 것은?

> ㉠ 이들 나라는 시대 순으로 연이어 존재했다.
> ㉡ 네 나라의 수도는 각각 달랐는데 관주, 금주, 평주, 한주 중 어느 하나였다.
> ㉢ 한주가 수도인 나라는 평주가 수도인 나라의 바로 전 시기에 있었다.
> ㉣ 금주가 수도인 나라는 관주가 수도인 나라의 바로 다음 시기에 있었으나, 정보다는 이전 시기에 있었다.
> ㉤ 병은 가장 먼저 있었던 나라는 아니지만, 갑보다는 이전 시기에 있었다.
> ㉥ 병과 정은 시대 순으로 볼 때 연이어 존재하지 않았다.

① 금주는 갑의 수도이다.
② 관주는 병의 수도이다.
③ 평주는 정의 수도이다.
④ 을은 갑의 다음 시기에 존재하였다.
⑤ 갑은 병보다 먼저 존재하였다.

> ✔해설 ㉢㉣에 의해 관주 – 금주 – 한주 – 평주 순서임을 알 수 있다. 그리고 ㉣㉤㉥에 의해 을 – 병 – 갑 – 정의 순서임을 알 수 있다.

35 다음 논증의 결론을 타당하게 이끌어 내기 위해 꼭 필요한 전제는?

> 모든 인간은 불완전한 존재이고, 불완전한 존재는 누구도 참된 인식을 할 수 없다. 인간이 불완전한 존재라면, 그 누구도 절대적인 관점에서 사물을 바라볼 수 없다. 인간이 절대적인 관점에서 사물을 바라볼 수 없는 존재이거나 신이 될 수 없는 존재라면, 다른 사람의 견해를 함부로 무시해서는 안 된다. 남의 견해를 함부로 무시하지 않으려면, 인간은 편견에 사로잡히지 않아야 한다. 따라서 모든 인간은 항상 겸손해야 한다.

① 절대적인 관점에서 사물을 바라볼 수 있는 인간은 경우에 따라 다른 사람의 견해를 무시할 수 있다.
② 인간이 항상 겸손하면 참된 인식을 할 수 없더라도 편견에 사로잡히지 않게 된다.
③ 인간이 신이 될 수 없는 존재라면 인간은 편견에 사로잡히지 않아야 한다.
④ 편견에 사로잡히지 않으려면 인간은 항상 겸손해야 한다.
⑤ 남의 견해를 함부로 무시하지 않아야 한다.

✔해설 인간이 불완전한 존재라면 다른 사람의 견해를 함부로 무시해서는 안 되며, 다른 사람의 견해를 함부로 무시하지 않으려면 편견에 사롭잡히지 않아야 한다. 그런데 편견에 사로잡히지 않으려면 어떻게 해야하는지에 대한 전제가 제시되지 않았다. 따라서 편견에 사로잡히지 않으려면 인간은 항상 겸손해야 한다는 전제가 필요하다.

Answer   33.① 34.③ 35.④

| 36~38 | 다음 글을 순서에 맞게 배열한 것을 고르시오.

36

(가) 학문을 한다면서 논리를 불신하거나 논리에 대해서 의심을 가지는 것은 용납할 수 없다. 논리를 불신하면 학문을 하지 않는 것이 적절한 선택이다. 학문이란 그리 대단한 것이 아닐 수 있다. 학문보다 더 좋은 활동이 얼마든지 있어 학문을 낮추어 보겠다고 하면 반대할 이유가 없다.

(나) 학문에서 진실을 탐구하는 행위는 논리로 이루어진다. 진실을 탐구하는 행위라 하더라도 논리화되지 않은 체험에 의지하거나 논리적 타당성이 입증되지 않은 사사로운 확신을 근거로 한다면 학문이 아니다. 예술도 진실을 추구하는 행위의 하나라고 할 수 있으나 논리를 필수적인 방법으로 사용하지는 않으므로 학문이 아니다.

(다) 교수이기는 해도 학자가 아닌 사람들이 학문을 와해시키기 위해 애쓰는 것을 흔히 볼 수 있다. 편하게 지내기 좋은 직업인 것 같아 교수가 되었는데 교수는 누구나 논문을 써야한다는 악법에 걸려 본의 아니게 학문을 하는 흉내는 내야하니 논리를 무시하고 학문을 쓰는 편법을 마련하고 논리자체에 대한 악담으로 자기 행위를 정당화하게 된다. 그래서 생기는 혼란을 방지하려면 교수라는 직업이 아무 매력도 없게 하거나 아니면 학문을 하지 않으려는 사람이 교수가 되는 길을 원천 봉쇄해야 한다.

(라) 논리를 어느 정도 신뢰할 수 있는가 의심스러울 수 있다. 논리에 대한 불신을 아예 없애는 것은 불가능하고 무익하다. 논리를 신뢰할 것인가는 개개인이 선택할 수 있는 기본권의 하나라고 해도 무방하다. 그러나 학문은 논리에 대한 신뢰를 자기 인생관으로 삼은 사람들이 독점해서 하는 행위이다.

① (가)(나)(다)(라)
② (가)(다)(나)(라)
③ (나)(라)(가)(다)
④ (다)(가)(라)(나)
⑤ (라)(가)(나)(다)

✔ 해설 제시된 글에서 (나)는 학문에서 진리를 탐구하는 행위는 논리로 이루어진다고 말하면서 논리의 중요성을 강조하고 있다. 그러면서 (라)를 통해 논리에 대한 의심이 생길 수 있으나 학문은 논리를 신뢰하는 이들이 하는 행위라고 이야기하고 있다. 이러한 논리에 대한 믿음은 (가)에서 더욱 강조되고 있다. 마지막으로 (다)에서는 학문하는 척 하면서 논리를 무시하는 일부의 교수들을 막아야 한다고 주장하고 있다.

37

(가) '국어의 발견' 그리고 '국민의 발견'은 「독립신문」이 독자를 바라보는 관점에서도 일관되게 나타난다. 서재필은 「독립신문」이 특정 정파에 귀속되어서는 안 되며, 정치와 개혁의 주체는 양반과 정치인들이 아니라 민중이라는 인식을 분명히 했다. 여기에 바로 당시의 상식과 정치의식을 완전히 뒤집는 획기적인 사상의 전환이 존재한다.

(나) 그런 의미에서 「독립신문」이 국어를 발견한 것은 마틴 루터가 귀족이나 성직자의 고급언어였던 라틴어로 된 성경을 일반 평민들의 언어였던 독일어로 번역한 것과 똑같은 의미를 갖는다. 독일어의 발견이 종교개혁과 근대의 시작을 알리는 사건이었듯 「독립신문」의 한글 채택 역시 '국어의 발견', '국민의 발견' 나아가 '근대적 국가의 발견'이라고 할 만큼 획기적인 사건이었다.

(다) 「독립신문」의 출현은 여러 가지 측면에서 조선사회에 엄청난 영향을 미쳤다. 그 단적인 예가 정치 공동체를 구성하는 인적 구성 원리에 대한 태도이다. 이러한 태도는 「독립신문」이 한글전용을 택한 데서 잘 드러난다. 순 한글로 기사를 작성하고 상업광고를 게재하며 시골에 사는 평민과 여성까지 독자로 여기는 대중신문은 「독립신문」이 처음이었다.

(라) 「독립신문」이 한글을 채택한 표면적 이유는 상하귀천을 막론하고 민중이 읽기 쉬운 신문을 만들어 민중을 계몽하기 위한 것이었다. 또한 그 당시 '야만의 언어로 전락한 한자'를 버리고 '문명의 언어인 한글'을 채택해야 한다는 사고도 한몫했다. 그러나 실질적인 이유는 모든 국민이 소통할 수 있는 하나의 언어가 존재해야 한다는 근대적 국민주의에 있었다.

① (가)(나)(라)(다) ② (다)(라)(나)(가)
③ (가)(나)(다)(라) ④ (다)(라)(가)(나)
⑤ (라)(가)(나)(라)

✔ 해설 (다)독립신문의 출현과 한글 사용으로 인한 영향→(라)한글을 채택한 이유→(나)독립신문에서의 한글 채택의 의의→(가)결론의 순서로 배열하는 것이 적절하다.

Answer 36.③ 37.②

38

(가) 이 지구상에는 약 6,700여 가지 언어가 있다. 현재 인류가 사용하고 있는 문자는 한글을 비롯하여, 영어, 독일어, 프랑스어 등을 적는 로마자, 러시아어와 몽골어를 적는 키릴 문자, 인도의 힌디어를 적는 데바나가리 문자, 아랍어를 적는 아랍 문자, 일본어를 적는 가나 문자, 그리고 그리스 문자, 히브리 문자, 태국 문자 등 크게 30여 가지다. 문자 없이 언어생활을 하는 종족들은 자신들의 역사나 문화를 문자로 기록하지 못하기 때문에 문명 세계로 나오지 못하고 있다.

(나) 21세기 정보통신 시대를 맞이하여 이제 우리는 한글을 전 세계인이 공통으로 사용하는 문자가 되도록 여러 가지 노력을 기울여야 한다. 문자 없는 소수 종족의 언어들을 기록하게 도와주는 것을 비롯하여, 현재 배우기도 어렵고 정보화에도 장애가 많은 문자를 쓰는 중국어나 힌디어, 태국어, 아랍어 등을 포함한 세계의 여러 언어들을 간편한 한글로 표기하도록 세계 문자로서 한글의 위상을 세워가야 한다. 한글 세계화로 이제 우리는 선진문화 강국의 초석을 다지면서 온 세계 인류의 복지와 문명을 발전시키는 데 앞장서야 한다.

(다) 한글의 기본 모음과 자음에 가획과 결합 원리를 적용하면 수많은 소리를 적을 수 있는 새로운 문자들을 다시 만들어낼 수 있어 인간 음성의 대부분을 기록할 수 있다. 한글은 참으로 배우기 쉽고 쓰기 간편해서 누구나 편리하게 익혀 읽고 쓸 수 있고, 인간의 어떤 언어라도 거의 다 원음에 가깝게 표기할 수 있다는 장점을 가지고 있다.

(라) 음양오행설(陰陽五行說)과 인간 발성(發聲)의 원리를 바탕으로 만든 한글은 지금까지 존재한 세계 여러 문자 가운데서도 가장 체계적이고 과학적이며, 음성 자질이 문자 형태에 반영된 오묘하고도 신비스러운 문자다. 옆으로 풀어쓰기도 가능하고, 자음과 모음을 서로 조화롭게 결합시켜 음절 단위로 묶는 모아쓰기도 가능하며, 가로쓰기와 세로쓰기가 모두 가능하다.

① (가)(다)(나)(라)
② (다)(나)(가)(라)
③ (라)(나)(다)(가)
④ (가)(라)(다)(나)
⑤ (나)(가)(다)(라)

✔ 해설 (가)지구상에 존재하는 다양한 문자, (라)한글의 원리 및 특징, (다)한글의 특징, (나)한글의 세계화 순으로 배열하는 것이 문맥상 자연스럽다.

│39~41│ 다음 글이 들어가기 적당한 위치를 고르시오.

39

그러나 오페라의 흥행 사업에 손을 대고, 여가수 안나 지로와 염문을 뿌리는 등 그가 사제로서의 의무를 충실히 했는가에 대해서는 많은 의문의 여지가 있다. 자만심이 강하고 낭비벽이 심했던 그의 성격도 갖가지 일화를 남겼다. 이런 저런 이유로 사람들의 빈축을 사 고향에서 쫓겨나다시피 한 그는 각지를 전전하다가 오스트리아의 빈에서 객사해 그곳의 빈민 묘지에 묻혔다.

(가) 이탈리아의 작곡가 비발디는 1678년 베네치아 상 마르코 극장의 바이올리니스트였던 지오반니 바티스타 비발디의 장남으로 태어났다. 그의 모친이 큰 지진에 놀라는 바람에 칠삭둥이로 태어나는 바람에 어릴 때부터 시름시름 앓으면서 간신히 성장했다. 당시 이탈리아의 3대 음악 명문 중 한 집안 출신답게 비발디는 소년 시절부터 바이올린 지도를 아버지에게 충분히 받았고, 이것이 나중에 그가 바이올린 대가로 성장할 수 있는 밑받침이 되었다.

(나) 15세 때 삭발하고 하급 성직자가 된 비발디는 25세 때 서품을 받아 사제의 길로 들어섰다. 그리고 그 해 9월 베네치아의 피에타 여자 양육원의 바이올린 교사로 취임했다. 이 양육원은 여자 고아들만 모아 키우는 일종의 고아원으로 특히 음악 교육에 중점을 두었던 곳이었다. 비발디는 이곳에서 실기 지도는 물론 원생들로 구성된 피에타 관현악단의 지휘를 맡아 했으며, 그들을 위해 여러 곡을 작곡하기도 했다. 비발디의 음악이 대체로 아름답기는 하지만 다소 나약하다는 평을 듣는 이유가 이 당시 여자아이들을 위해 쓴 곡이 많기 때문이라는 이야기도 있다.

(다) 근대 바이올린 협주곡의 작곡 방법의 기초를 마련했다는 평을 듣는 그는 79개의 바이올린 협주곡, 18개의 바이올린 소나타, 12개의 첼로를 위한 3중주곡 등 수많은 곡을 썼다. 뿐만 아니라 38개의 오페라와 미사곡, 모데토, 오라토리오 등 교회를 위한 종교 음악도 많이 작곡했다.

(라) 허약한 체질임에도 불구하고 초인적인 창작 활동을 한 비발디는 자신이 명바이올리니스트였던 만큼 독특하면서 화려한 기교가 담긴 바이올린 협주곡들을 만들었고, 이 작품들은 아직까지도 많은 사람들의 사랑을 받고 있다.

① (가) 앞
② (가) 뒤
③ (나) 뒤
④ (다) 뒤
⑤ (라) 뒤

> **✓해설** 비발디의 생애를 서술하고 있으며 (다)와 (라)에서는 비발디의 업적과 현재까지 많은 사람들의 사랑을 받고 있다는 것을 제시하고 있다. 주어진 글은 '그러나'로 시작하여 '비발디의 오명과 죽음'에 대해 이야기하고 있으므로 역접관계인 (라) 뒤에 와야 적절하다.

Answer 38.④ 39.⑤

40

그 동안에도 히브리어를 되살리려는 노력은 꾸준히 이어졌다. 그런 노력은 근세에 특히 활발하여 히브리어를 글로 쓰일 뿐 아니라 말해지기도 하는 언어로 만들려는 움직임까지 나왔다. 1948년에 이스라엘이 세워지면서 그런 노력은 성공했다. 세계 곳곳에서 모여들어 여러 언어를 쓰는 사람들이, 일부 지식층의 주도 하에 그리고 순전히 정치적인 이유만으로, 2천년 이상 오직 학자들의 언어에 불과했던 언어를 공용어로 채택했던 것이다. 히브리어의 부활은 언어의 끈질긴 생명력을 드러내는 사건인 것처럼 보이지만, 역설적으로 사람들이 쉽게 언어를 버리고 채택한다는 것을 보여준다.

(가) 역사 속에서 유대인들은 엄청난 대가를 치르면서도, 그들의 동질성을 유지하고 정체성을 지켜온 것으로 유명하다. 따라서 유대인이 자신들의 언어를 소중하게 지켜왔으리라고 여기는 일은 자연스럽다. 그러나 이는 사실과 크게 다르다. 유대인들은 별다른 고민이나 갈등 없이 자신들의 언어를 여러 번 바꾸었다.

(나) 기원전 6세기경 팔레스타인에 살던 유대인들은 바빌로니아에 종속되었고 이어 페르시아의 지배를 받았다. 그 이후 유대인들은 전통적 언어인 히브리어 대신 바빌로니아 상인들의 국제어였고 페르시아 제국의 공용어였던 아람어를 점점 더 많이 사용하게 되었다. 기원전 2세기경 유대인들은 마침내 아람어를 일상으로 쓰기 시작했고 히브리어는 지식인 계층만 사용하는 언어가 되었다. 성서의 느헤미야는 기원전 3세기 전반에 편집되었다. 이는 히브리어가 살아있는 언어였을 때 만들어진 마지막 책이다. 대부분의 유대인들이 히브리어를 잊었으므로 그들을 위한 아람어 성서가 나왔다. 이 성서는 번역을 뜻하는 아람어 '탈굼'으로 불렸는데, 구전으로는 기원전 6세기 말엽부터 그리고 기록된 것은 기원후 1세기부터 나오기 시작했다.

(다) 알렉산더 대왕의 정복 후 팔레스타인은 프톨레마이오스 왕조가 집권한 이집트에 종속되었다. 알렉산드리아를 중심으로 하는 이집트의 유대인들은 아람어를 버리고 그리스어를 쓰게 되었다. 자연히 히브리어도 아람어도 모르는 유대인들을 위해 그리스어로 번역된 성서가 필요해졌다. 그래서 기원전 3세기에서 2세기에 걸쳐 알렉산드리아의 학술원에서 번역판을 냈다. 이 성서가 바로 이후 기독교도들의 경전이 된 '칠십인역'이다.

(라) 로마 제국이 득세했을 때 유대인들은 로마에 대항했다가 참담한 피해를 입고 뿔뿔이 흩어졌다. 이제 유대인들은 아람어나 그리스어를 버리고 그들이 이민 가서 정착한 곳의 언어를 쓰거나 이디시어, 라디노어와 같은 혼성어를 공용어로 썼다. 히브리어는 유대교 학자들에 의해 명맥이 이어지는 학자들의 언어가 되었다.

① (가) 앞
② (나) 앞
③ (다) 앞
④ (라) 앞
⑤ (라) 뒤

> **해설** 주어진 글은 히브리어를 되살리려는 노력에 관한 내용이고, (라)의 마지막 줄에 '히브리어는 유대교 학자들에 의해 명맥이 이어지는 학자들의 언어가 되었다.'라고 언급하고 있다. 따라서 주어진 글이 (라) 뒤에 오는 것이 가장 자연스럽게 이어진다.

Answer 40.⑤

41

그러면 한국어는 어떠한가? 한국어의 특성을 잘 드러내는 것은 '높임법'이다. "준비를 하십시오."라는 말에는 '화자가 청자를 높이고 있다'는 정보가 들어 있다. 한국어 화자들이 말을 할 때는 언제나 다음과 같은 묵시적인 질문에 답해야만 한다. '당신은 청자에 대해서 어떠한 태도를 취하고 있습니까? 듣는 사람을 높입니까? 아니면 높이지 않습니까? 이러한 고민이 우리에게는 당연한 것으로 되어 있지만, 높임법을 보편적인 언어 현상이라고 할 수는 없다.

(가) 괴테는 젊은 시절에 이탈리아로 여행을 떠나면서 이탈리아어로 "나의 조국을 알리기 위해서 이탈리아로 가노라."하는 말을 남겼다. 이 말은 언어를 이해하는 데에 시사 하는 바가 크다. 외국어를 통해서 한국어에 없는 문법 장치를 발견함으로써 우리는 언어에 대한 인식의 지평을 넓힐 수 있다. 이러한 인식이 때로는 한국어의 고유성에 대한 재확인의 계기가 되기도 한다.

(나) "철수가 축구를 하였다."라는 문장을 생각해 보기로 하자. 이 문장으로는 화자가 '철수가 축구한 것'을 직접 보았는지 아니면 남으로부터 들었는지를 구별하기가 어렵다. 그런데 콜롬비아의 토속어인 두유카어에서는 이것을 명확하게 구별하는 장치가 있다. 화자의 목적 여부가 동사에 형태적으로 표시되는데 그것을 '증거법'이라고 부른다.

diiga apewi [그가 축구한 것을 내가 보았다.]
diiga apeti [그가 축구한 것을 내가 소문은 들었지만 보지 못했다.]
diiga apeyi [그가 축구한 것을 내가 알지만 보지는 못했다.]
diiga apeyigi [그가 축구한 것을 나는 다른 사람으로부터 들었다.]

(다) 위 예문들의 공통 의미는 '그가 축구를 하였다'이다. 그런데 두유카어의 문장으로 이 의미만을 표현할 수는 없다. 두유카어는 증거법의 형태들이 문장에 필수적으로 나타나기 때문이다. 반면에 한국어에는 증거법이라는 문법 범주가 없으므로 이러한 내용을 한국어로 표현하기 위해서 문법 형태들을 사용할 수가 없다. 단어나 문장 등 다른 차원의 언어적 장치에 의해서 이러한 것들을 표현할 수밖에 없다. 이것은 한국어로 사실을 표현하는 방식과 두유카어의 그것이 다름을 보여 준다.

(라) 외국어는 자국어를 비추는 거울이다. 우리는 언어 간의 대조나 비교를 통하여 자신의 사고방식을 돌이켜볼 기회를 가질 수 있다. 두유카어의 증거법을 이해한 한국인들은 문장 속 동사의 역할에 대해서 한국어에서는 볼 수 없었던 새로운 차원의 인식을 하게 되는 것이다. 인간의 언어는 산업화의 정도나 사용 인구의 많고 적음에 관계없이 나름대로의 고유한 가치를 지니고 있다. 토착민의 언어든 문명국의 언어든 서로 존중되어야 함은 물론이다. 이러한 언어들의 특징을 이해하게 될 때, 우리는 비로소 '언어의 그림'을 보다 객관적으로 그릴 수 있을 것이다.

① (가) 앞   ② (나) 앞
③ (다) 앞   ④ (라) 앞
⑤ (라) 뒤

✔해설 제시된 글은 한국어의 높임법에 관한 내용이다. (다)의 두유카어 증거법에 상응하는 한국어의 독특한 언어장치라고 할 수 있다.

Answer 41.④

42 다음 글은 농촌 문제에 대한 어떤 글의 개요표이다. 밑줄 친 부분에 들어갈 내용으로 가장 적합한 것은?

> ① 농업의 중요성
> ② 농촌 문제의 실상
>   ㉠ 농산물 수입 개방의 압력
>   ㉡ 농촌 노동력의 절대 부족
>   ㉢ 농사비용의 증대
>   ㉣ _____
> ③ 농업, 농촌의 위기
> ④ 농촌 문제의 해결책

① 농촌과 도시의 격차 확대
② 이농(離農)현상의 증가
③ 농산물 가격의 불안정
④ 농업 고교의 진학열 퇴조
⑤ 귀농가구에 대한 정부의 지원

> **해설** 농업과 농촌의 문제를 연관시켜 생각해야 한다. 농촌에서 농산물 가격의 불안정이 농촌에서 사람들이 농업을 하지 않는 실질적인 이유가 될 수 있다.

43 다음의 개요 (가)와 (나)에 들어갈 항목으로 적절하지 않은 것은?

```
제목: 컴퓨터 게임의 장단점
① 서론: 문제제기
② 본론
    ㉠ 컴퓨터 게임의 장점
      • 정신적인 면: _____(가)_____
      • 생활적인 면
        - 적절한 휴식
        - 공통 화제 확보
    ㉡ 컴퓨터 게임의 단점
      • 정신적인 면
        - 감각적 흥미 추구
        - 인간성 상실
      • 생활적인 면: _____(나)_____
③ 결론: 컴퓨터 게임에 대한 바람직한 태도
```

	(가)	(나)
①	기분전환	시간 낭비
②	과학적 호기심	규칙적인 생활 저해
③	전략적 사고의 촉진	학업 성적 저하
④	운동 능력의 발달	스트레스 해소
⑤	스트레스 해소	운동의 부족

> **해설** 컴퓨터 게임의 장점 중 정신적인 면과 관련된 예로 '운동 능력의 발달'은 적절하지 않다. 운동 능력은 정신적인 측면이 아닌 육체적 측면이며, 컴퓨터 게임의 장점이 될 수도 없다. 또한, 단점의 생활적인 면에서 '스트레스 해소'는 단점이 될 수 없다. 오히려 컴퓨터 게임의 장점으로 들어가는 것이 적절하다.

Answer 42.③ 43.④

│44~45│ 다음 글을 읽고 물음에 답하시오.

(가) 한국 신화는 기록으로 전하는 문헌 신화와 구비로 전승되는 구비 신화가 있다. 문헌 신화는 시조의 출생과 국가의 창건 과정을 기술한 건국 신화가 대부분이고, 구비 신화는 서사 무가로 구연되는 무속 신화가 대부분이다.

(나) 건국 신화는 하늘을 상징하는 남신과 땅이나 물을 상징하는 여신이 결연하고 시조가 왕으로 즉위하는 과정을 주요 내용으로 한다. 그런데 「주몽 신화」와 같은 북방의 건국 신화와 「박혁거세 신화」와 같은 남방의 건국 신화는 내용상 차이를 보인다.

(다) 북방 신화에서는 천신계의 남성과 지신 혹은 수신계의 여성이 결연하여 혼례를 올린 후, 시조가 출생하여 왕으로 즉위한다. 예를 들어 「주몽 신화」에서 주몽은 하늘에서 내려온 해모수와 수신인 하백의 딸 유화 부인 사이에서 알로 탄생한다. 그런데 주몽은 해모수의 왕국을 계승하여 즉위한 것이 아니라 금와왕이 다스리던 동부여에서 성장하여 새로운 나라를 세운다. 즉, 주몽은 해모수족과 하백족이 통합된 새로운 집단에서 성장하여 권력투쟁을 통해 새로운 국가의 통치자가 된 것이다. 이처럼 시조의 출현 이전에 부모의 혼례 과정이 기술되어 있는 북방 신화는 시조의 부모가 다스리던 국가가 먼저 존재했음을 말해 준다.

(라) 반면에 남방 신화는 시조의 부모가 나타나지 않고 하늘과 땅의 결합을 상징하는 분위기만 서술된 상태에서 시조는 알로 탄생한다. 그리고 시조가 왕으로 즉위한 후 시조의 혼례 과정이 제시된다. 예를 들어 「박혁거세 신화」를 보면 신라는 건국되기 이전에 여섯 씨족이 독립적으로 생활하고 있었고 씨족마다 각각의 촌장이 다스리고 있었다. 그러다가 박혁거세가 탄생하자 여섯 촌장이 모여 공통의 통치자로 박혁거세를 추대함으로써 비로소 씨족 단위의 공동체와는 다른 국가가 형성되었다. 이처럼 시조가 왕으로 즉위한 이후 알영과 혼례를 올리는 것은 그 지역에 처음으로 국가가 세워지고 첫 번째 통치자가 등장했음을 의미한다. 박혁거세는 육촌에서 태어난 인물이 아니었고, 그의 부인 알영도 다른 곳에서 도래한 존재였다. 박혁거세와 알영이 육촌민들에게 성인으로 존경 받고 통치권을 행사했다는 것으로 보아 그들이 육촌민보다 문화 수준이 높았을 것으로 여겨진다.

(마) 한국 신화에서 건국 신화 다음으로 큰 비중을 차지하는 것은 무속 신화이다. 무속 신화는 고대 무속 제전에서 형성된 이래 부단히 생성과 소멸을 거듭했다. 이러한 무속 신화 중에서 전국적으로 전승되는 「창세신화」와 「제석본풀이」는 남신과 여신의 결합이 제시된 후 그 자녀가 신성의 자리에 오른다는 점에서 신화적 성격이 북방의 건국 신화와 다르지 않다. 한편, 무속 신화 중 성주신화에서는 남성 인물인 '성주'가 위기에 빠진 부인을 구해내고 출산과 축재를 통해 성주신의 자리에 오른다. 이는 대부분의 신화가 보여주는 부자(父子) 중심의 서사 구조가 아닌 부부 중심의 서사 구조를 보여준다.

(바) 이렇게 특이한 유형을 보여주는 신화 중에 제주도의 「삼성 신화」가 있다. 「삼성 신화」에서는 남성이 땅속에서 솟아나고 여성이 배를 타고 들어온 것으로 되어 있다. 남성이 땅에서 솟아났다는 점은 부계 혈통의 근원을 대지에 두었다는 것으로 본토의 건국 신화와 대조된다. 그리고 여성이 배를 타고 왔다는 것은 여성이 도래한 세력임을 말해 준다. 특히, 남성은 활을 사용하고 여성이 오곡의 씨를 가지고 온 것으로 되어 있는데, 이것은 남성으로 대표되는 토착 수렵 문화에 여성으로 대표되는 농경문화가 전래되었음을 신화적으로 형상화한 것이다.

44 다음 중 위 지문에 대한 설명으로 옳은 것은?

① (다)와 (라)는 (나)에 대한 상세화이다.
② (마)는 (라)의 예시이다.
③ (가)는 (다)의 결론이다.
④ (바)는 (마)와 대등한 구조이다.
⑤ (나)는 글의 중심문단이다.

> ✔ 해설 ① (나)의 북방 건국 신화와 남방 건국 신화의 내용상 차이를 (다)와 (라)에서 구체적으로 제시하고 있으므로 (다)와 (라)는 (나)를 상세화한 문단이다.
> ② (마)는 (가)의 구체화로 (나)와 대등한 문단이다.
> ③ (가)→(나)→(다)로 구체화되고 있으며 (가)는 (다)의 결론이 아니다.
> ④ (바)는 (마)의 예시로서 종속관계이다.
> ⑤ 글의 중심문단은 (가)이다.

45 위 지문의 구조를 도식화 한 것으로 옳은 것은?

① (가) + (나) + (다) ─┬─ (라)
　　　　　　　　　　├─ (마)
　　　　　　　　　　└─ (바)

② (가) ─┬─ (나) ─ (라)
　　　　└─ (다) ─ (마) ─ (바)

③ (가) ─┬─ (나) ─ (다) + (라)
　　　　└─ (마) ─ (바)

④ (가) + (나) ─┬─ (다) ─ (라)
　　　　　　　└─ (마) ─ (바)

⑤ (가) ─┬─ (나)
　　　　├─ (다)
　　　　└─ (라) ─ (마) ─ (바)

> ✔ 해설 (가)는 한국 신화를 크게 문헌 신화(건국 신화)와 구비 신화(무속 신화)로 구분한다. 이에 대해 (나)는 건국 신화에 대해, (마)는 무속 신화에 대해 설명한다. 또한 (다)와 (라)는 (나)를 구체화하고, (바)는 (마)를 구체화한다. 따라서 위 지문의 구조는 ③과 같다.

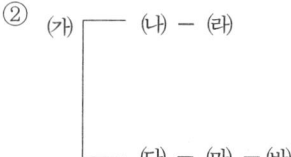

Answer　44.①　45.③

| 46~54 | 주어진 도형들의 일정한 규칙을 찾아 '?'에 들어갈 알맞은 도형을 고르시오.

46

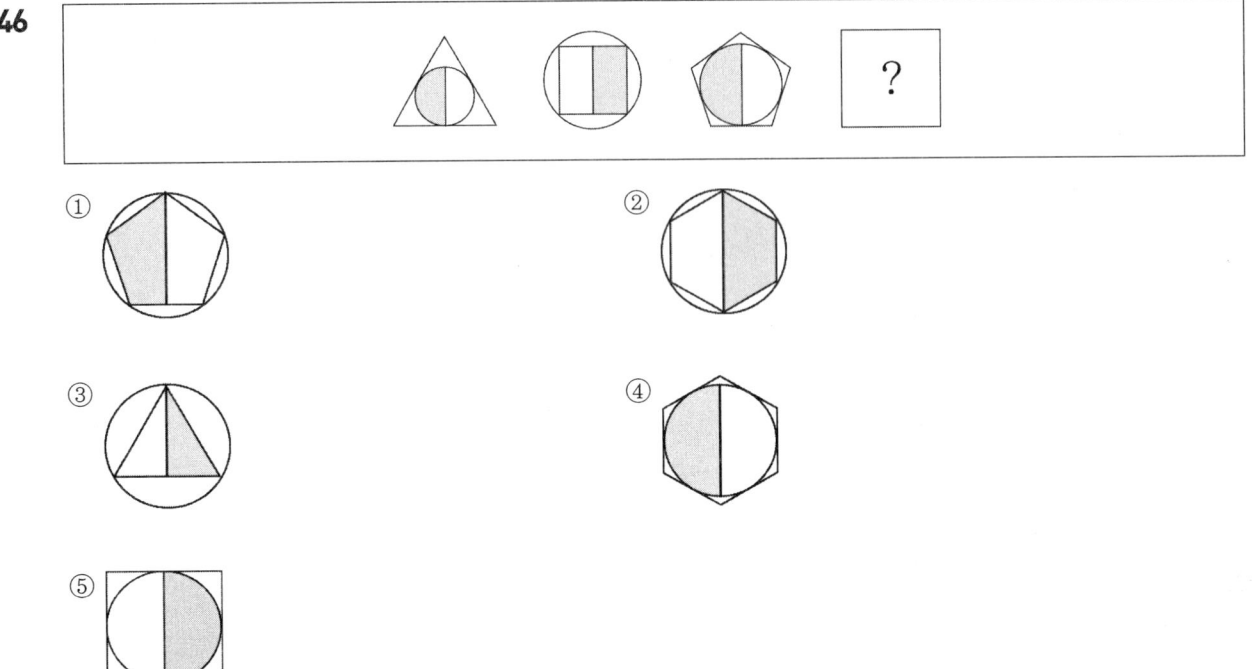

해설 안쪽 도형은 중간선을 기준으로 좌우가 번갈아가며 색이 칠해지고 있으며, 삼각형→사각형→오각형의 순으로 변하는 도형이 원의 안쪽과 바깥쪽에 번갈아가며 위치한다.

47

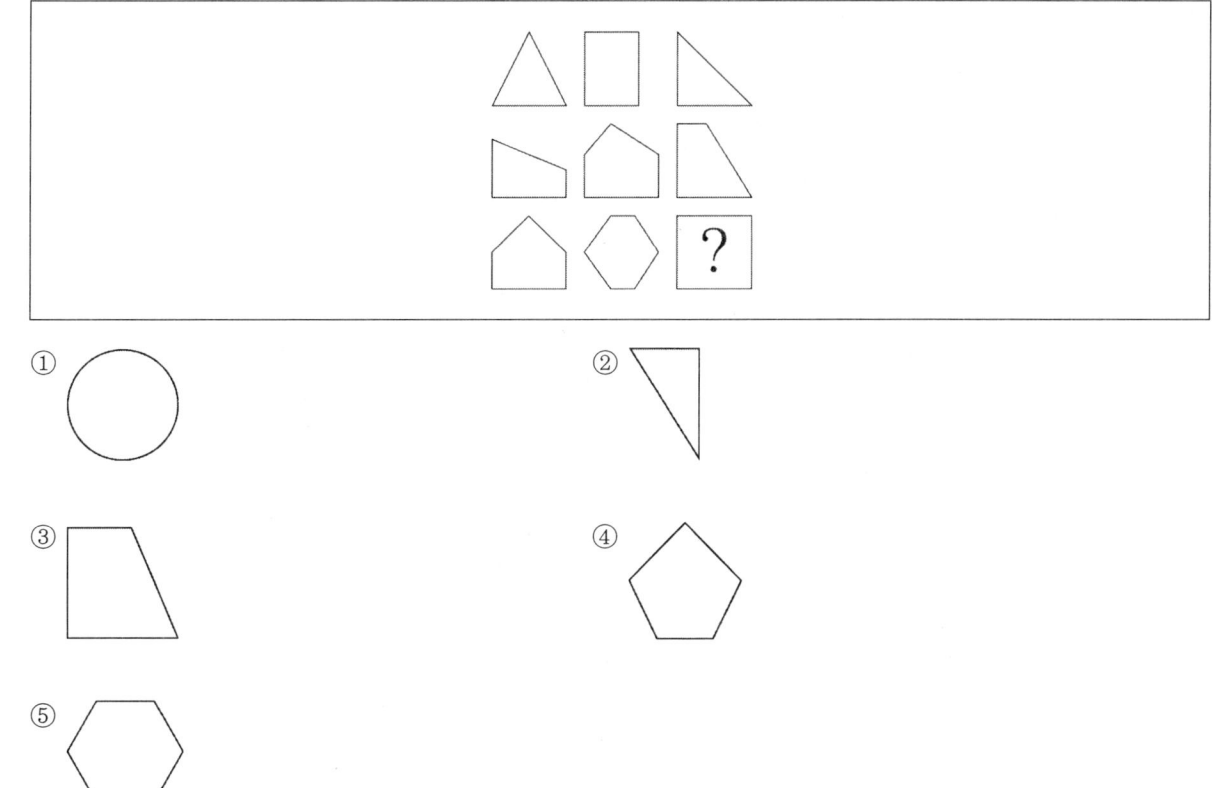

✅해설 첫 번째 세로 줄의 도형들은 삼각형, 사각형, 오각형으로 변하고 있으며 두 번째 세로 줄의 도형들은 사각형, 오각형, 육각형으로 변하고 있다. 따라서 세 번째 세로 줄은 삼각형, 사각형, 오각형으로 변할 것이다.

Answer 46.② 47.④

48

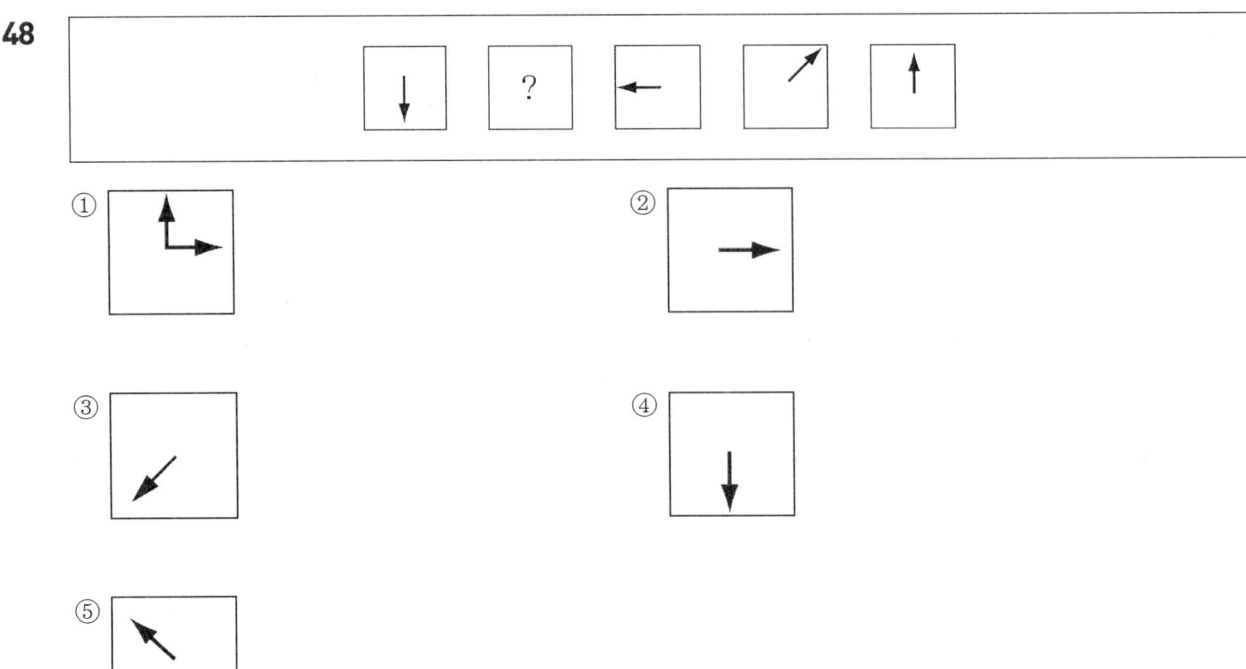

✅ **해설** 제시된 도형의 경우 뒤에 세 개의 도형을 보고 규칙성을 찾아야 한다. 세 개의 도형을 관찰해 본 결과 화살표 모양은 135° 나아갔다가 45° 되돌아오고 있다.

49

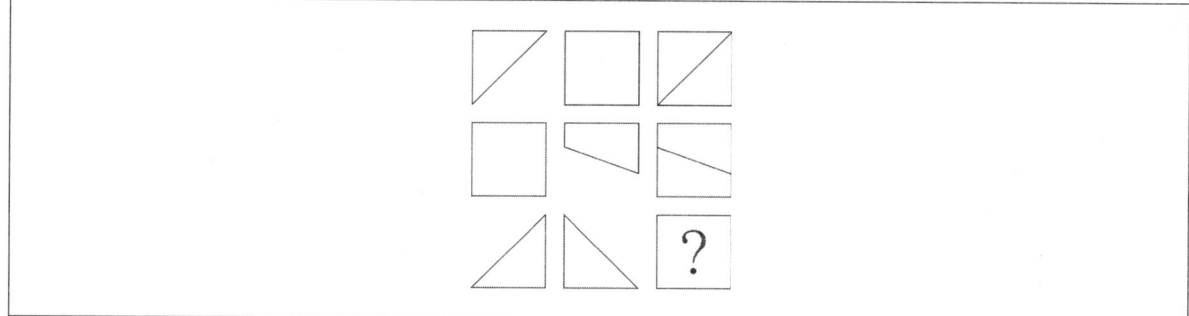

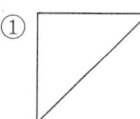 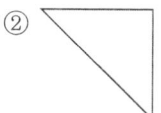

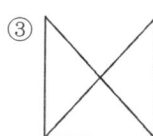 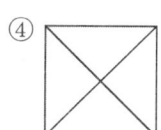

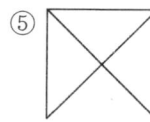

✔ 해설 ③ 첫 번째와 두 번째의 도형이 겹쳐진 것이 세 번째 도형이다.

Answer   48.⑤   49.③

50

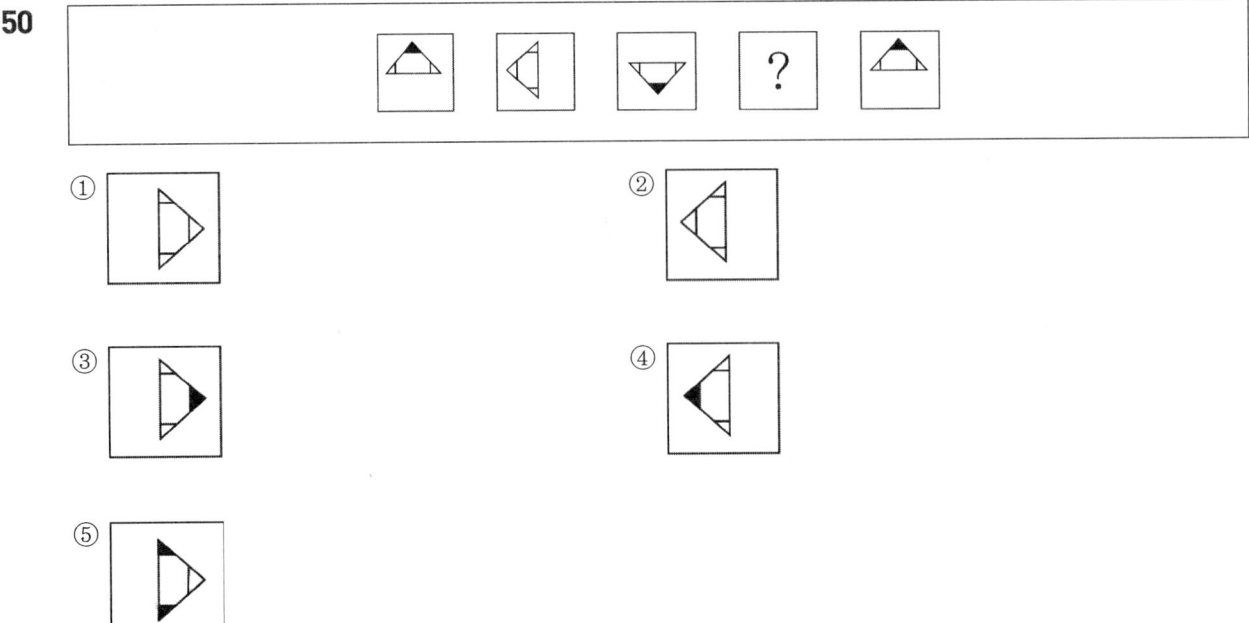

해설 큰 삼각형은 시계 반대 방향으로 움직이고 있으며 정점의 색이 검은색과 흰색으로 반복되고 있다.

51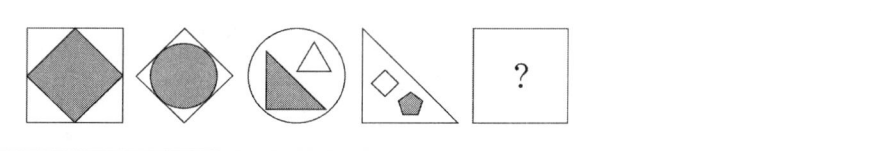

①  ②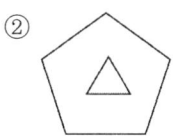

③ 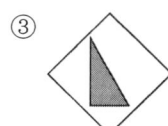 ④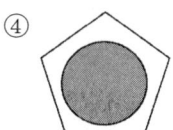

⑤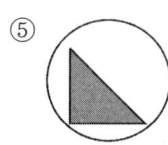

✔해설 흰색 큰 도형 내부에 색칠된 도형은 다음 순서에 흰색 외부 도형이 된다. 따라서 삼각형 안에 마름모와 오각형 중 오각형이 다음 순서에 외부 도형이 되고 다음 순서에 외부 도형이 될 도형은 색칠되어 표시된 ④가 ?에 오는 것이 적절하다.

Answer 50.① 51.④

52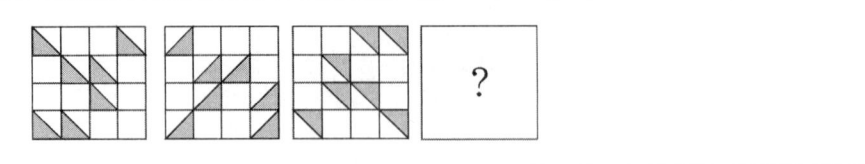

① 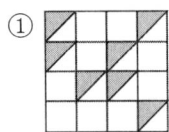 ②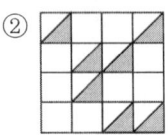

③ 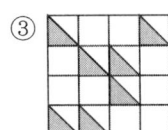 ④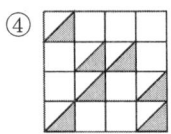

⑤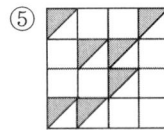

✔ 해설 주어진 도형은 반시계 방향으로 90°씩 회전하고 있다.

53

✔ 해설 △ 도형이 시계방향으로 인접한 부분의 도형과 자리를 바꾸어 가면서 이동하고 있다.

Answer 52.① 53.③

54

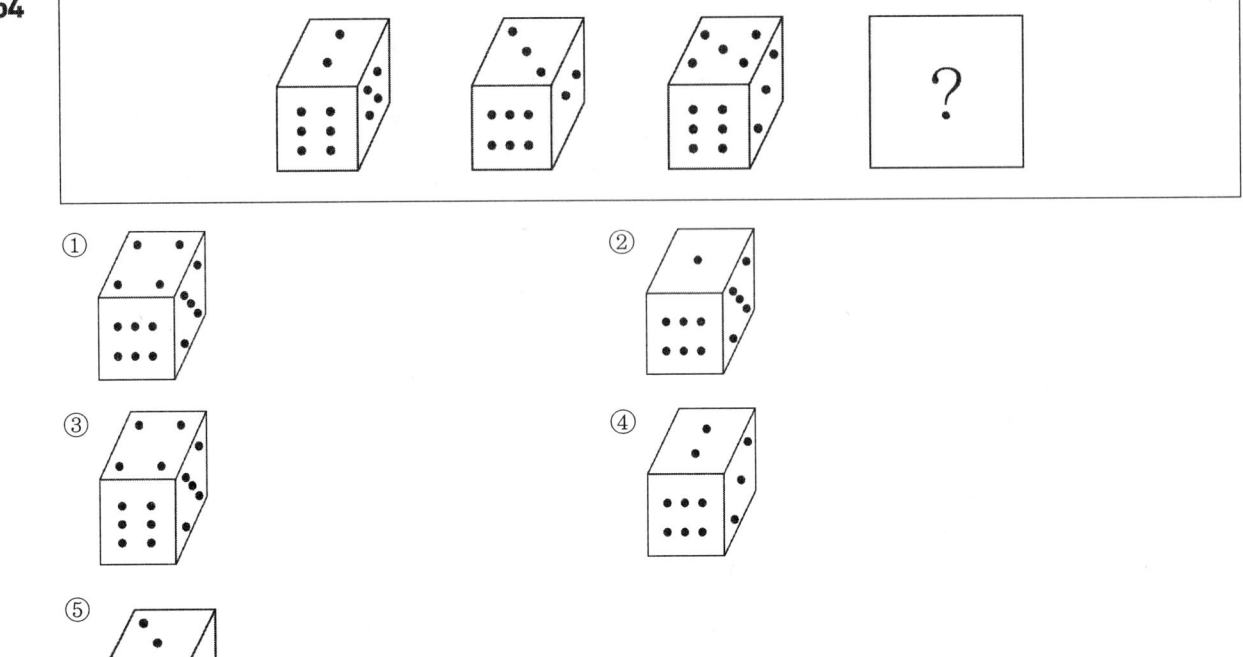

해설 주사위의 마주보는 면의 합은 7이고 오른쪽으로 구르고 있다.

| 55~57 | 다음 빈칸에 들어갈 알맞은 모양을 고르시오.

55

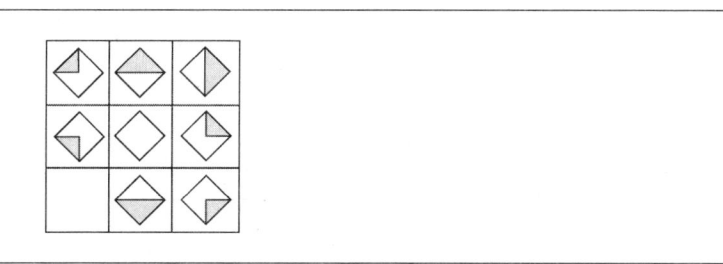

① 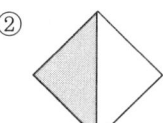 ②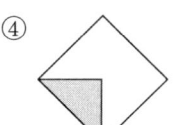

③ ④

⑤

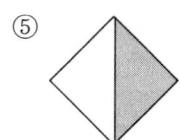 가운데 마름모를 중심으로 하여 그림의 모양이 상하, 좌우, 대각선 방향끼리 대칭을 이루고 있다.

Answer 54.① 55.②

56

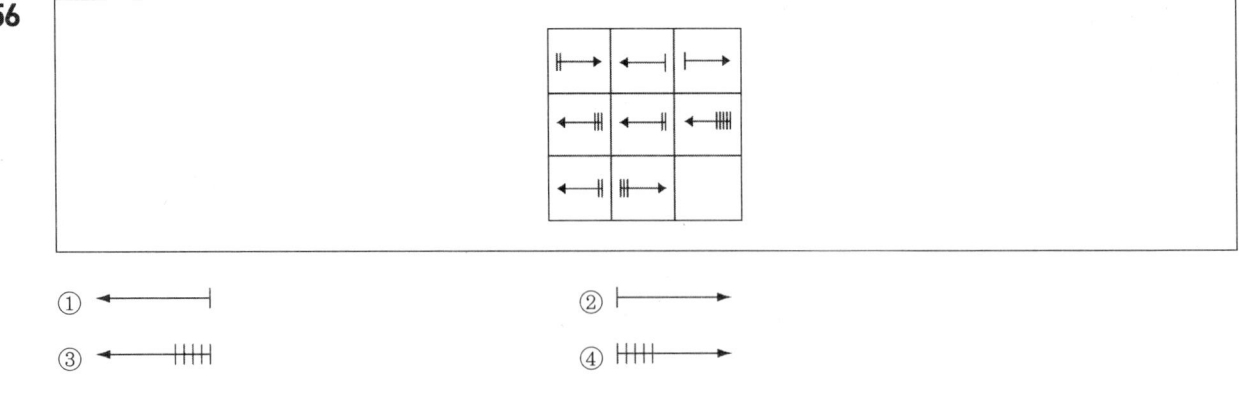

✅해설 1열과 2열을 서로 계산하여 3열이 나오는 관계인데 화살표의 방향이 같으면 덧셈을, 화살표의 방향이 반대이면 뺄셈을 하며, 화살표 끝의 작대기가 숫자의 크기를 의미한다.

57

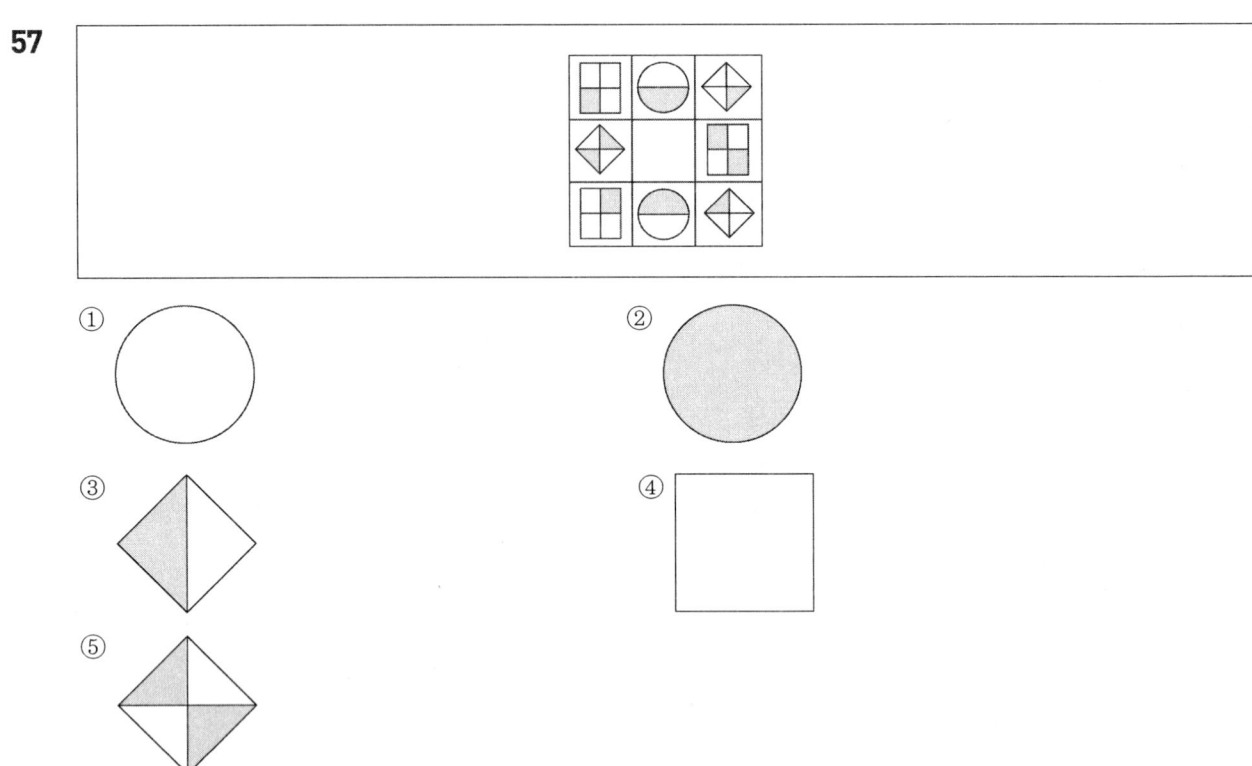

✅해설 각 행과 열의 가운데 부분은 양 옆의 도형의 전체 면적에 대한 색칠한 부분의 상대적 비율의 합을 나타낸다.

|58~60| 다음 ? 표시된 부분에 들어갈 알맞은 모양의 도형을 고르시오.

58

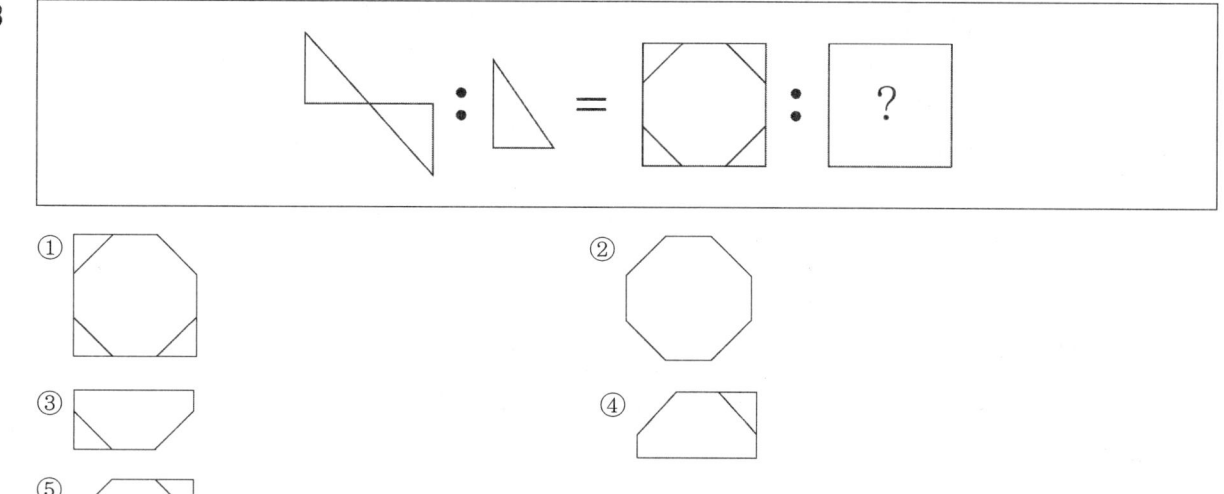

① ② ③ ④ ⑤

✔해설 오른쪽 도형은 왼쪽 도형에서 삼각형을 1개 뺀 것이다.

Answer 56.② 57.② 58.①

59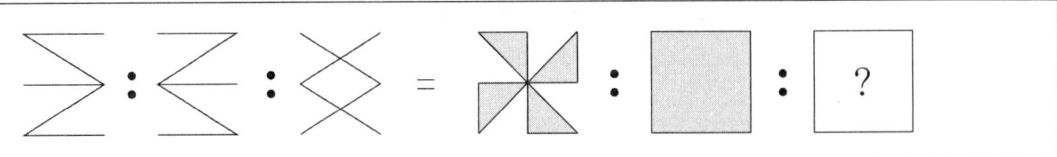

① 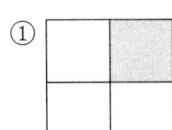   ②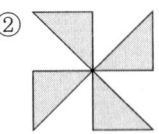

③ 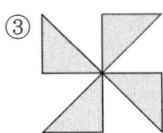   ④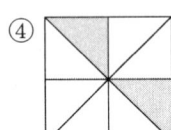

⑤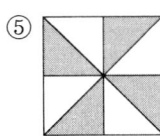

✔해설 처음 그림과 두 번째 그림을 합쳤을 때 겹치는 부분을 삭제한 것이 세 번째 그림이 된다.

60 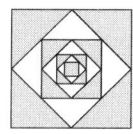 : 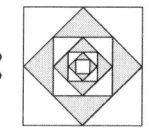 = 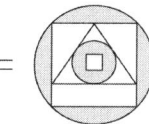 :

①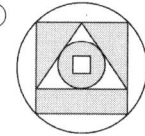

②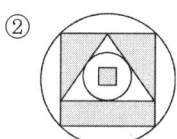

③

④

⑤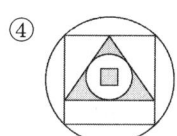

> **해설** 색칠된 부분은 같은 도형에만 칠해져 있음을 알 수 있다.

|61~65| 다음에 제시된 예를 보고 $와 !에 들어갈 도형으로 옳은 것을 고르시오.

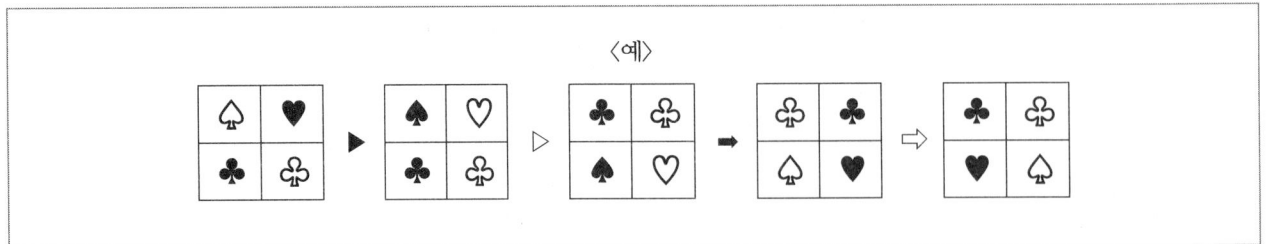

61

① ★ ♡ 　　　　　② ☆ ★
③ ★ ☆ 　　　　　④ ☆ ♥
⑤ ☆ ♡

　　해설 제시된 예의 규칙을 파악하면 다음과 같다.
　　▶ 1행 색 반전
　　▷ 1행과 2행 교환
　　▶ 전체 색 반전
　　▷ 1열과 2열 교환

62

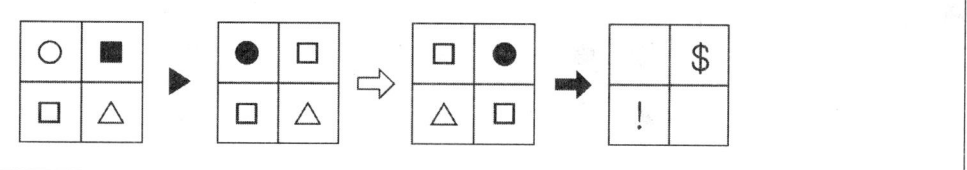

① ○ ▲ ② ■ ○
③ ○ ■ ④ ○ △
⑤ △ ■

✔해설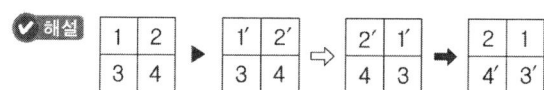

63

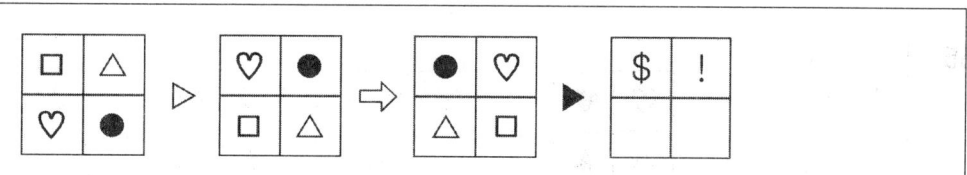

① ● △ ② ○ ♥
③ △ □ ④ ● ♡
⑤ ▲ □

Answer 61.② 62.① 63.②

64

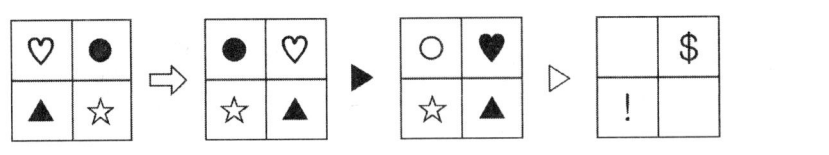

① ▲ ●   ② △ ○
③ △ ●   ④ △ ▲
⑤ ▲ ○

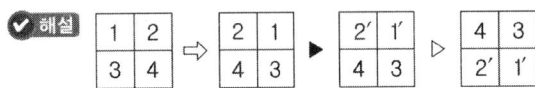

65

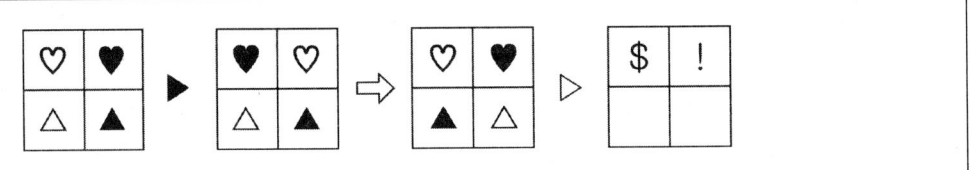

① ▲ △   ② △ ▲
③ ♡ ♥   ④ ♥ ♡
⑤ ♡ ▲

| 66~70 | 다음 주어진 예제를 보고 규칙을 찾아 ?에 들어갈 도형을 고르시오.

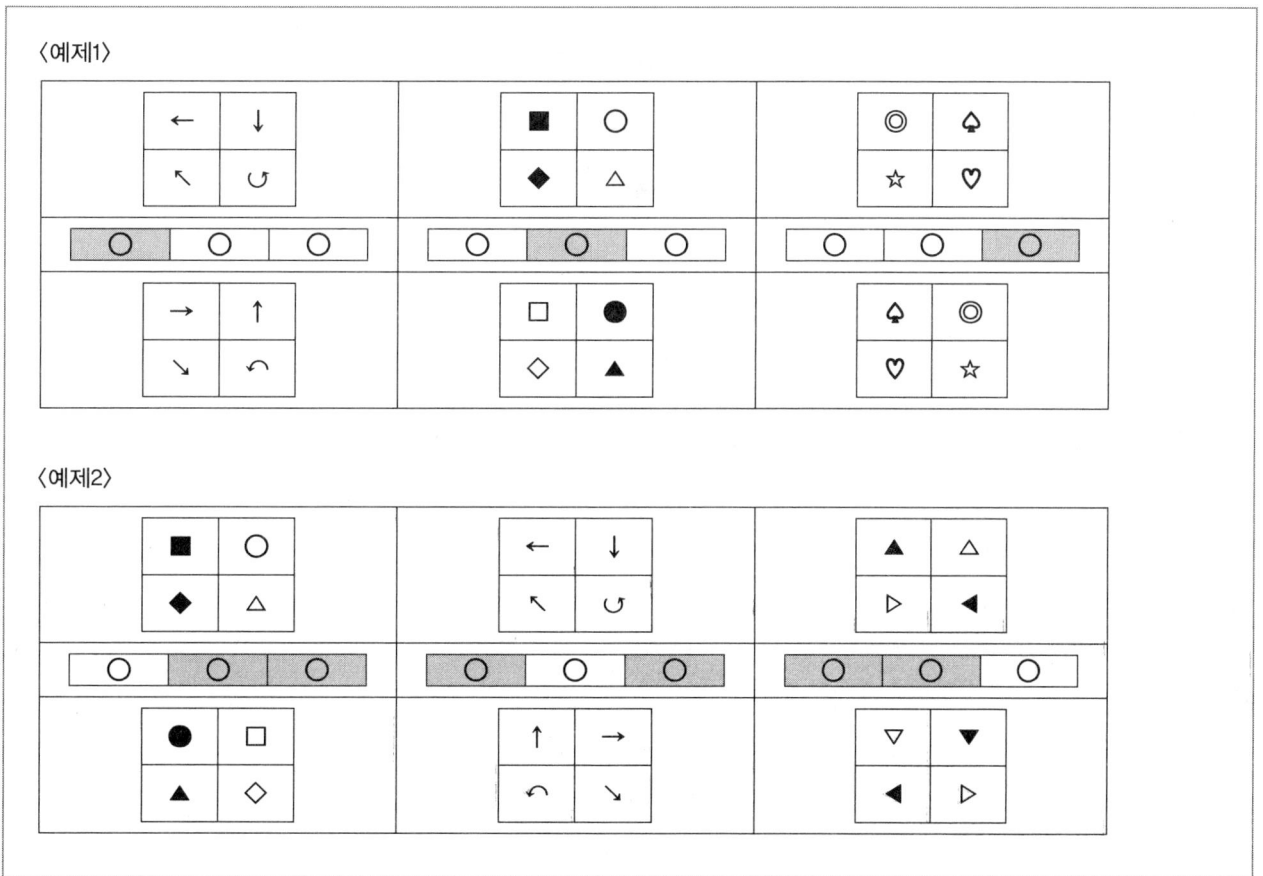

66

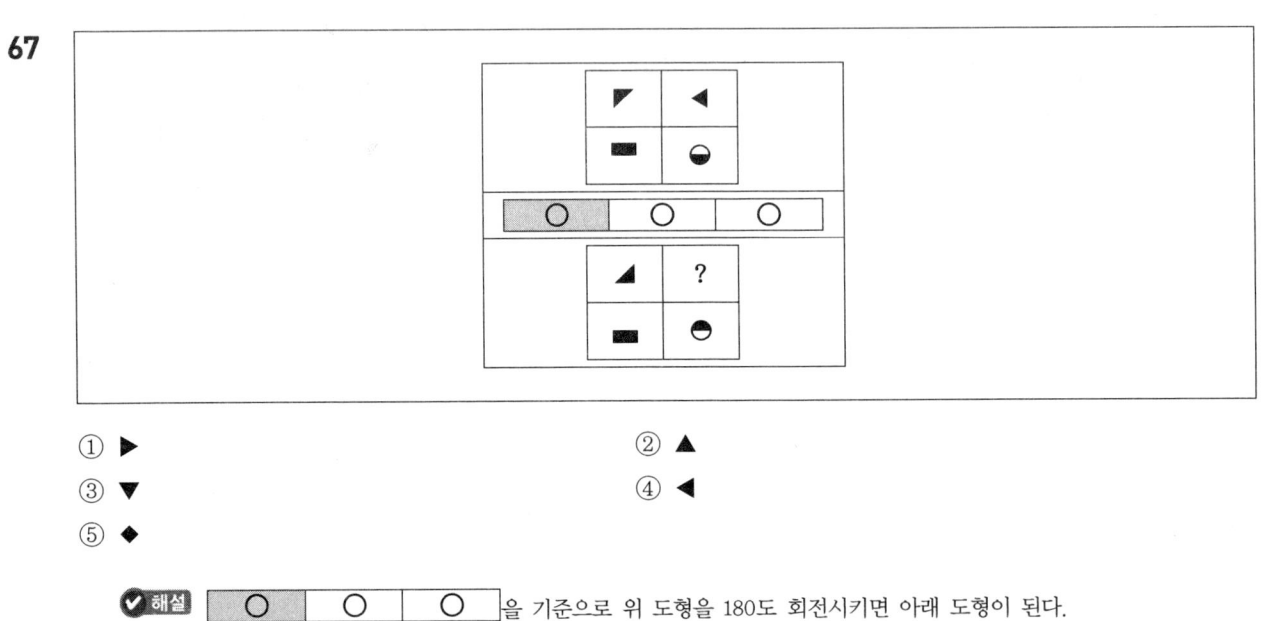

① ▷ ② ◇
③ ☐ ④ △
⑤ ▭

해설 ○ ○ ○ 을 기준으로 위 도형을 색 반전시키면 아래 도형이 된다.

67

① ▶ ② ▲
③ ▼ ④ ◀
⑤ ◆

해설 ○ ○ ○ 을 기준으로 위 도형을 180도 회전시키면 아래 도형이 된다.

68

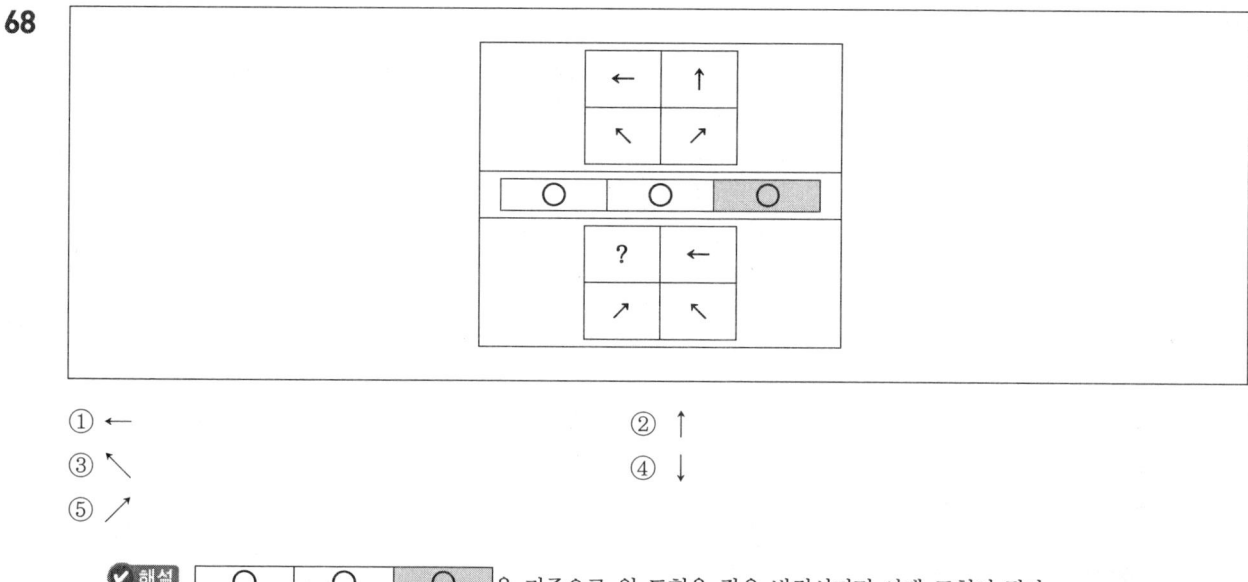

① ← ② ↑
③ ↖ ④ ↓
⑤ ↗

✔해설 ◯ ◯ ◼ 을 기준으로 위 도형을 좌우 반전시키면 아래 도형이 된다.

69

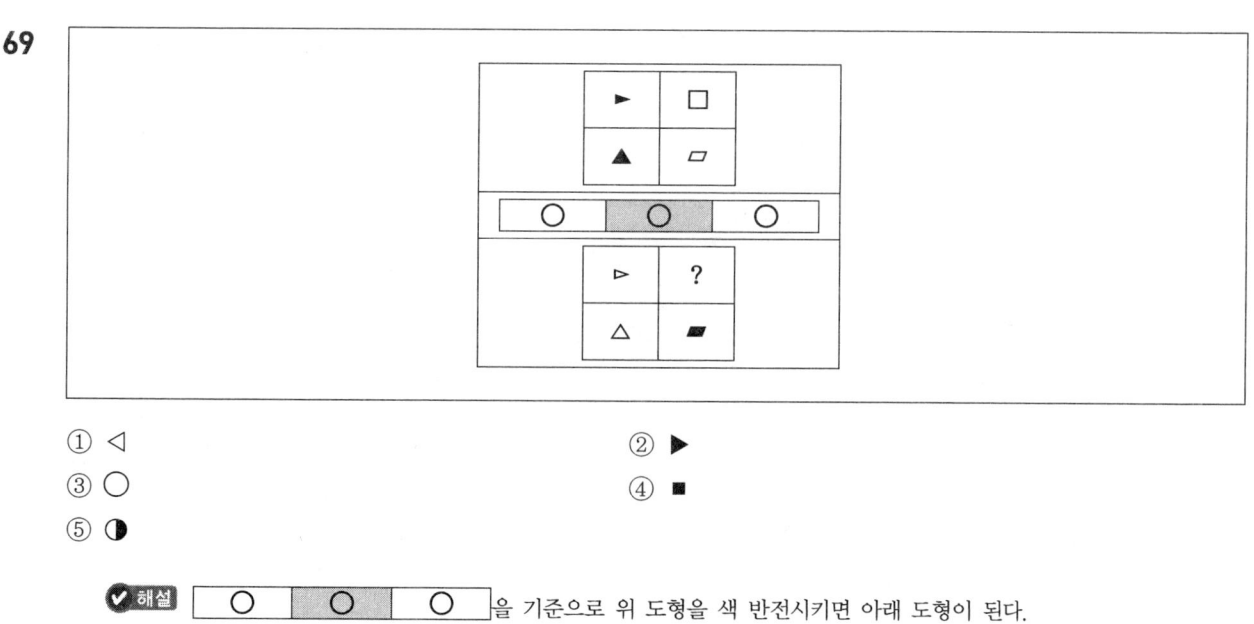

① ◁ ② ▶
③ ◯ ④ ■
⑤ ◐

✔해설 ◯ ◼ ◯ 을 기준으로 위 도형을 색 반전시키면 아래 도형이 된다.

Answer 66.② 67.① 68.② 69.④

70

① ◐
② ◑
③ ⊖
④ ◔
⑤ ⊖

해설 ○ ○ ○ 을 기준으로 위 도형을 180도 회전시키면 아래 도형이 된다.

│71~75│ 다음 주어진 [예제1]과 [예제2]를 보고 규칙을 찾아, [문제]의 A, B를 찾으시오.

[예제문제]

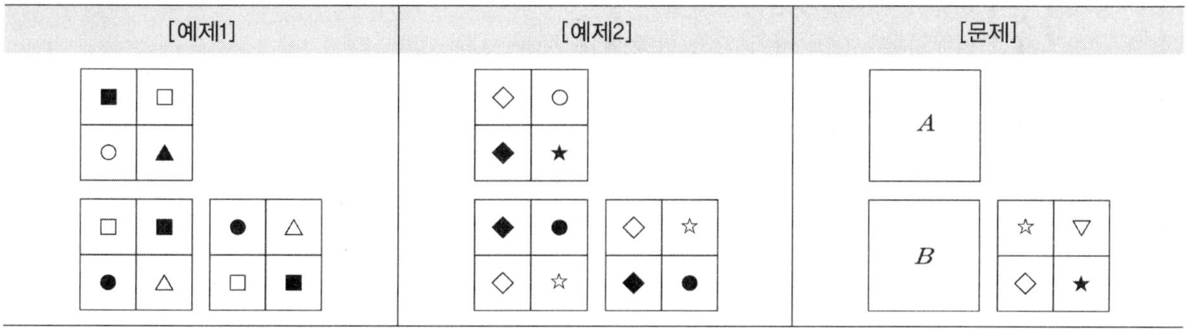

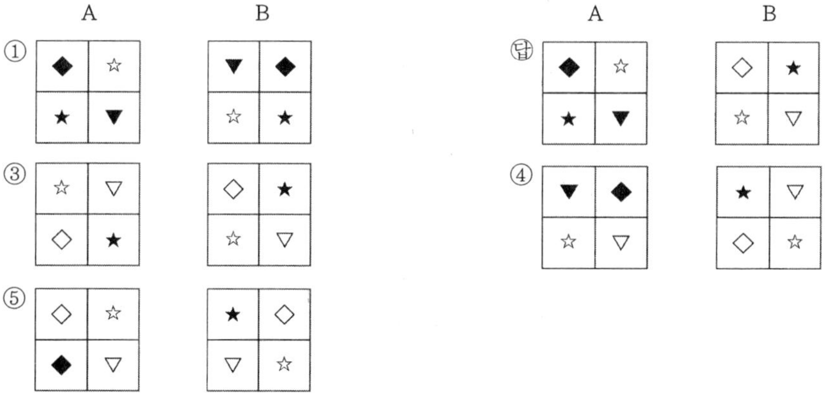

[예제1]	[예제2]	[문제]

해설 세로규칙 : 색 반전
가로규칙 : 위, 아래 행 바뀜

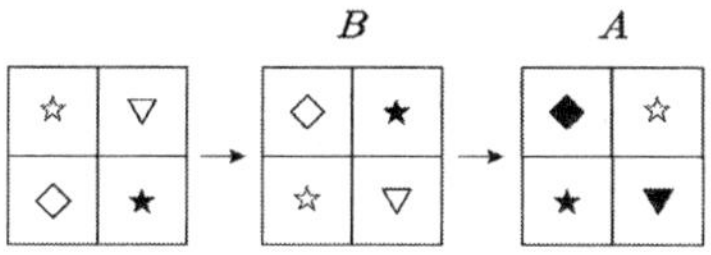

Answer 70.③

71

| [예제1] | [예제2] | [문제] |

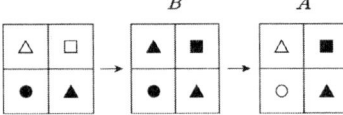

해설 세로규칙 : 1열의 색 반전
가로규칙 : 1행의 색 반전

72

✔ 해설 세로규칙 : 1행과 2행 바꿈
가로규칙 : 반시계 방향으로 한 칸씩 이동

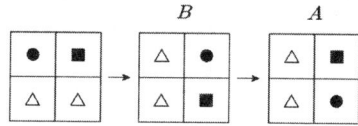

Answer 71.① 72.②

73

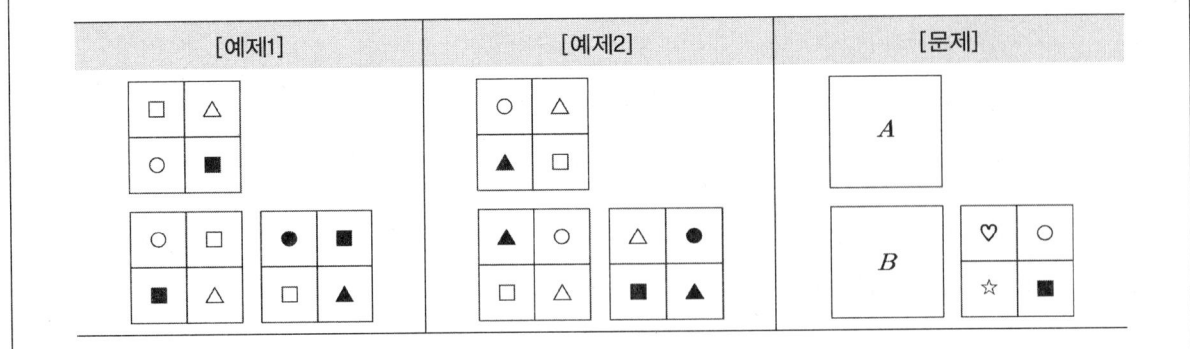

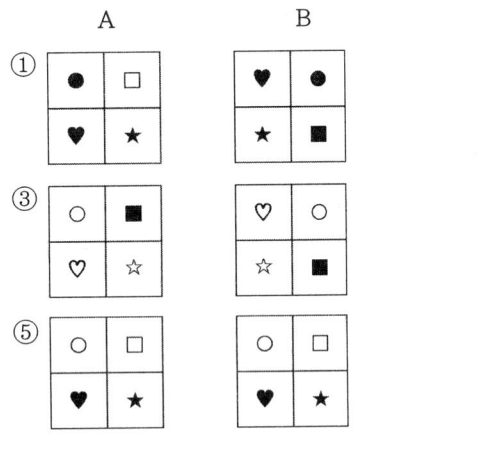

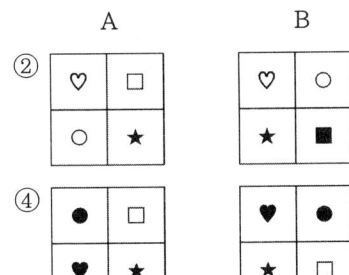

✔해설 세로규칙 : 시계 방향으로 한 칸씩 이동
가로규칙 : 색 반전

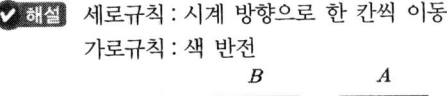
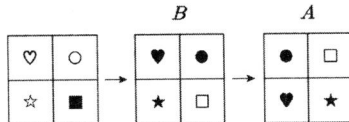

74

[예제1]	[예제2]	[문제]

① ②
③ ④
⑤

해설 세로규칙 : 반시계 방향으로 한 칸씩 이동
가로규칙 : 1열과 2열 바꿈

Answer 73.④ 74.①

75

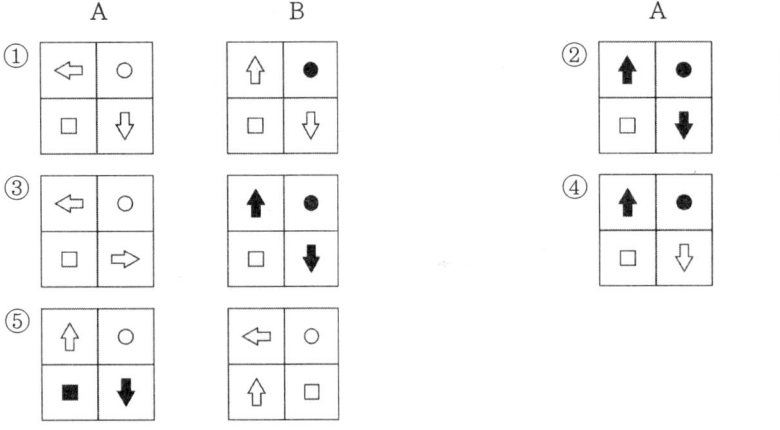

해설 세로규칙 : 색 반전
가로규칙 : 시계 방향으로 한 칸씩 이동

|76~80| 다음에 제시되는 도형의 규칙을 적용하여 마지막에 제시되어야 하는 도형을 고르시오.

규칙		
A	B	C
도형 색깔 변환	상하대칭	좌우대칭

76

① ② ③ ④ ⑤

Answer 75.② 76.⑤

77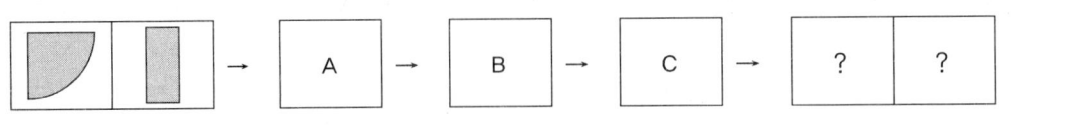

① 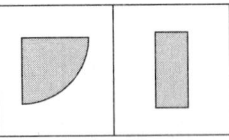   ②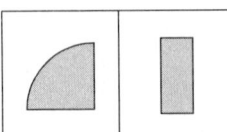

③ 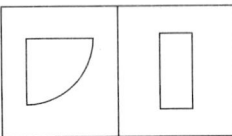   ④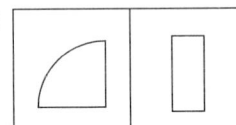

⑤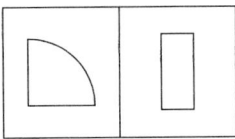

해설 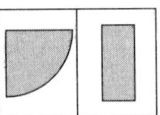 →A  →B 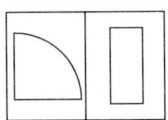 →C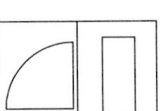

78

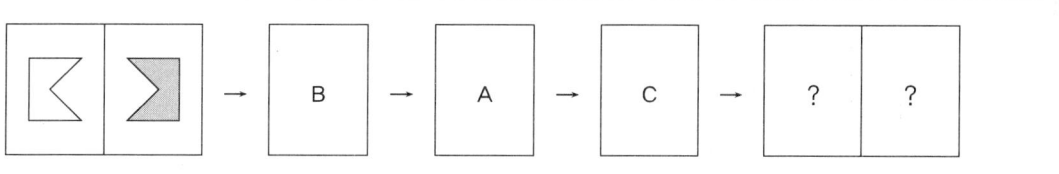

① 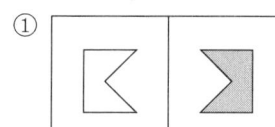   ②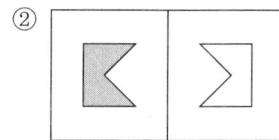

③ 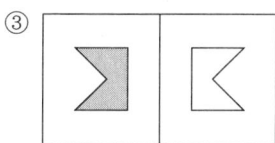   ④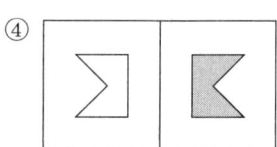

⑤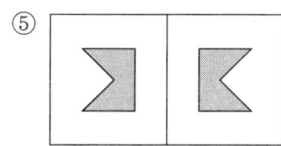

해설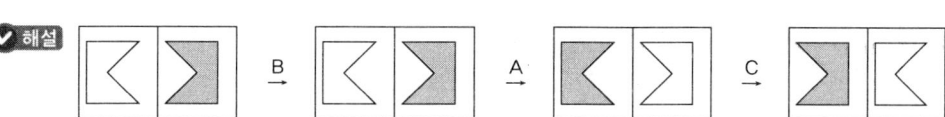

Answer 77.④ 78.③

79

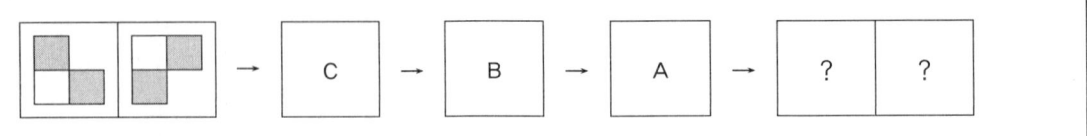

① 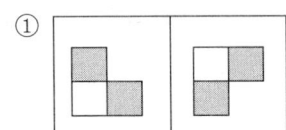   ②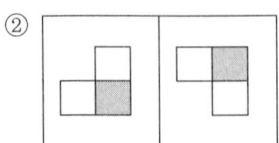

③ 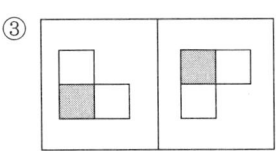   ④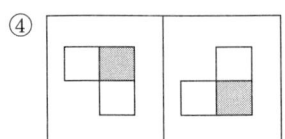

⑤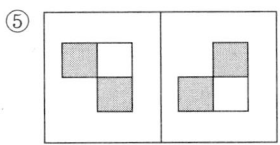

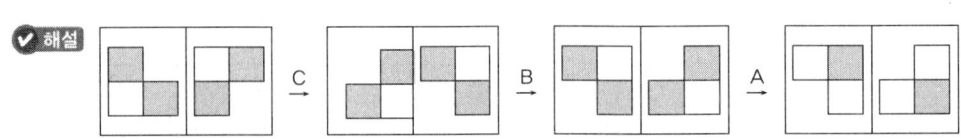

80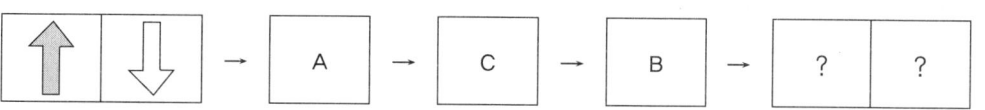

① 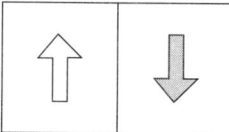   ②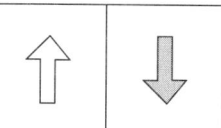

③ 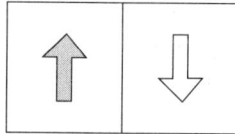   ④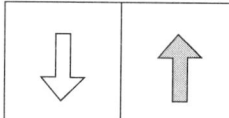

⑤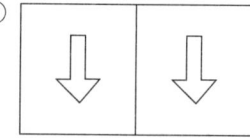

✔ 해설 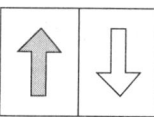 →A 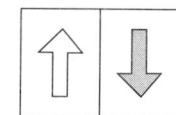 →C 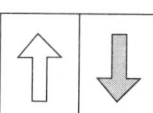 →B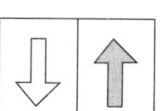

| 예제 | 다음 규칙을 참고하여 문제의 정답을 고르시오.

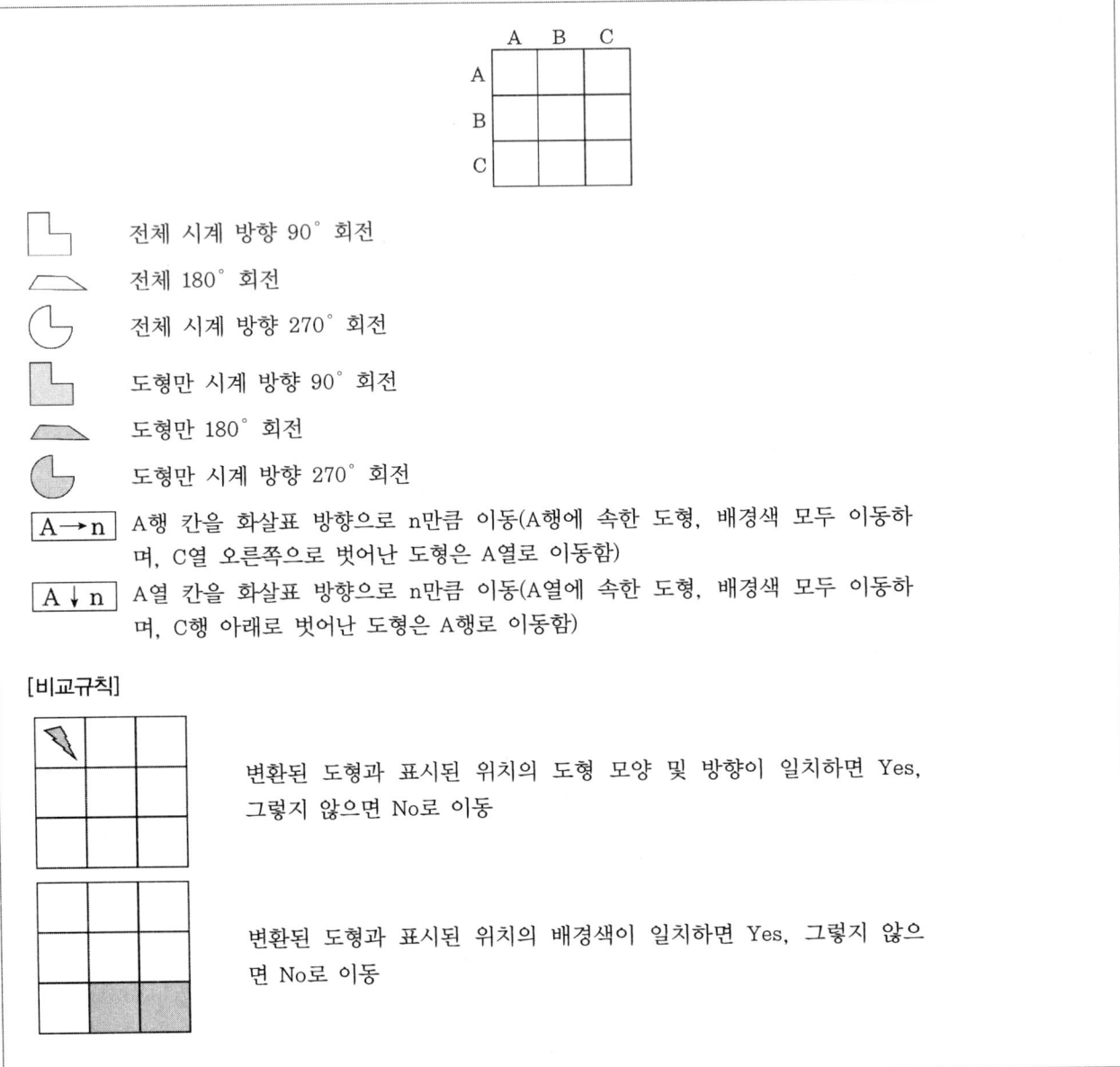

│81~86│ 다음을 주어진 규칙에 따라 변환시킬 때 '?'에 해당하는 것을 고르시오.

81

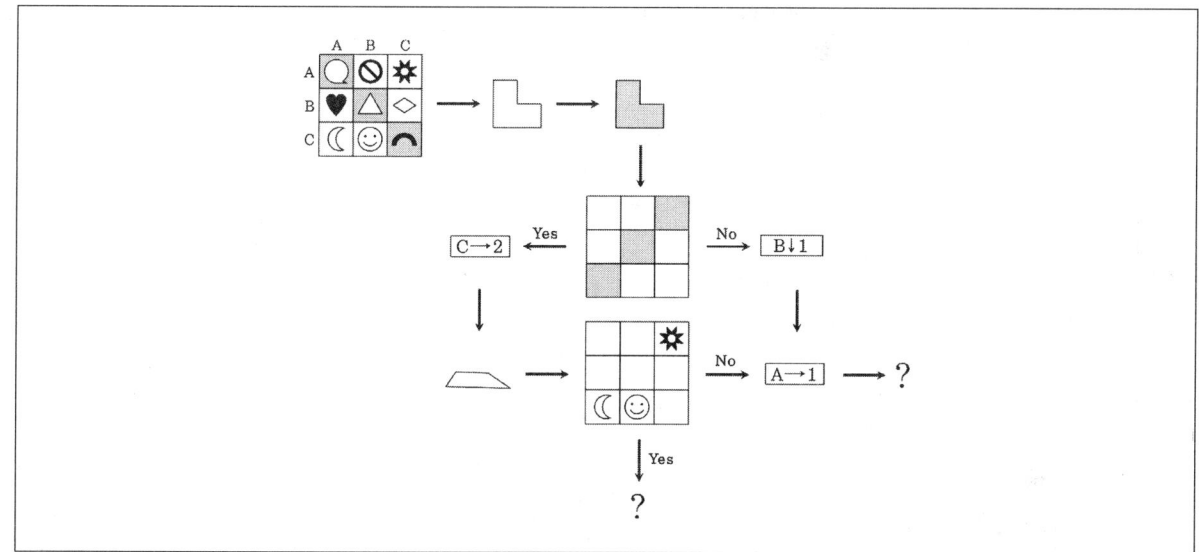

①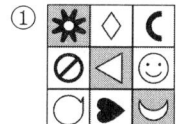
②
③
④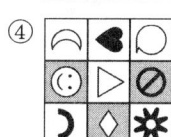
⑤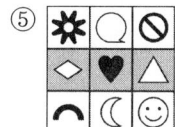

✔ 해설
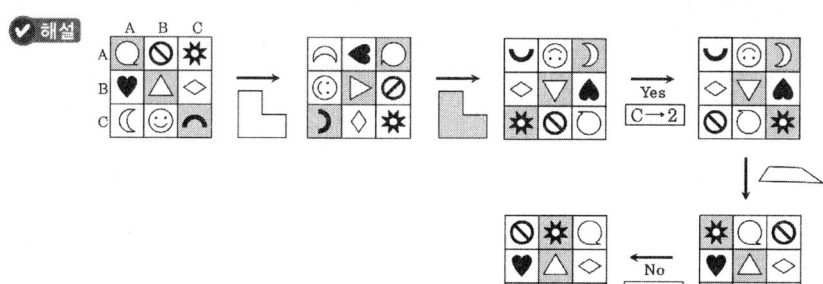

Answer 81.②

82

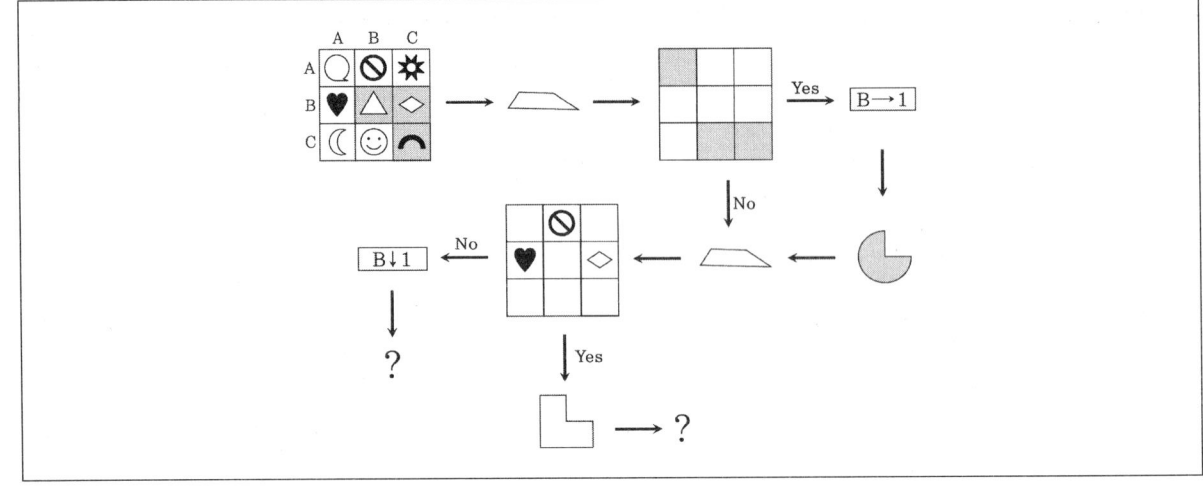

① 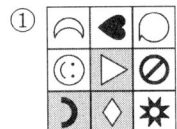   ②

③ 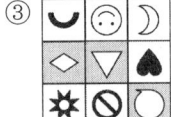   ④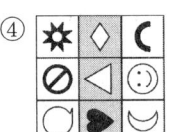

⑤

✔ 해설

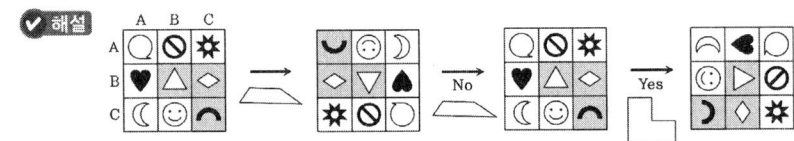

176 » PART 01. 적성검사

83

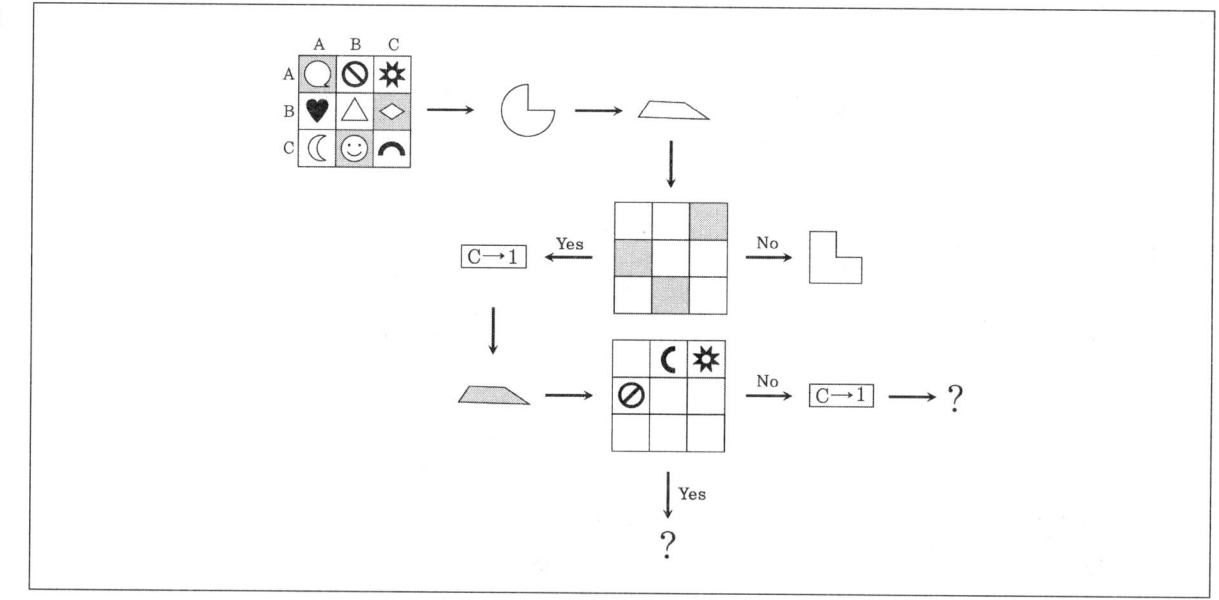

①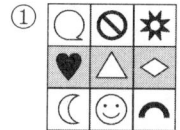

②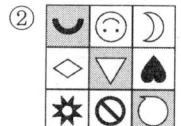

③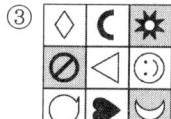

⑤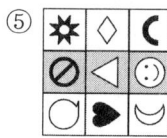

✔ 해설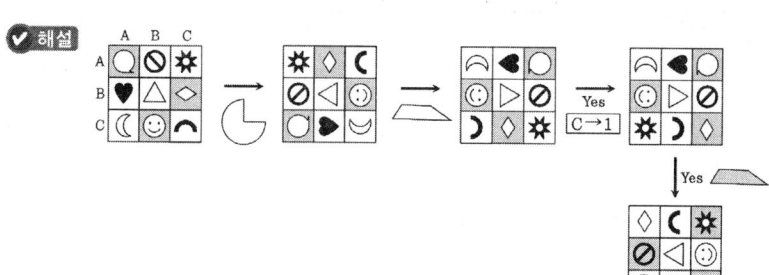

Answer 82.① 83.③

84

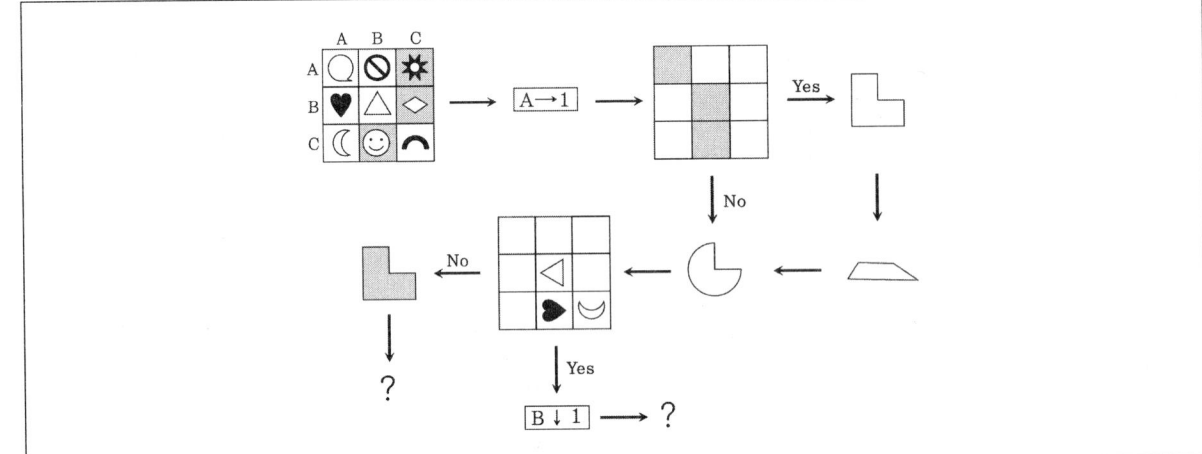

①    ②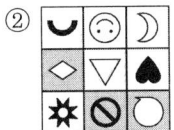

③ 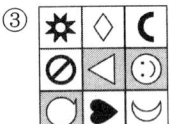   ④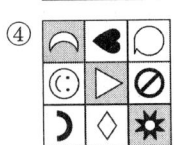

⑤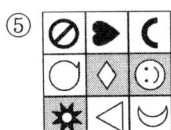

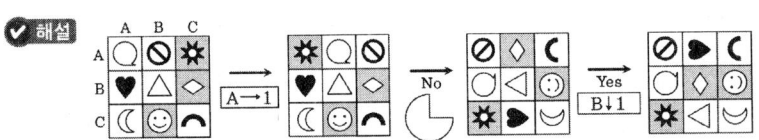

85

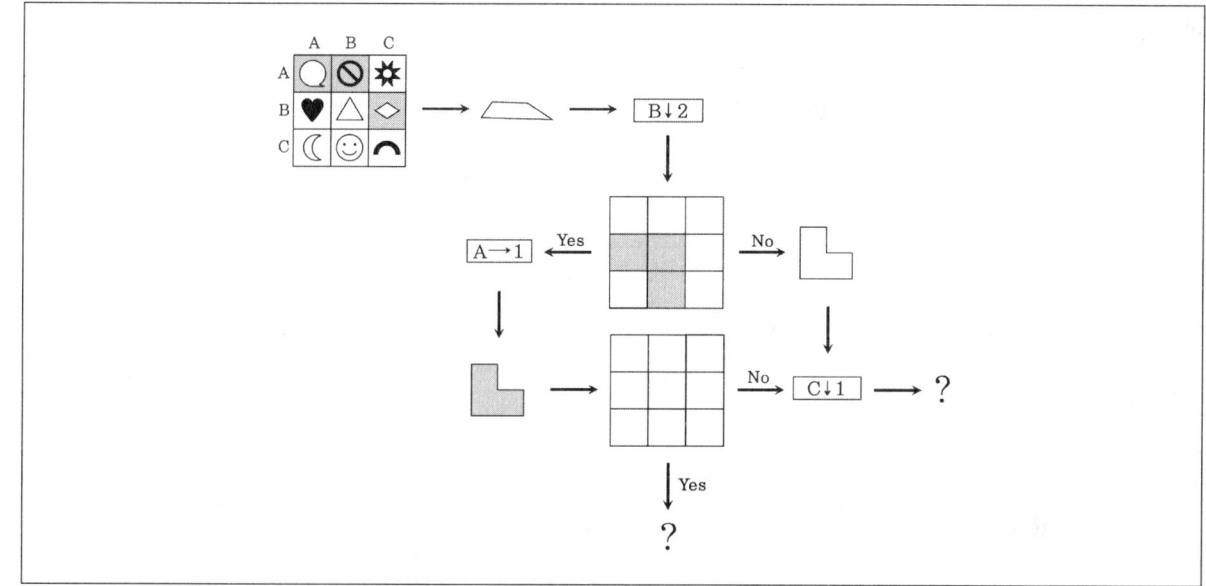

①
②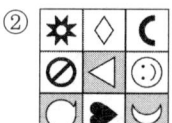
③
④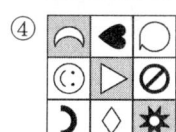
⑤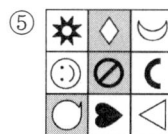

✔ 해설

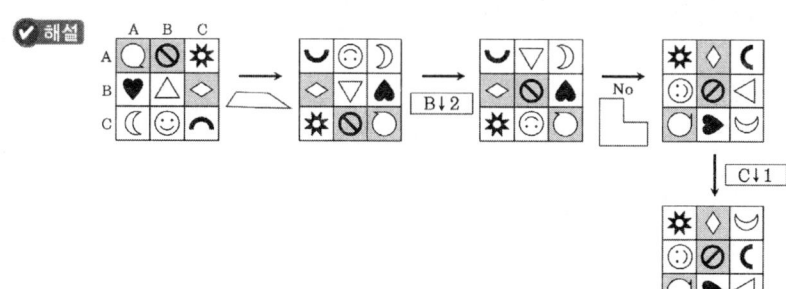

Answer 84.⑤ 85.⑤

86

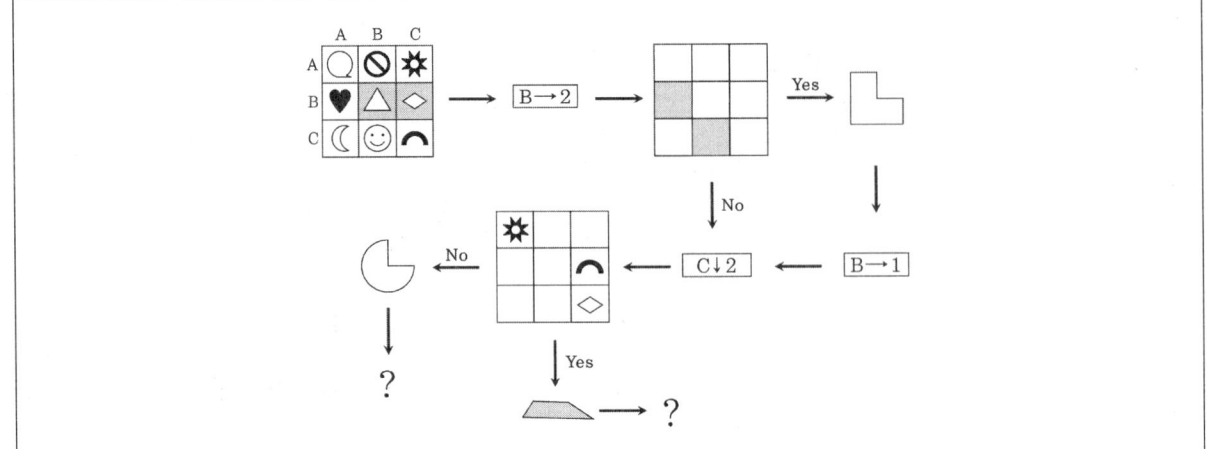

①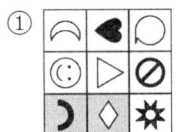
②
③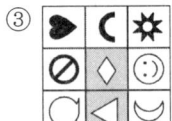
④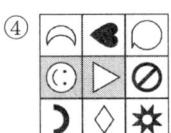
⑤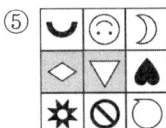

✔ 해설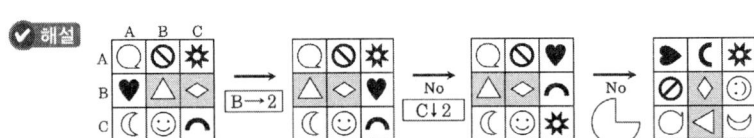

04 공간지각능력

|1~10| 다음에 제시된 정사각형들은 한 부분은 단독으로 회전이 가능하고, 나머지 세 부분은 고정되어 있다. 이 정사각형들을 자유롭게 결합해 큰 정사각형 하나로 만든다고 할 때, 나올 수 없는 것을 고르시오. (단, 제시된 정사각형들은 결합 시 회전시킬 수 있다)

1.

✔해설 ④ 제시된 네 개의 정사각형을 왼쪽부터 1, 2, 3, 4라고 할 때, 2번 정사각형의 2, 3사분면이 둘 다 회전하였다.
① 1, 2, 3번 정사각형의 3사분면이 회전하였다.
② 1번 정사각형이 180° 회전하여 결합하였으며, 1번 정사각형의 2사분면, 2번 정사각형의 4사분면, 3번 정사각형의 2사분면, 4번 정사각형의 4사분면이 회전하였다.
③ 2번 정사각형은 시계방향으로 90°, 3번 정사각형은 반시계방향으로 90°, 4번 정사각형은 180° 회전하여 결합하였으며, 1번 정사각형의 3사분면, 2번 정사각형의 4사분면, 3번 정사각형의 4사분면이 회전하였다.
⑤ 3번 정사각형이 반시계방향으로 90° 회전하여 결합하였으며, 1번 정사각형의 3사분면, 2번 정사각형의 4사분면, 3번 정사각형의 4사분면이 회전하였다.

Answer 86.③ / 1.④

2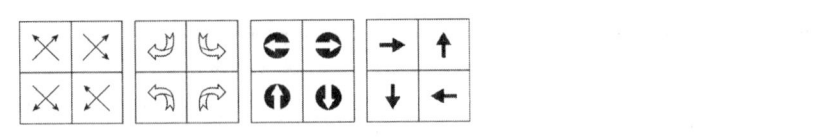

해설 ② 제시된 네 개의 정사각형을 왼쪽부터 1, 2, 3, 4라고 할 때, 2, 3, 4번 정사각형이 시계방향으로 90° 회전하여 결합하였다. 단, 3번 정사각형의 3, 4사분면이 둘 다 회전하였다.
① 1, 2번 정사각형이 반시계방향으로 90° 회전하여 결합하였으며, 2번 정사각형은 1사분면, 3번 정사각형은 3사분면, 4번 정사각형은 2사분면이 회전하였다.
③ 1번 정사각형은 180°, 4번 정사각형은 시계방향으로 90° 회전하여 결합하였으며, 2, 4번 정사각형의 2사분면이 회전하였다.
④ 1, 2, 3, 4번 정사각형 모두 시계방향으로 90° 회전하여 결합하였다.
⑤ 1, 2, 3, 4번 정사각형 모두 반시계방향으로 90° 회전하여 결합하였으며, 2번 정사각형의 1사분면, 3번 정사각형의 4사분면이 회전하였다.

3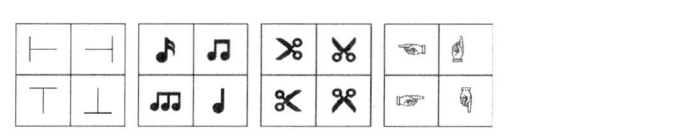

✅**해설** ③ 제시된 네 개의 정사각형을 왼쪽부터 1, 2, 3, 4라고 할 때, 1번 정사각형은 반시계방향으로 90°, 4번 정사각형은 시계방향으로 90° 회전하여 결합하였다. 단, 3번 정사각형의 2, 3사분면이 둘 다 회전하였다.
① 1, 2번 정사각형은 180°, 4번 정사각형은 시계방향으로 90° 회전하여 결합하였으며, 2번 정사각형의 2사분면, 3번 정사각형의 3사분면, 4번 정사각형의 4사분면이 회전하였다.
② 1번 정사각형은 반시계방향으로 90°, 2, 3번 정사각형은 180° 회전하여 결합하였으며, 4번 정사각형의 3사분면이 회전하였다.
④ 1, 2, 3, 4번 정사각형 모두 180° 회전하여 결합하였다.
⑤ 1, 2, 3, 4번 정사각형 모두 180° 회전하여 결합하였으며, 2번 정사각형의 3사분면, 3번 정사각형의 2사분면이 회전하였다.

Answer 2.② 3.③

4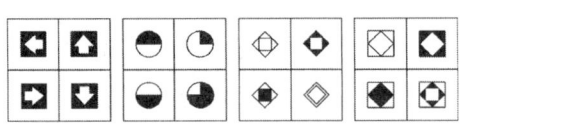

① ② ③ ④ ⑤

해설 ⑤ 제시된 네 개의 정사각형을 왼쪽부터 1, 2, 3, 4라고 할 때, 1, 2, 4번 정사각형은 시계방향으로 90°, 3번 정사각형은 반시계방향으로 90° 회전하여 결합하였다. 단, 1번 정사각형의 1, 4분면이 둘 다 회전하였다.
① 1, 2번 정사각형은 시계방향으로 90°, 3, 4번 정사각형은 반시계방향으로 90° 회전하여 결합하였으며, 1, 2번 정사각형의 1사분면이 회전하였다.
② 1, 2번 정사각형의 3사분면이 회전하였다.
③ 1, 2번 정사각형은 반시계방향으로 90°, 3, 4번 정사각형은 시계방향으로 90° 회전하여 결합하였으며, 2번 정사각형의 1사분면이 회전하였다.
④ 1, 4번 정사각형이 180° 회전하여 결합하였으며, 2번 정사각형의 3사분면이 회전하였다.

5

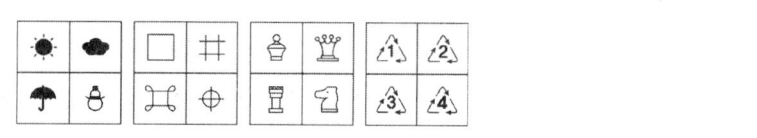

① ② ③ ④ ⑤

해설 ① 제시된 네 개의 정사각형을 왼쪽부터 1, 2, 3, 4라고 할 때, 2번 정사각형은 시계방향으로 90°, 3번 정사각형은 반시계방향으로 90° 회전하여 결합하였다. 단, 4번 정사각형의 1사분면과 3사분면의 모양이 바뀌었다.
② 1번 정사각형은 시계방향으로 90°, 2번 정사각형은 180° 회전하여 결합하였으며, 3번 정사각형의 2사분면, 4번 정사각형의 4사분면이 회전하였다.
③ 1, 2, 3, 4번 정사각형이 반시계방향으로 90° 회전하여 결합하였다.
④ 1번 정사각형의 1사분면, 3번 정사각형의 4사분면, 4번 정사각형의 3사분면이 회전하였다.
⑤ 1, 2, 3, 4번 정사각형이 180° 회전하여 결합하였다.

Answer 4.⑤ 5.①

6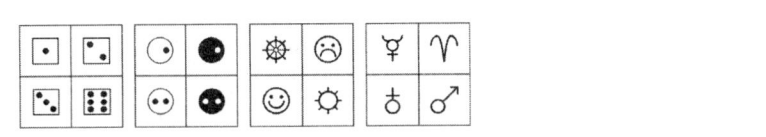

해설 ② 제시된 네 개의 정사각형을 왼쪽부터 1, 2, 3, 4라고 할 때, 1, 2, 3, 4번 정사각형 모두 반시계방향으로 90° 회전하여 결합하였다. 단, 2번 정사각형의 3사분면과 4사분면이 둘 다 회전하였다.
① 1번 정사각형의 4사분면, 2번 정사각형의 2사분면, 3번 정사각형의 3사분면, 4번 정사각형의 1사분면이 회전하였다.
③ 1번 정사각형은 반시계방향으로 90°, 4번 정사각형은 시계방향으로 90° 회전하여 결합하였으며, 2, 3번 정사각형의 1사분면이 회전하였다.
④ 2번 정사각형이 180° 회전하여 결합하였으며, 3번 정사각형의 3사분면이 회전하였다.
⑤ 회전 없이 모두 그대로 결합하였다.

7

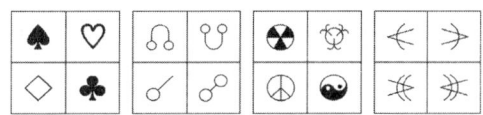

✅ 해설
① 제시된 네 개의 정사각형을 왼쪽부터 1, 2, 3, 4라고 할 때, 2번 정사각형의 2, 3사분면이 둘 다 회전하였다.
② 1번 정사각형이 180° 회전하여 결합하였으며, 1번 정사각형의 2사분면, 2번 정사각형의 4사분면, 3번 정사각형의 1사분면이 회전하였다.
③ 2번 정사각형은 시계방향으로 90°, 3번 정사각형은 반시계방향으로 90°, 4번 정사각형은 180° 회전하여 결합하였다.
④ 1, 2, 3번 정사각형의 4사분면이 회전하였다.
⑤ 3번 정사각형이 반시계방향으로 90° 회전하여 결합하였으며, 1번 정사각형의 1사분면, 2번 정사각형의 4사분면, 4번 정사각형의 4사분면이 회전하였다.

Answer 6.② 7.①

8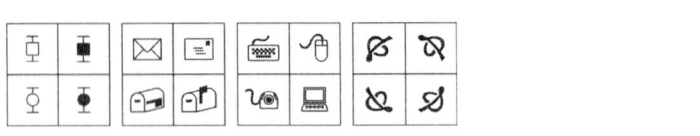

✅해설 ③ 제시된 네 개의 정사각형을 왼쪽부터 1, 2, 3, 4라고 할 때, 2, 3번 정사각형이 시계방향으로 90°회전하여 결합하였다. 단, 3번 정사각형의 3, 4사분면이 둘 다 회전하였다.
① 1, 2번 정사각형이 반시계방향으로 90°회전하여 결합하였으며, 2번 정사각형은 1사분면, 3번 정사각형은 3사분면, 4번 정사각형은 2사분면이 회전하였다.
② 1번 정사각형이 180°회전하여 결합하였으며, 2, 4번 정사각형의 2사분면이 회전하였다.
④ 1, 2, 3번 정사각형이 시계방향으로 90°회전하여 결합하였다.
⑤ 1, 2, 3번 정사각형이 반시계방향으로 90°회전하여 결합하였으며, 2번 정사각형의 1사분면, 3번 정사각형의 4사분면이 회전하였다.

9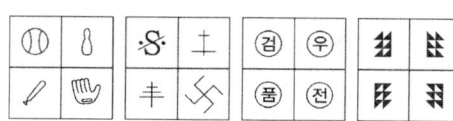

해설 ④ 제시된 네 개의 정사각형을 왼쪽부터 1, 2, 3, 4라고 할 때, 1번 정사각형은 반시계방향으로 90°, 4번 정사각형은 시계방향으로 90° 회전하여 결합하였다. 단, 3번 정사각형의 2, 3사분면이 둘 다 회전하였다.

① 1, 2번 정사각형은 180°, 4번 정사각형은 시계방향으로 90° 회전하여 결합하였으며, 3번 정사각형의 3사분면, 4번 정사각형의 4사분면이 회전하였다.

② 1, 2, 3, 4번 정사각형 모두 180° 회전하여 결합하였다.

③ 1번 정사각형은 반시계방향으로 90°, 2, 3번 정사각형은 180° 회전하여 결합하였으며, 4번 정사각형의 3사분면이 회전하였다.

⑤ 1, 2, 3, 4번 정사각형 모두 180° 회전하여 결합하였으며, 2번 정사각형의 3사분면, 3번 정사각형의 2사분면이 회전하였다.

Answer 8.③ 9.④

10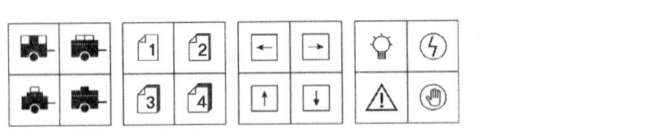

✔ 해설 ⑤ 제시된 네 개의 정사각형을 왼쪽부터 1, 2, 3, 4라고 할 때, 2번 정사각형은 시계방향으로 90°, 3번 정사각형은 반시계방향으로 90° 회전하여 결합하였다. 단, 4번 정사각형의 1사분면과 3사분면의 모양이 바뀌었다.
① 1, 2, 3, 4번 정사각형이 180° 회전하여 결합하였다.
② 1, 2, 3, 4번 정사각형이 반시계방향으로 90° 회전하여 결합하였다.
③ 1번 정사각형은 시계방향으로 90°, 2번 정사각형은 180° 회전하여 결합하였으며, 3번 정사각형의 2사분면, 4번 정사각형의 4사분면이 회전하였다.
④ 1번 정사각형의 1사분면, 2번 정사각형의 2사분면, 3번 정사각형의 3사분면, 4번 정사각형의 4사분면이 회전하였다.

|11~20| 다음 제시된 큐브를 그림에서 지시하는 방향에 따라 순서대로 회전한 후 색칠된 면의 단면으로 알맞은 것을 고르시오. (단, 보이지 않는 면은 무늬가 없다)

11

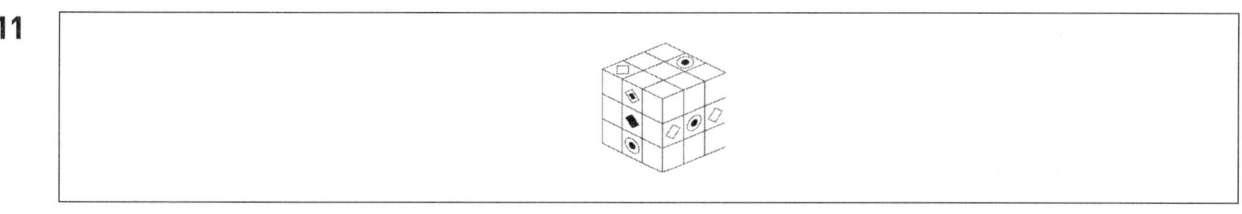

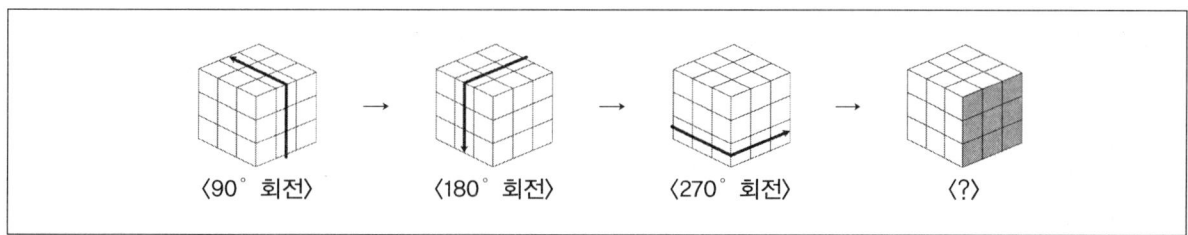

①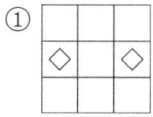

②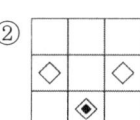

③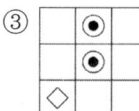

④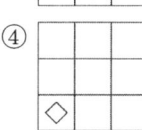

⑤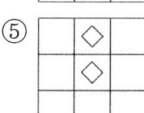

✔해설 첫 번째 회전 후 모양은
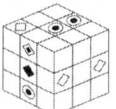

두 번째 회전 후 모양은
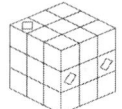

세 번째 회전 후 모양은
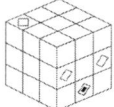

이므로 색칠된 면의 단면은 ②이다.

Answer 10.⑤ 11.②

12

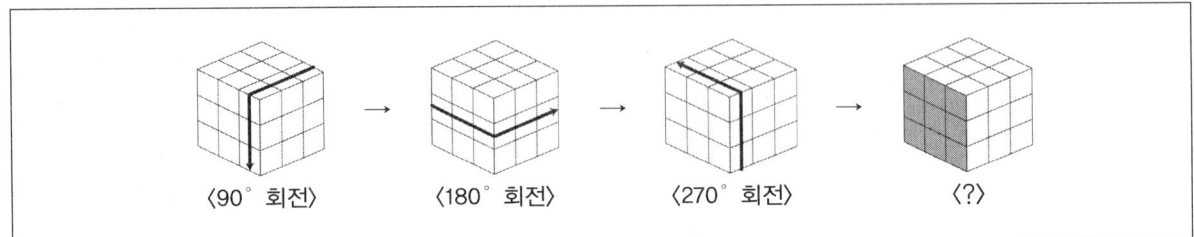

① 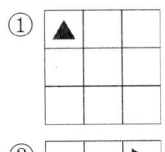   ②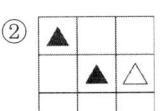

③ 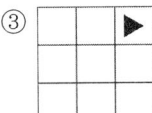   ④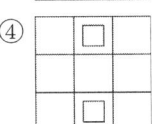

⑤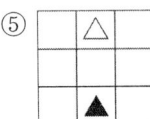

✔ **해설** 첫 번째 회전 후 모양은

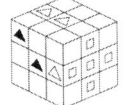

두 번째 회전 후 모양은

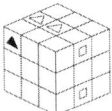

세 번째 회전 후 모양은

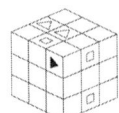

이므로 색칠된 면의 단면은 ③이다.

13

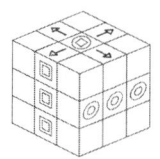

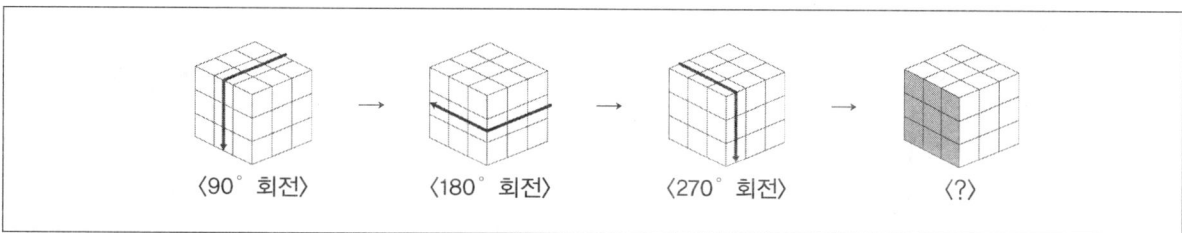

①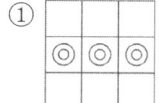

③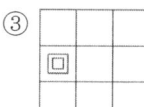

⑤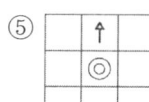

②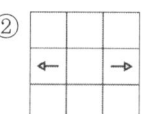

④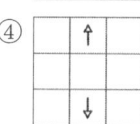

✅ **해설** 첫 번째 회전 후 모양은

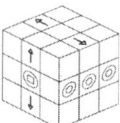

두 번째 회전 후 모양은

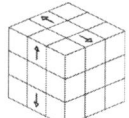

세 번째 회전 후 모양은

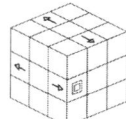

이므로 색칠된 면의 단면은 ②이다.

Answer 12.③ 13.②

14

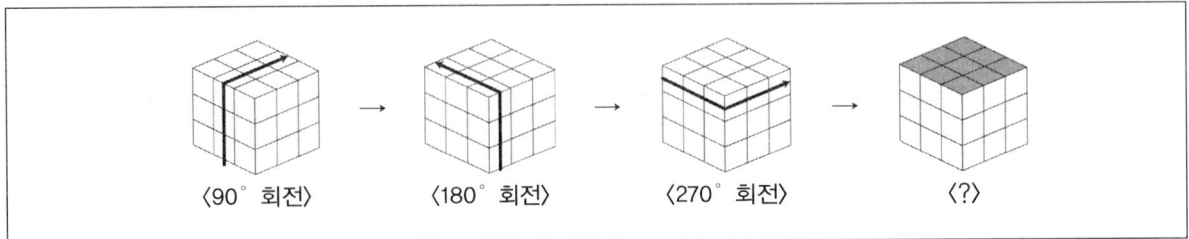

①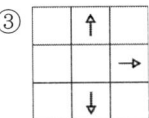

③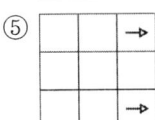

②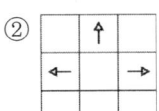

④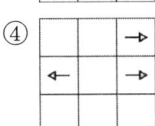

⑤ (image)

해설 첫 번째 회전 후 모양은
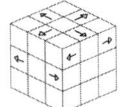

두 번째 회전 후 모양은
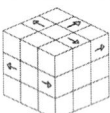

세 번째 회전 후 모양은
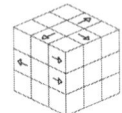

이므로 색칠된 면의 단면은 ③이다.

15

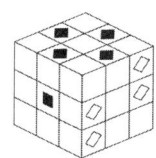

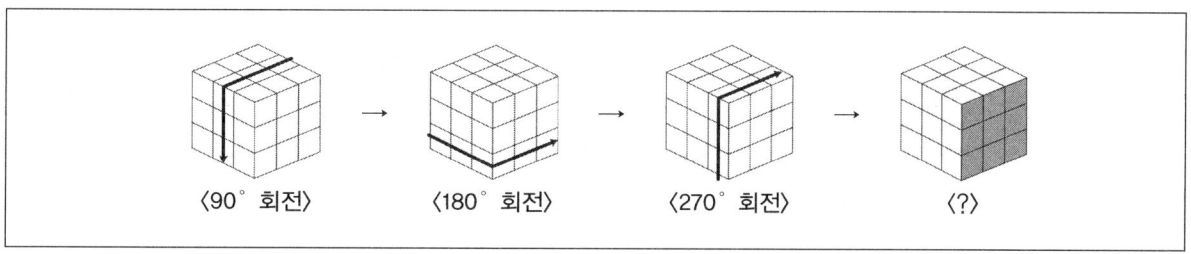

①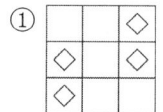

③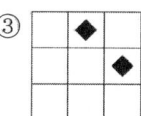

⑤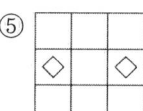

②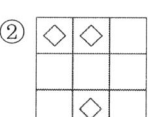

④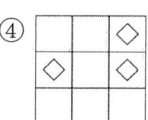

✔해설 첫 번째 회전 후 모양은

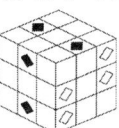

두 번째 회전 후 모양은

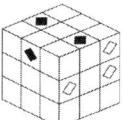

세 번째 회전 후 모양은

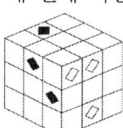

이므로 색칠된 면의 단면은 ②이다.

Answer 14.③ 15.②

16

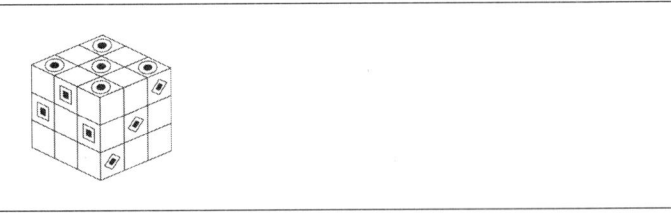

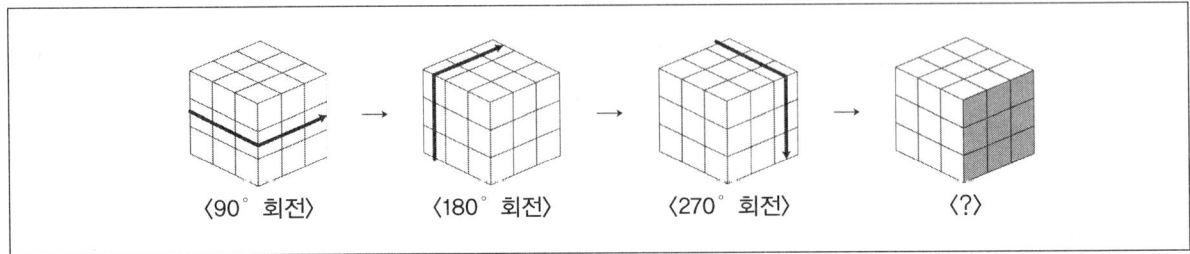

①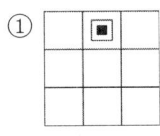
②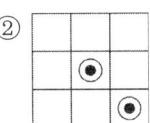
③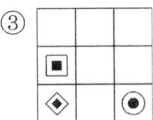
④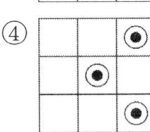
⑤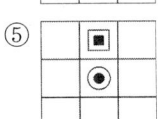

해설 첫 번째 회전 후 모양은
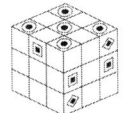

두 번째 회전 후 모양은
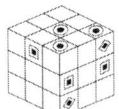

세 번째 회전 후 모양은
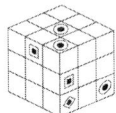

이므로 색칠된 면의 단면은 ③이다.

17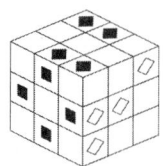

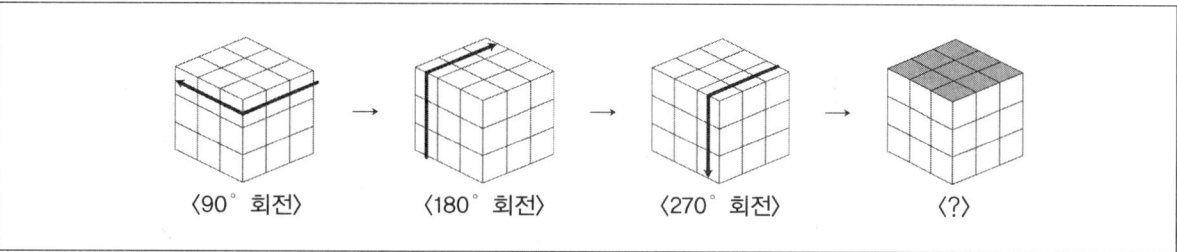

①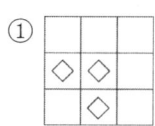

②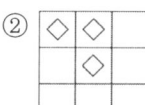

③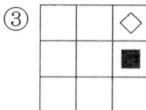

④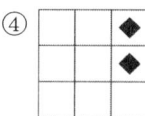

⑤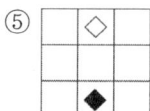

✔해설 첫 번째 회전 후 모양은
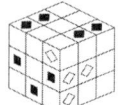

두 번째 회전 후 모양은
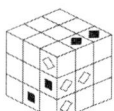

세 번째 회전 후 모양은
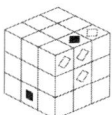

이므로 색칠된 면의 단면은 ③이다.

18

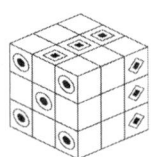

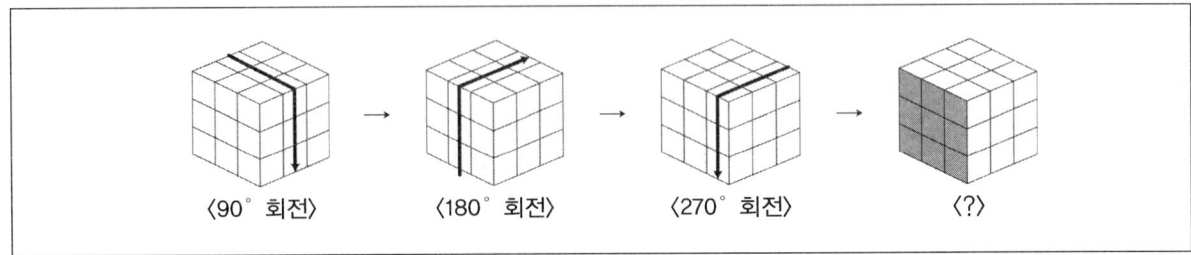

①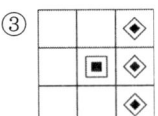
③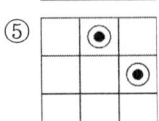
⑤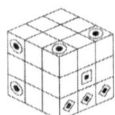

②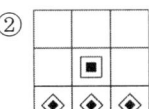
④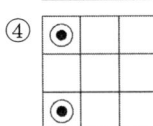

해설 첫 번째 회전 후 모양은

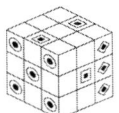

두 번째 회전 후 모양은

세 번째 회전 후 모양은

이므로 색칠된 면의 단면은 ④이다.

19

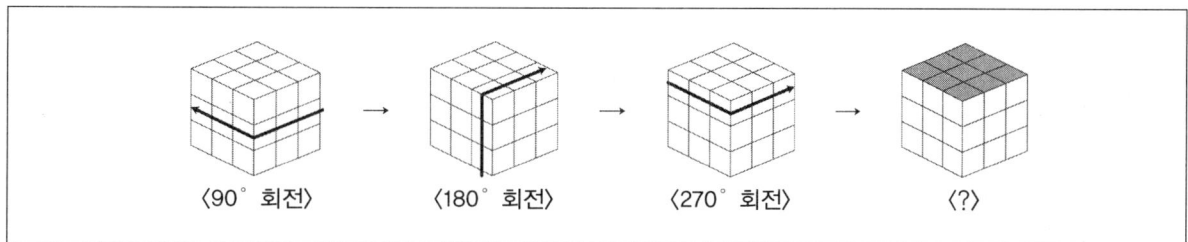

① 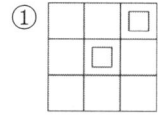   ②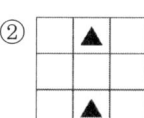

③ 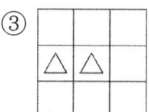   ④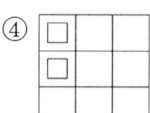

⑤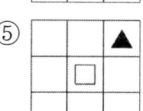

✔ 해설 첫 번째 회전 후 모양은
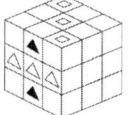

두 번째 회전 후 모양은
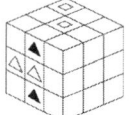

세 번째 회전 후 모양은
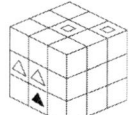

이므로 색칠된 면의 단면은 ①이다.

Answer 18.④ 19.①

20

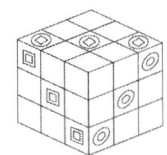

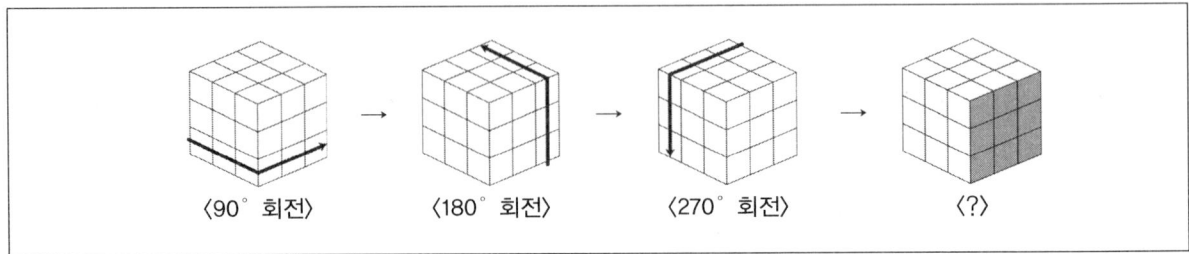

⟨90° 회전⟩ → ⟨180° 회전⟩ → ⟨270° 회전⟩ → ⟨?⟩

①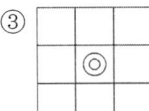

②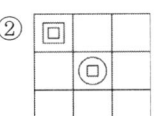

③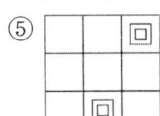

④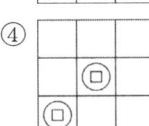

⑤

해설 첫 번째 회전 후 모양은

두 번째 회전 후 모양은

세 번째 회전 후 모양은

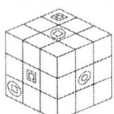

이므로 색칠된 면의 단면은 ③이다.

【21~22】 2개의 회전판이 서로 포개어 겹쳐져 붙어 있다. 정해진 문자에 해당하는 조각의 그림 모양을 고르시오. (단, 회전판과 함께 문자도 함께 돌아간다)

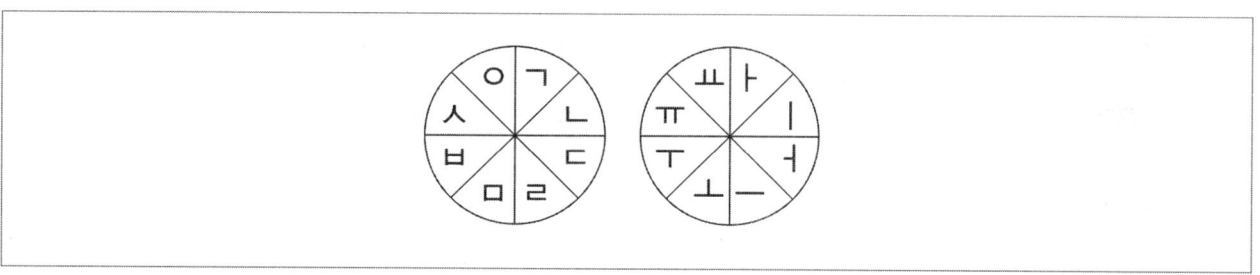

21 왼쪽 회전판은 시계 방향으로 135°, 오른쪽 회전판은 반시계 방향으로 225° 회전시켰을 때 왼쪽 회전판의 원래 ㄷ의 위치에 해당하는 모양은?

① ※
② ⊞
③ ⬭
④ ⚹
⑤ ⊥

✔ 해설

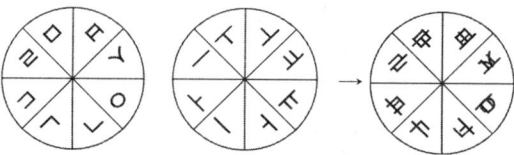

Answer 20.③ 21.③

22 왼쪽 회전판은 반시계 방향으로 90°, 오른쪽 회전판은 시계 방향으로 90° 회전시켰을 때 오른쪽 회전판 본래의 ㅜ의 위치에 해당하는 모양은?

① ㅏ   ② ㅂ
③ ㅠ   ④ ɸ
⑤ ㅙ

|23~24| 2개의 회전판이 서로 포개어 겹쳐져 붙어 있다. 정해진 도형 및 문자에 해당하는 조각의 그림 모양을 고르시오. (단, 회전판과 함께 도형 및 문자도 함께 돌아간다)

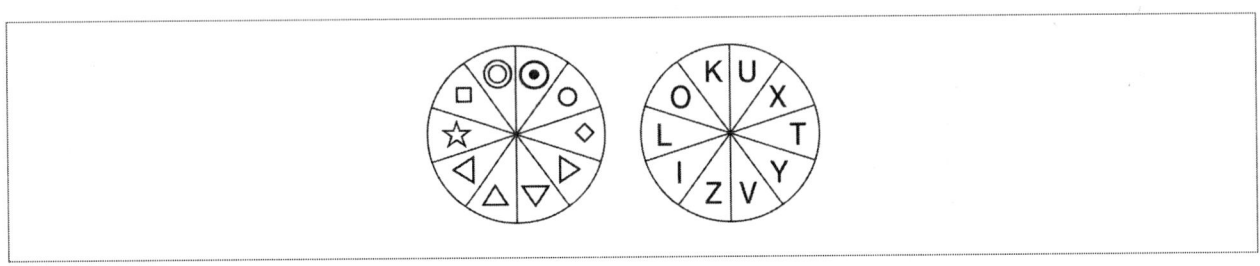

23 왼쪽 회전판은 반시계 방향으로 108°, 오른쪽 회전판은 시계 방향으로 252° 회전시켰을 때 왼쪽 회전판의 ◎의 위치에 해당하는 모양은?

①   ②
③ ☆   ④
⑤

✔해설

24 왼쪽 회전판은 시계 방향으로 144°, 오른쪽 회전판은 반시계 방향으로 288° 회전시켰을 때 오른쪽 회전판의 T의 위치에 해당하는 모양은?

① ★
② ◁
③
④ ◁
⑤ ⊖

✔해설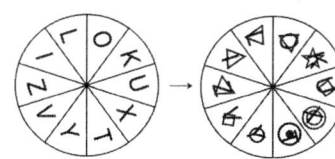

Answer 22.④ 23.② 24.③

|25~26| 2개의 회전판이 서로 포개어 겹쳐져 붙어 있다. 정해진 도형 및 문자에 해당하는 조각의 그림 모양을 고르시오. (단, 회전판과 함께 도형 및 문자도 함께 돌아간다)

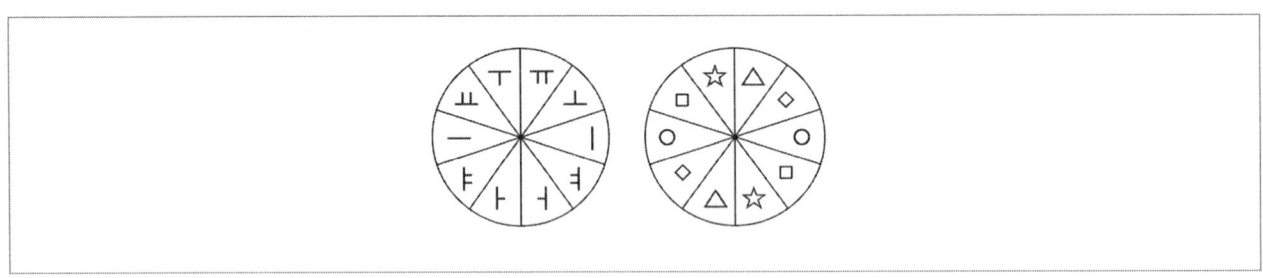

25 왼쪽 회전판은 시계 방향으로 72°, 오른쪽 회전판은 반시계 방향으로 216° 회전시켰을 때 왼쪽 회전판 본래의 ㅡ 자리의 모양은?

①    ②

③   ④

⑤

✔ 해설

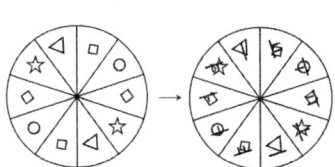

26 왼쪽 회전판은 반시계 방향으로 324°, 오른쪽 회전판은 시계 방향으로 36° 회전시켰을 때 왼쪽 회전판 ㅏ 자리에 해당하는 모양은?

①
②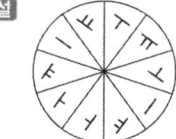
③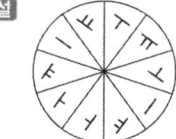
④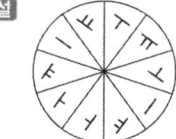
⑤

✔ 해설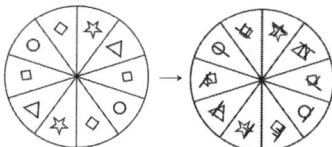

Answer 25.① 26.④

| 27~28 | 2개의 회전판이 서로 포개어 겹쳐져 붙어 있다. 정해진 숫자 및 문자에 해당하는 조각의 그림 모양을 고르시오. (단, 회전판과 함께 숫자 및 문자도 함께 돌아간다)

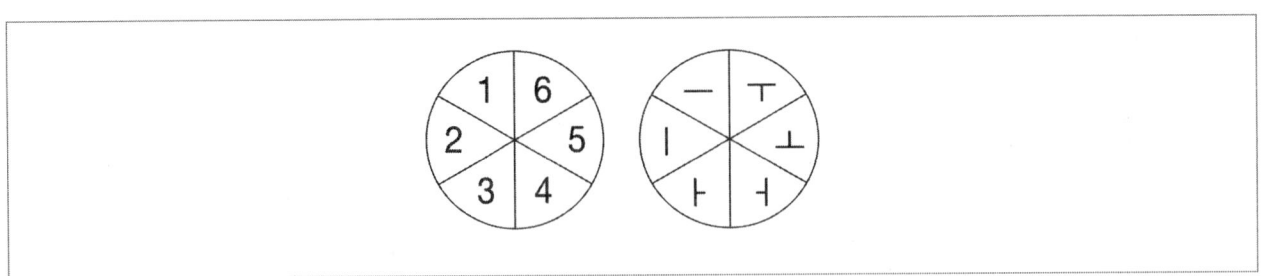

27 왼쪽 회전판을 반시계 방향으로 240°, 오른쪽 회전판을 시계 방향으로 60° 회전시켰을 때 원래 왼쪽 회전판의 5의 위치에 해당하는 모양은?

①    ② ㅊ

③ ⑬   ④ ㄹ

⑤ ㅈ

✔ 해설
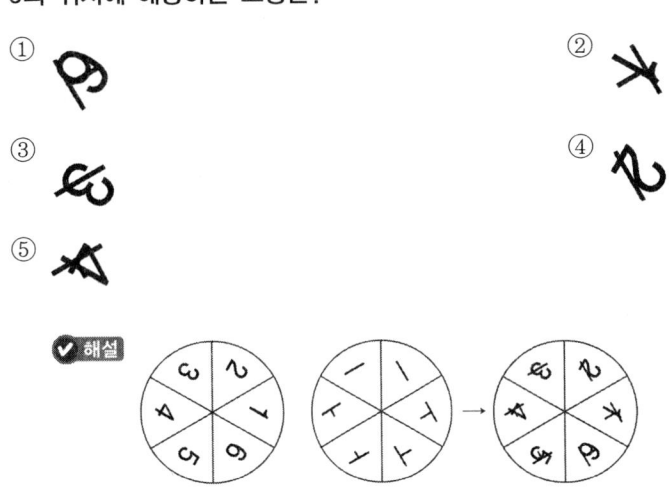

28 왼쪽 회전판은 시계 방향으로 180°, 오른쪽 회전판은 반시계 방향으로 300° 회전시켰을 때 오른쪽 회전판의 ㅏ의 위치에 해당하는 모양은?

①   ② ㅈ

③ 9   ④ 3

⑤ 8

✔ 해설

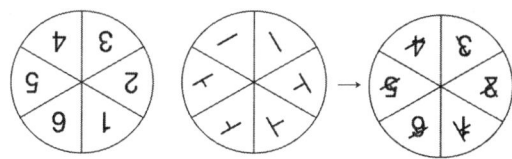

|29~30| 2개의 회전판이 서로 포개어 겹쳐져 붙어 있다. 정해진 숫자에 해당하는 조각의 그림 모양을 고르시오. (단, 회전판과 함께 숫자도 돌아간다)

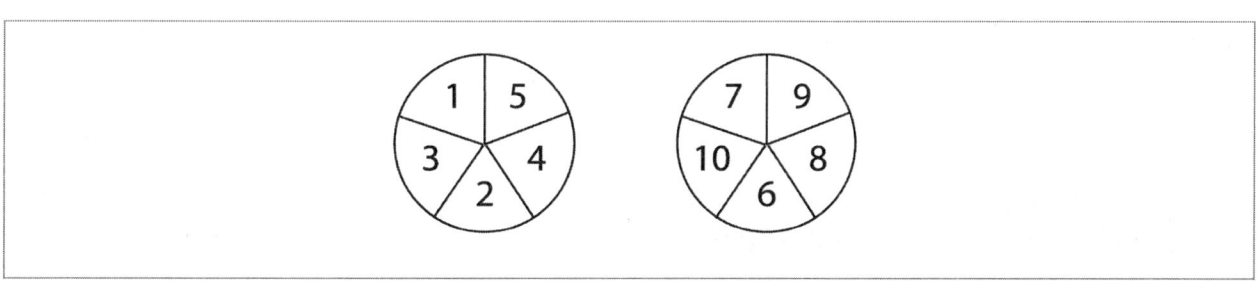

29 왼쪽 회전판은 반시계 방향으로 144°, 오른쪽 회전판은 시계 방향으로 288° 회전시켰을 때 원래 왼쪽 회전판의 1의 위치에 해당하는 모양은?

① 　　　②

③　　　④

⑤

✓해설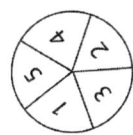

Answer 27.② 28.③ 29.①

30 왼쪽 회전판은 시계 방향으로 216°, 오른쪽 회전판은 반시계 방향으로 72° 회전시켰을 때 원래 오른쪽 회전판의 6의 위치에 해당하는 모양은?

① 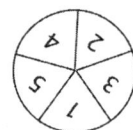   ②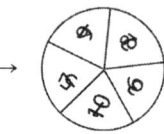

③   ④

⑤

✔해설
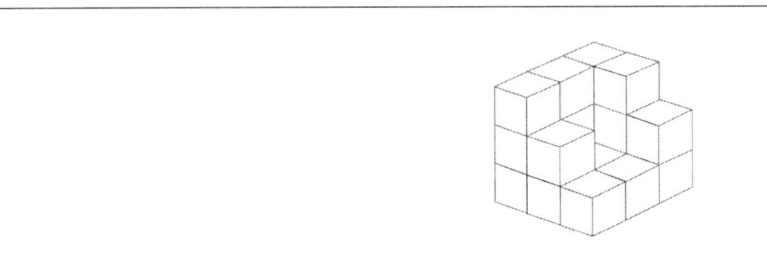

31 다음 그림은 여러 개의 정육면체 블록을 바닥에 쌓아 놓은 것이다. 비어 있는 부분을 채워서 하나의 정육면체로 만들려고 하면 모두 몇 개의 블록이 필요한가?

① 8개   ② 9개
③ 10개 ④ 11개
⑤ 12개

✔해설 제시된 블록의 개수는 19개이고, 빈 공간을 채울 경우 정육면체의 블록의 개수는 3 × 3 × 3 = 27개이므로 27 − 19 = 8개의 블록이 필요하다.

| 32~34 | 다음 제시된 블록의 개수를 구하시오.

※ 별도의 해설은 제공하지 않습니다.

32

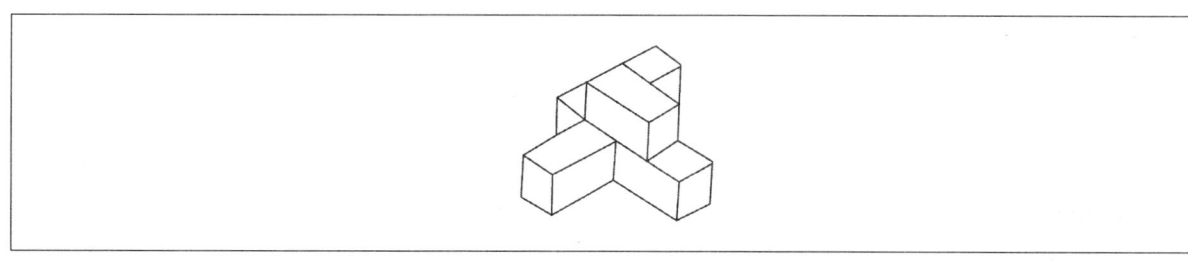

① 4개　　　　　　　　　② 5개
③ 6개　　　　　　　　　④ 7개
⑤ 8개

33

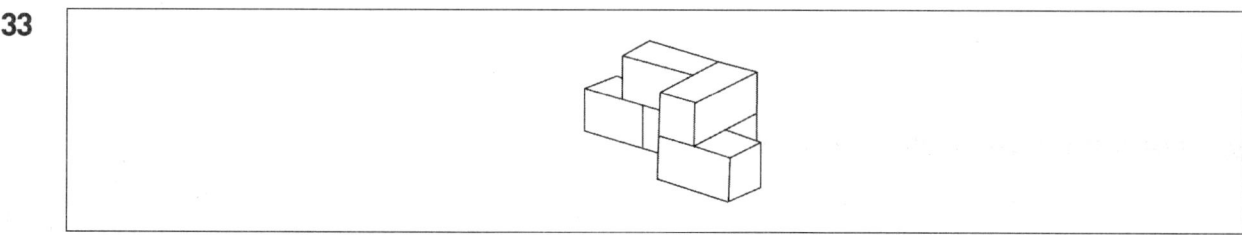

① 5개　　　　　　　　　② 6개
③ 7개　　　　　　　　　④ 8개
⑤ 9개

34

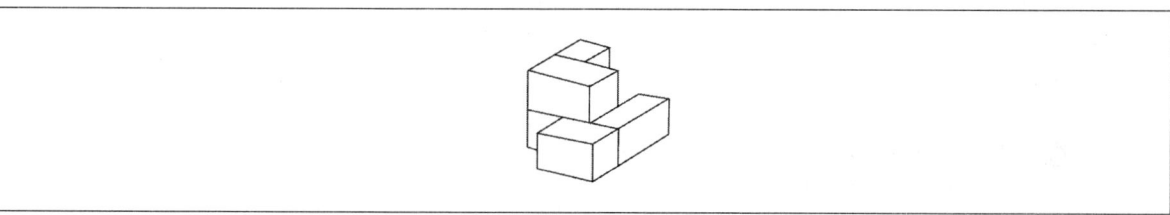

① 5개　　　　　　　　　② 6개
③ 7개　　　　　　　　　④ 8개
⑤ 9개

Answer　30.②　31.①　32.②　33.①　34.①

35 다음 도형에서 찾을 수 있는 삼각형의 최대 개수는?

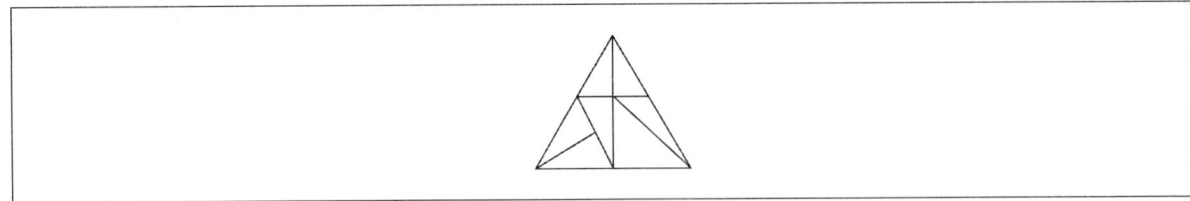

① 10개 ② 12개
③ 13개 ④ 14개
⑤ 15개

✔ 해설 ①~⑦ 삼각형 7개와
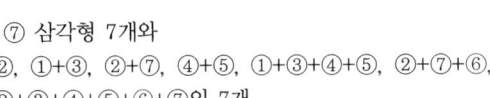 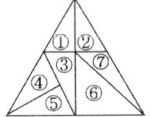
∴ 14(개)

36 다음 도형에서 찾을 수 있는 최대 삼각형의 수는?

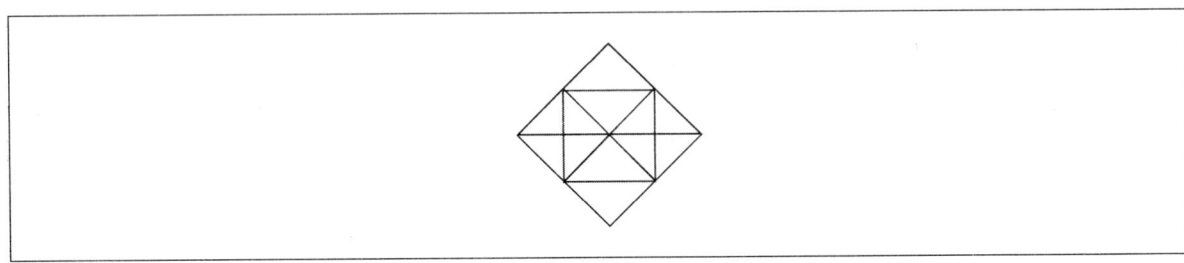

① 24개 ② 26개
③ 28개 ④ 30개
⑤ 32개

✔ 해설 ①~⑫ 삼각형 12개
③+④, ⑤+⑥, ⑦+⑧, ⑩+⑪, ③+⑦, ④+⑧, ⑤+⑩,
⑥+⑪, ②+④+⑧, ⑤+⑩+⑨, ②+⑤+⑩, ④+⑧+⑨
①+②+③+④+⑤+⑥, ⑦+⑧+⑨+⑩+⑪+⑫의 14개

∴ 12+14=26(개)

37 다음 도형에서 찾을 수 있는 최대 사각형의 수는? (단, 정·직사각형만 고려한다)

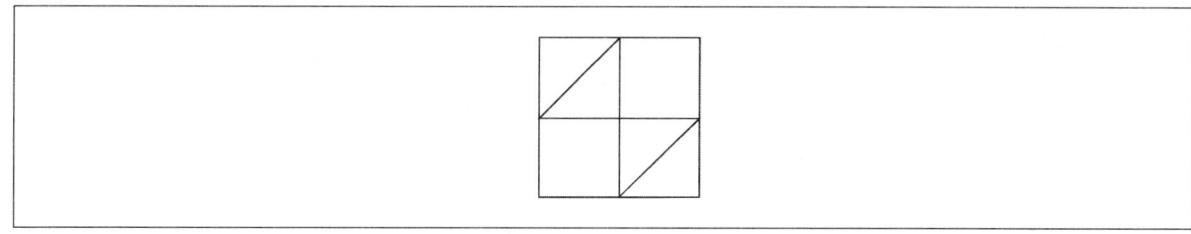

① 7개
② 8개
③ 9개
④ 10개
⑤ 11개

✓ 해설　㉠ 정사각형의 수 : ①, ②, ③, ④, ①+②+③+④의 5개
　　　　㉡ 직사각형의 수 : ①+②, ①+③, ②+④, ③+④의 4개
　　　　　∴ 5+4=9개

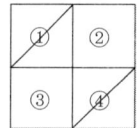

|38~41| 제시된 도형을 화살표 방향으로 접은 후 구멍을 뚫은 다음 다시 펼쳤을 때의 그림을 고르시오.

※ 별도의 해설은 제공하지 않습니다.

38

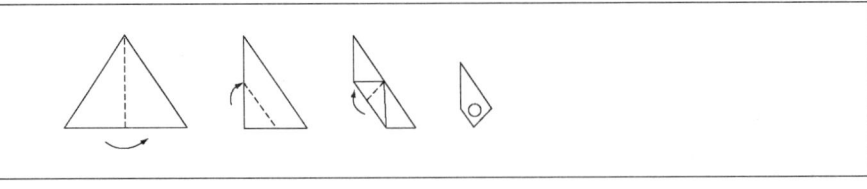

39

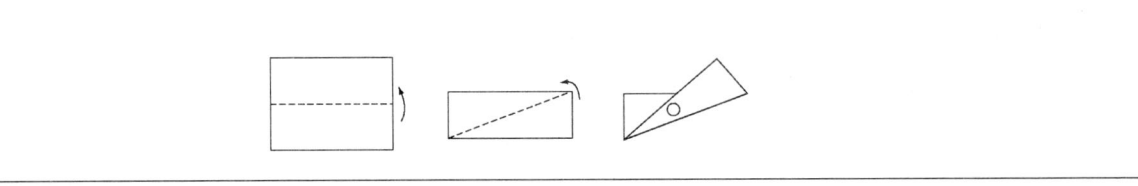

40

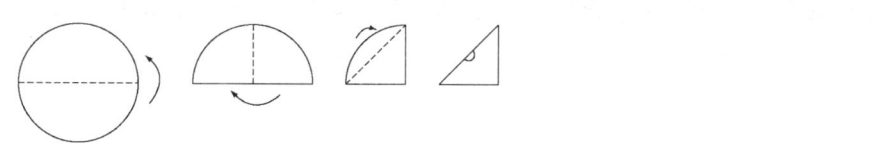

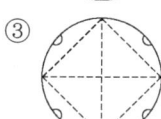

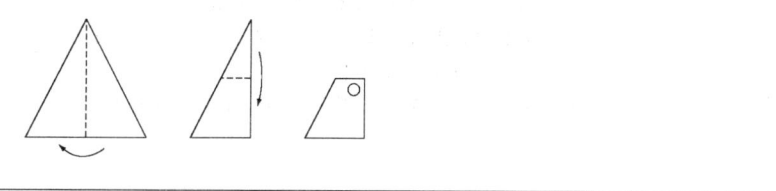

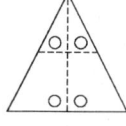

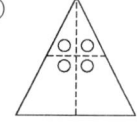

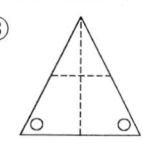

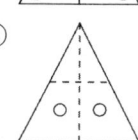

Answer 38.① 39.③ 40.① 41.②

| 42~46 | 다음 제시된 그림을 회전시켰을 경우 그림과 다른 것을 고르시오.

42

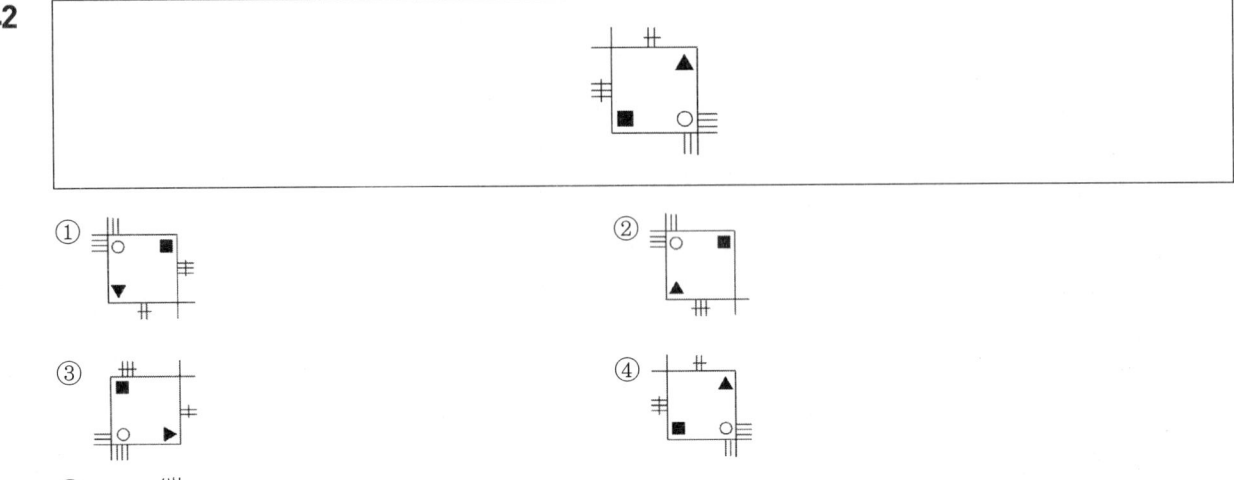

✔해설 ② 그림을 보기와 같은 위치로 돌려보면 오른쪽과 같은 모양이 된다. 삼각형의 모양과 위, 왼쪽의 선의 모양이 다른 것을 알 수 있다.
① 보기의 그림을 180° 회전시킨 모양이다.
③ 보기의 그림을 오른쪽으로 90° 회전시킨 모양이다.
④ 보기의 그림과 일치한다.
⑤ 보기의 그림을 왼쪽으로 90° 회전시킨 모양이다.

43

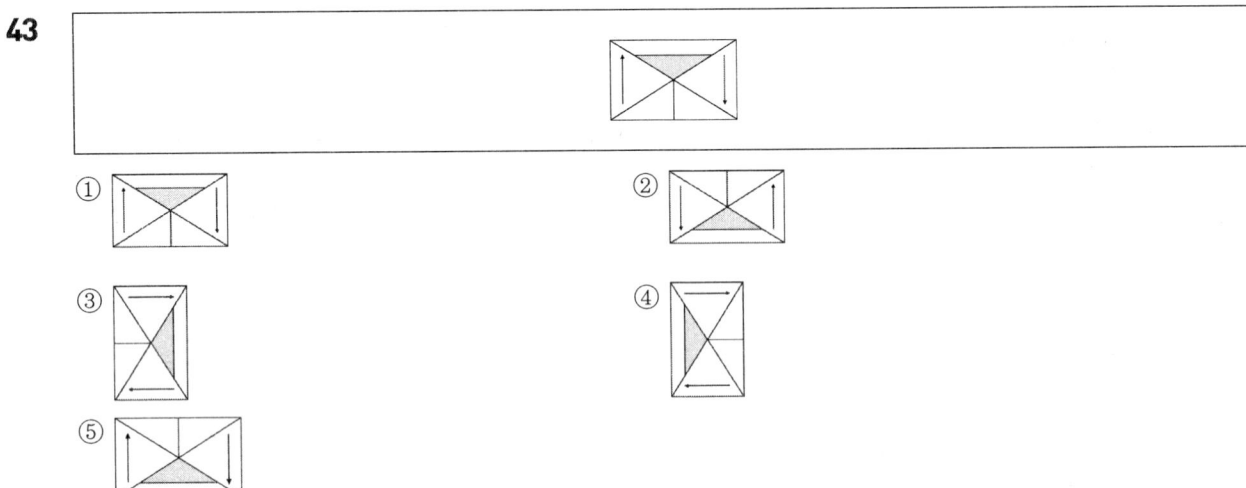

✔해설 ② 그림을 보기와 같은 위치로 돌려보면 오른쪽과 같은 모양이 된다. 화살표의 방향이 서로 바뀌었다는 것을 알 수 있다.

① 보기의 그림과 일치한다.
③ 보기의 그림을 오른쪽으로 90° 회전시킨 모양이다.
④ 보기의 그림을 왼쪽으로 90° 회전시킨 모양이다.
⑤ 보기의 그림을 180° 회전시킨 모양이다.

44

① 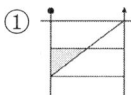   ②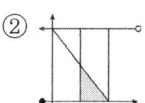

③ 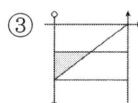   ④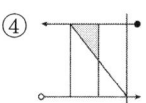

⑤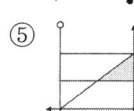

해설 ③ 그림을 보기와 같은 위치로 돌려보면 오른쪽과 같은 모양이 된다. 왼쪽 화살표의 위치와 색이 들어간 삼각형의 위치가 다른 것을 알 수 있다.
① 보기의 그림을 왼쪽으로 90° 회전시킨 모양이다.
② 보기의 그림을 180° 회전시킨 모양이다.
④ 보기의 그림과 일치한다.
⑤ 보기의 그림을 오른쪽으로 90° 회전시킨 모양이다.

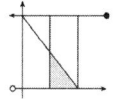

Answer 42.② 43.② 44.③

45

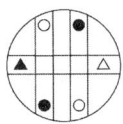

① 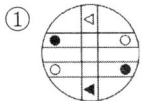   ②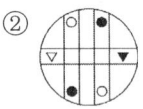

③ 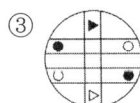   ④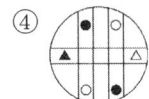

⑤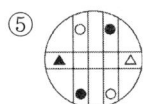

✔ 해설   ④ 동그라미의 색칠된 부분의 색이 다르다.
① 보기의 그림을 왼쪽으로 90° 회전시킨 모양이다.
② 보기의 그림을 180° 회전시킨 모양이다.
③ 보기의 그림을 오른쪽으로 90° 회전시킨 모양이다.
⑤ 보기의 그림과 일치한다.

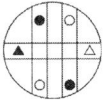

46

✔해설 ③ 그림을 보기와 같은 위치로 돌려보면 오른쪽과 같은 모양이 된다. 왼쪽 아래 네모의 색이 다른 위치에 들어가 있는 것을 알 수 있다.
① 보기의 그림을 오른쪽으로 90° 회전시킨 모양이다.
② 보기의 그림을 180° 회전시킨 모양이다.
④ 보기의 그림을 왼쪽으로 90° 회전시킨 모양이다.
⑤ 보기의 그림과 일치한다.

Answer 45.④ 46.③

|47~48| 아래에 제시된 그림과 같이 쌓기 위해 필요한 블록의 수를 고르시오.

※ 블록은 모양과 크기 모두 동일한 정육면체이다.

47

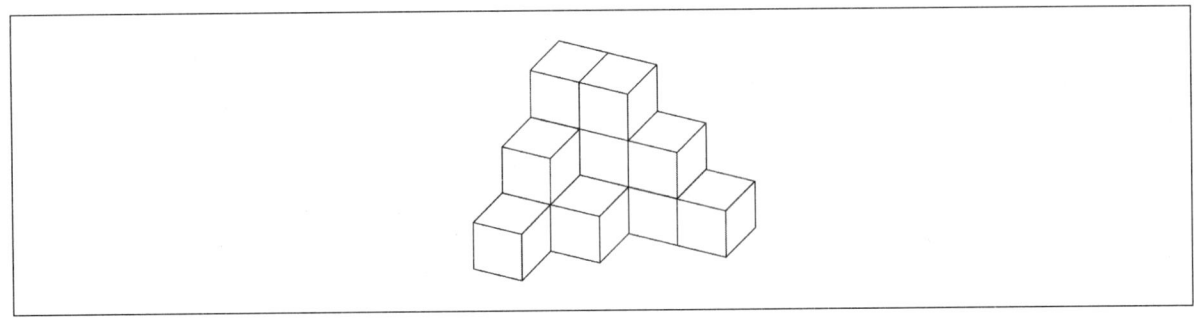

① 10　　　　　　　　　　　② 11
③ 12　　　　　　　　　　　④ 13
⑤ 14

✔해설　제시된 그림과 같이 쌓기 위한 블록의 개수는 13개이다.

48

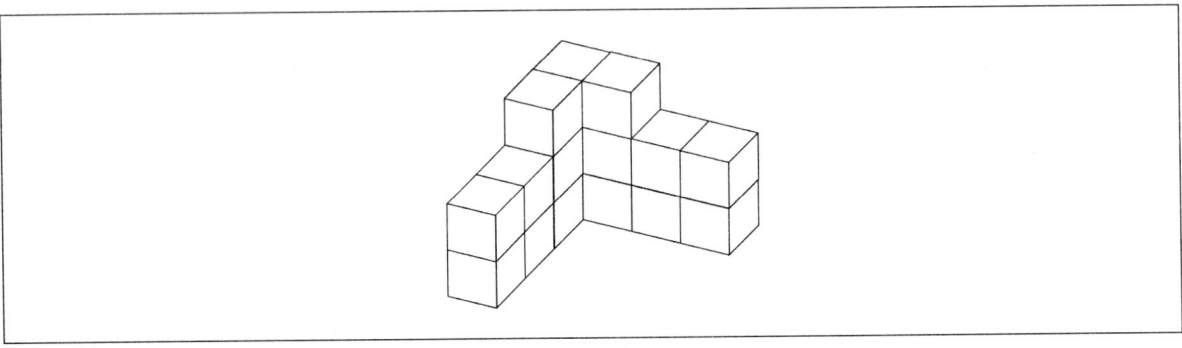

① 16　　　　　　　　　　　② 17
③ 18　　　　　　　　　　　④ 19
⑤ 20

✔해설　제시된 그림과 같이 쌓기 위한 블록의 개수는 17개이다.

【49~51】 아래에 제시된 블록들을 화살표 표시한 방향에서 바라봤을 때의 모양으로 알맞은 것을 고르시오.

※ 블록은 모양과 크기 모두 동일한 정육면체이다.
※ 바라보는 시선의 방향은 블록의 면과 수직을 이루며 원근에 의해 블록이 작게 보이는 효과는 고려하지 않는다.

49
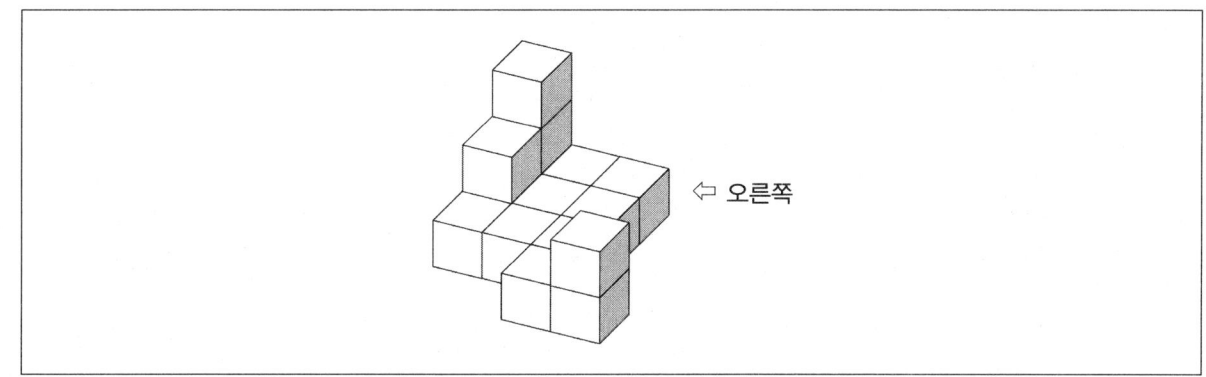

①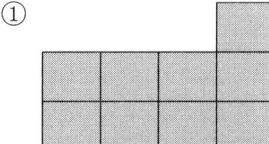

②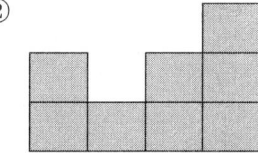

③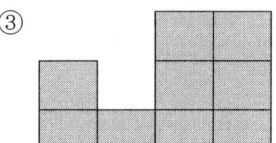

④

⑤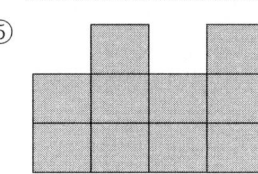

✔해설 제시된 블록을 화살표 표시한 방향에서 바라보면 ②가 나타난다.

Answer   47.④ 48.② 49.②

50

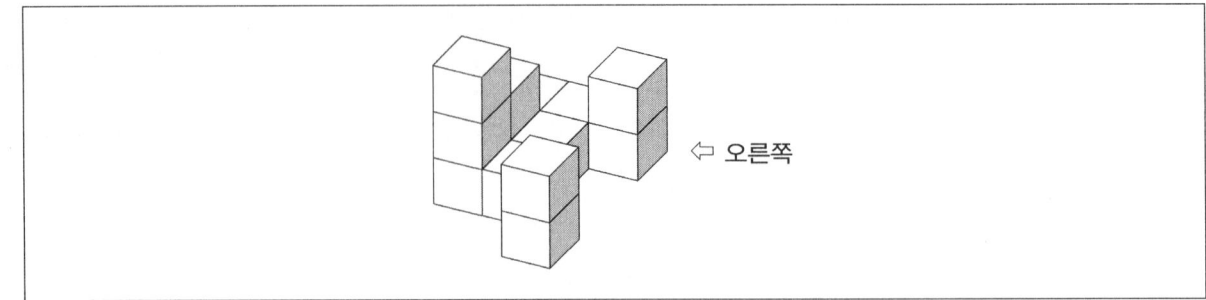 ⇐ 오른쪽

①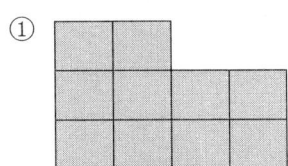

②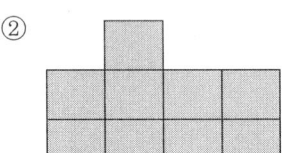

③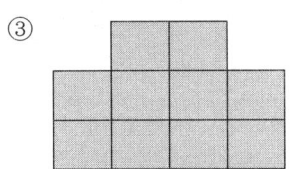

④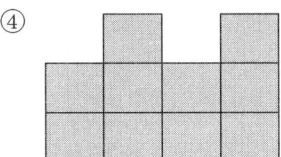

⑤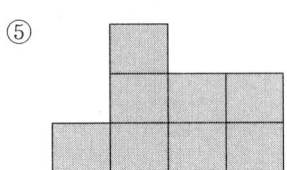

✔ 해설 제시된 블록을 화살표 표시한 방향에서 바라보면 ②가 나타난다.

51

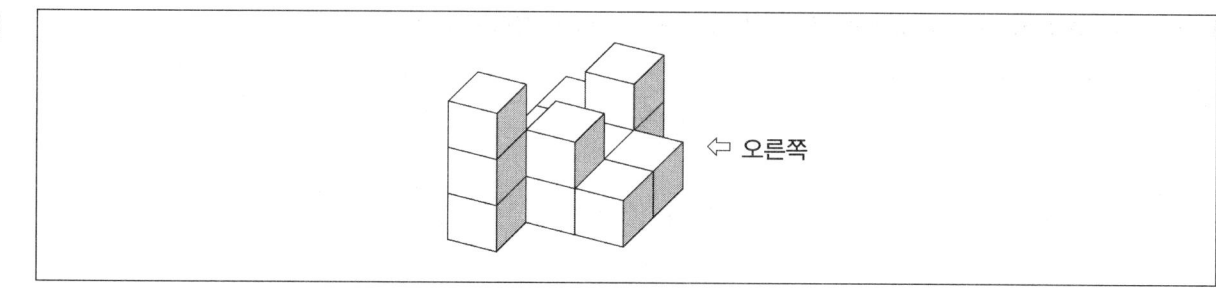 ⇐ 오른쪽

①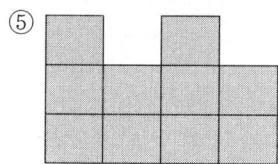

②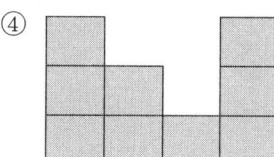

③

④

⑤

✔해설 제시된 블록을 화살표 표시한 방향에서 바라보면 ①이 나타난다.

┃52~57┃ 다음 제시된 두 도형을 결합했을 때 만들 수 없는 형태를 고르시오.

52

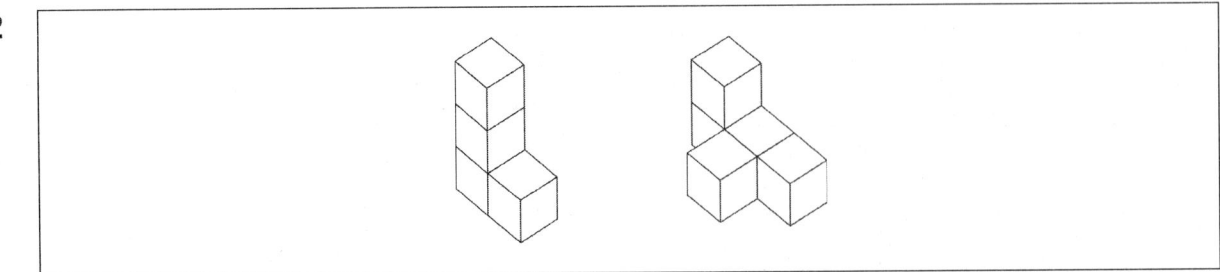

①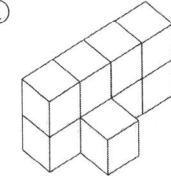

②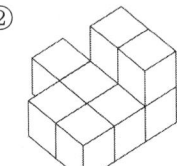

③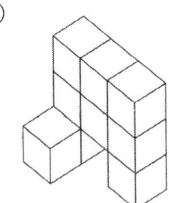

④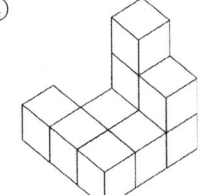

⑤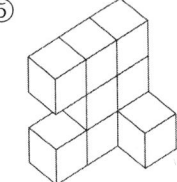

✔해설 ④

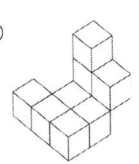

53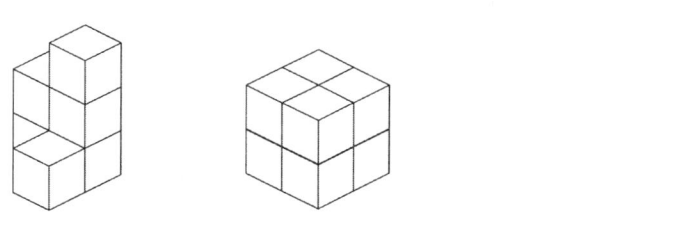

① 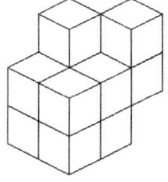   ②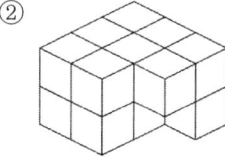

③ 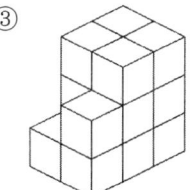   ④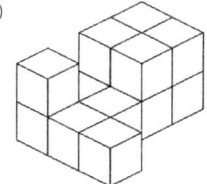

⑤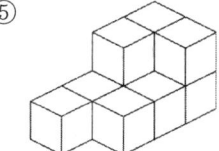

✔ 해설 ⑤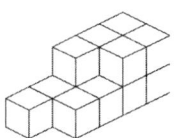

Answer 52.④ 53.⑤

54

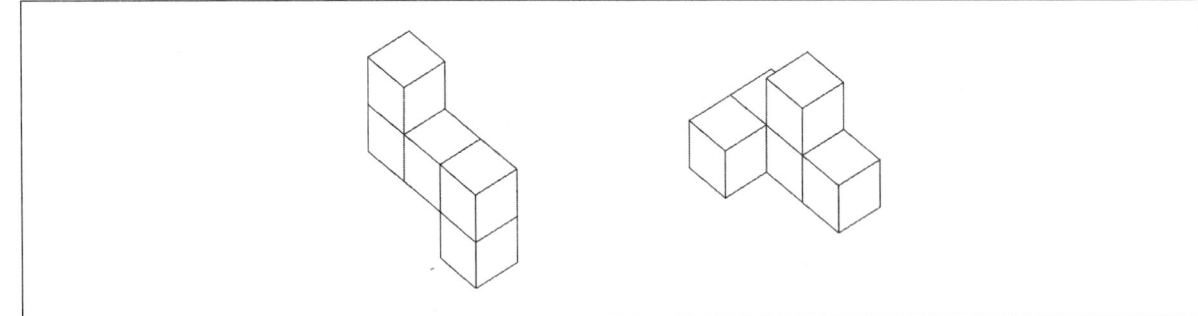

①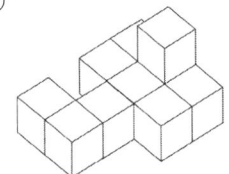

②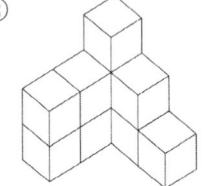

③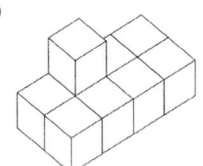

④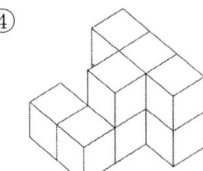

⑤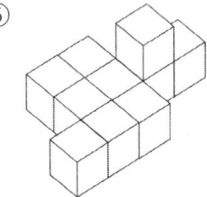

✅해설 ③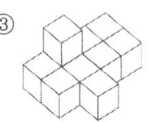

55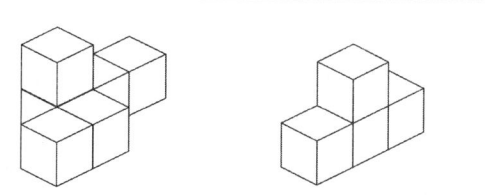

① 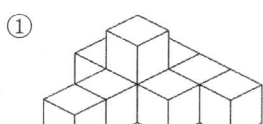   ②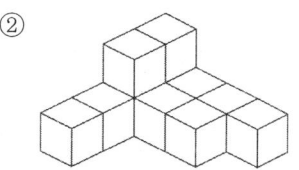

③ 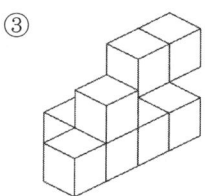   ④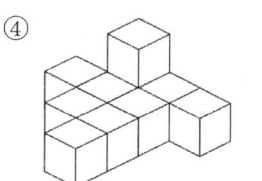

⑤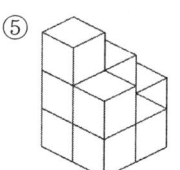

✔해설 ⑤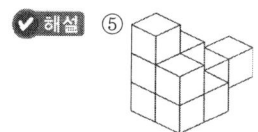

Answer 54.③ 55.⑤

56

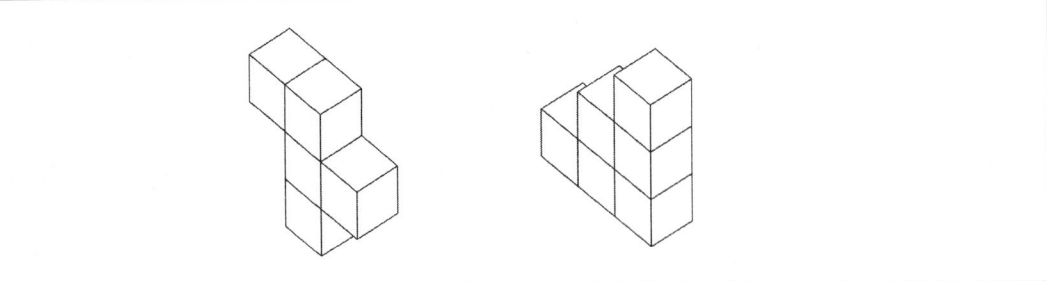

①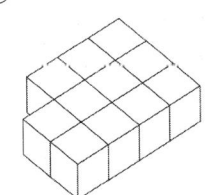

②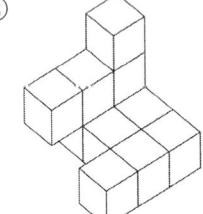

③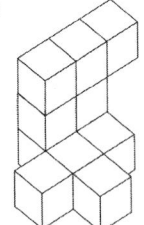

④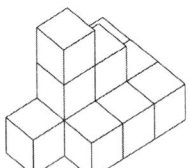

⑤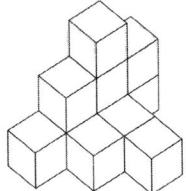

✔ 해설 ①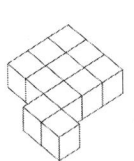

57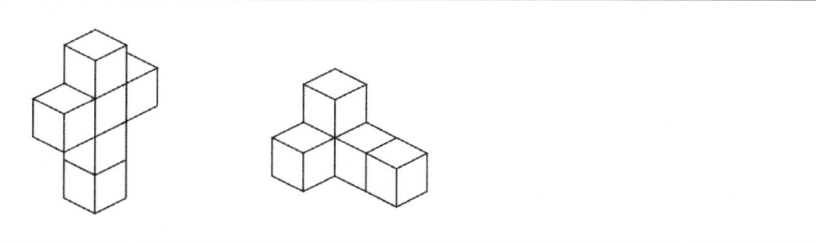

①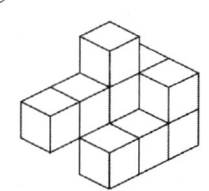

②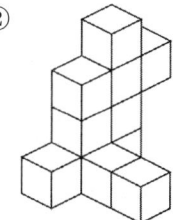

③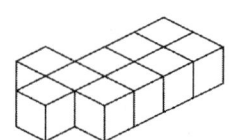

④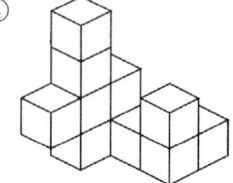

⑤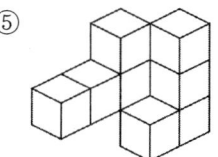

✔해설 ③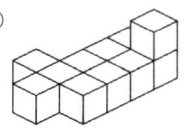

Answer 56.① 57.③

58 아래는 크기와 모양이 같은 직육면체 블록을 쌓아놓은 것이다. 블록의 개수는?

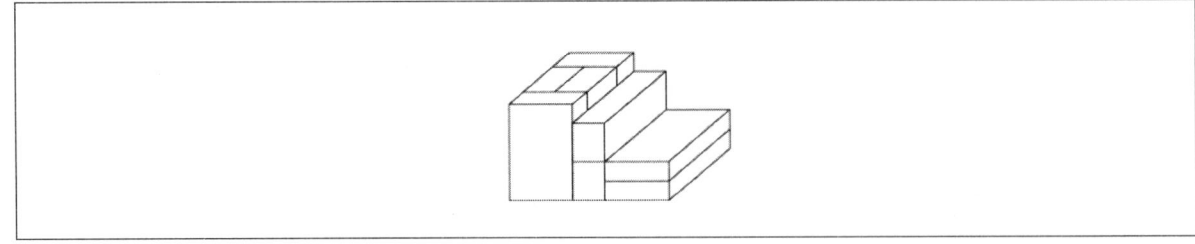

① 8개
② 9개
③ 10개
④ 11개
⑤ 12개

> ✔해설 크기와 모양이 같다고 하였으므로 왼쪽 4개, 중간 2개, 오른쪽 2개가 쌓여있는 것을 알 수 있다. 따라서 블록의 개수는 8개이다.

59 다음은 어떤 블록을 위와 옆면에서 본 모습이다. 블록은 최소 몇 개, 최대 몇 개가 필요한가?

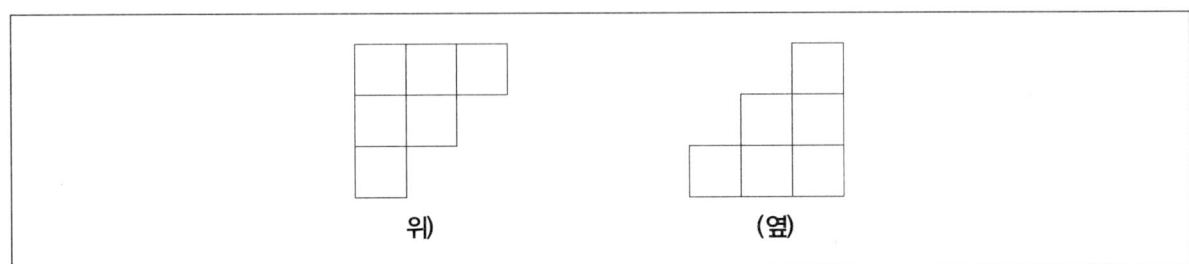

① 최소 : 6개, 최대 : 11개
② 최소 : 7개, 최대 : 12개
③ 최소 : 8개, 최대 : 13개
④ 최소 : 9개, 최대 : 14개
⑤ 최소 : 10개, 최대 : 15개

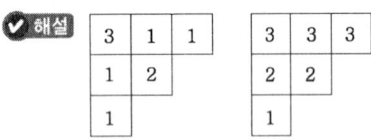

60 다음은 블록을 위에서 본 모습이다. 블록의 개수로 옳은 것은?

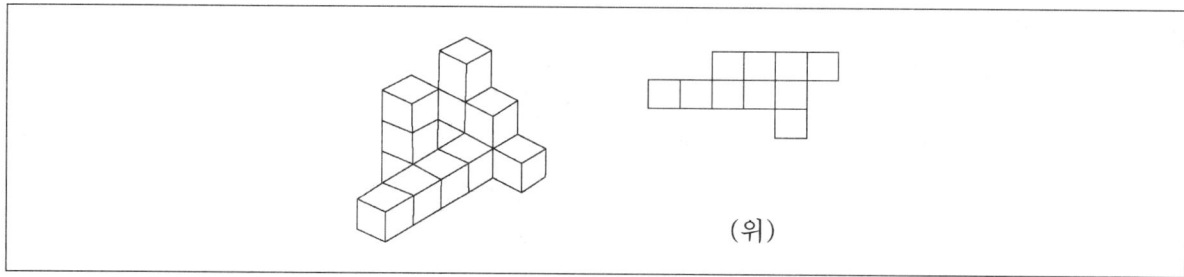

① 15
② 16
③ 17
④ 18
⑤ 20

✔해설 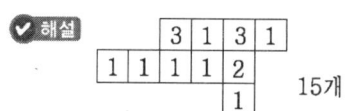 15개

블록 문제는 숨겨진 부분을 파악하는 것이 가장 중요하다.

61 다음 블록의 개수는 몇 개인가?

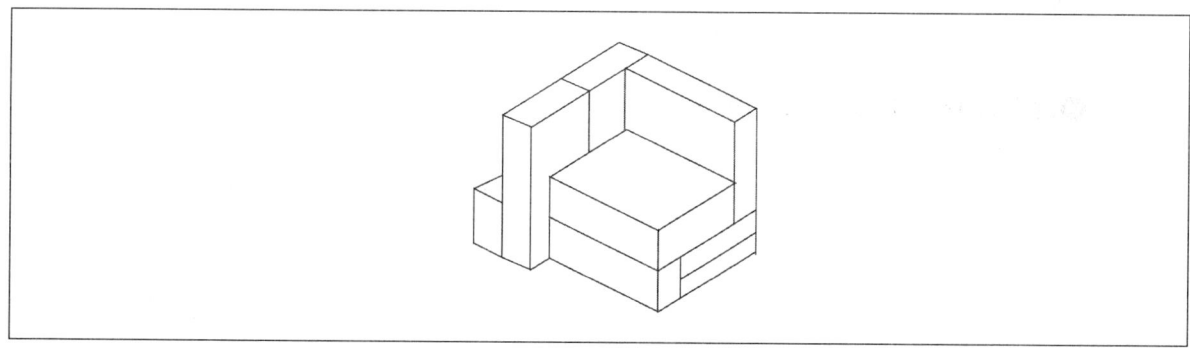

① 8
② 10
③ 12
④ 14
⑤ 16

✔해설 보이지 않는 부분의 블록도 잘 생각해서 풀어야 한다.

Answer 58.① 59.④ 60.① 61.①

|62~70| 다음 전개도를 접었을 때 나타나는 도형으로 알맞은 것을 고르시오.

62

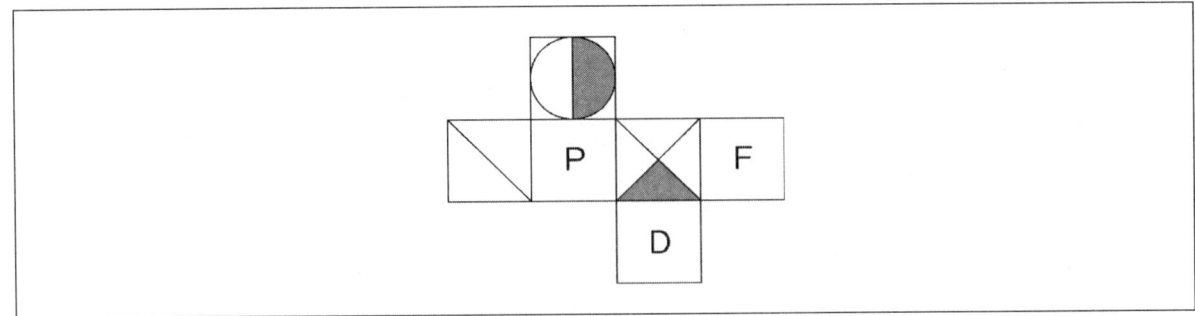

① 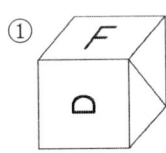   ②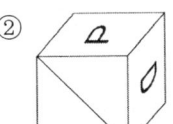

③ 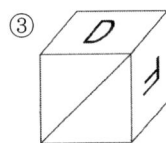   ④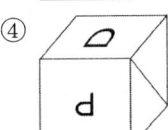

⑤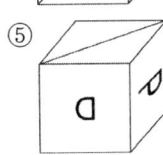

해설 제시된 전개도를 접으면 ④가 나타난다.

63

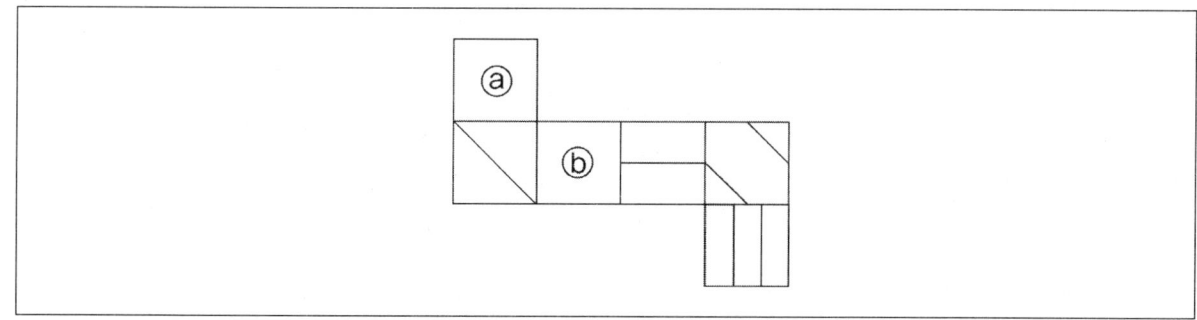

①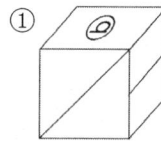
③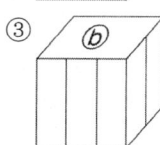
⑤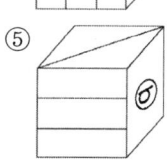

②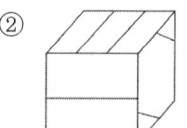
④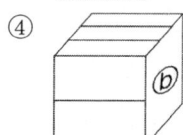

✔해설 제시된 전개도를 접으면 ③이 나타난다.

64

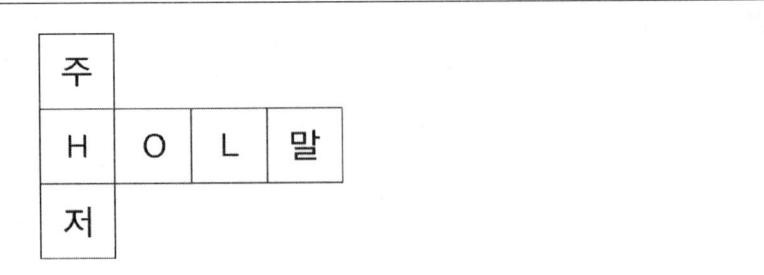

①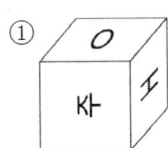

③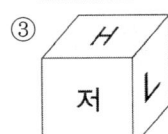

⑤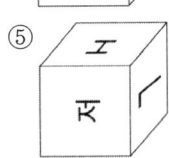

②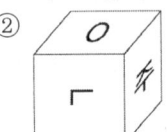

④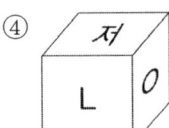

✔ 해설 제시된 전개도를 접으면 ①이 나타난다.

65

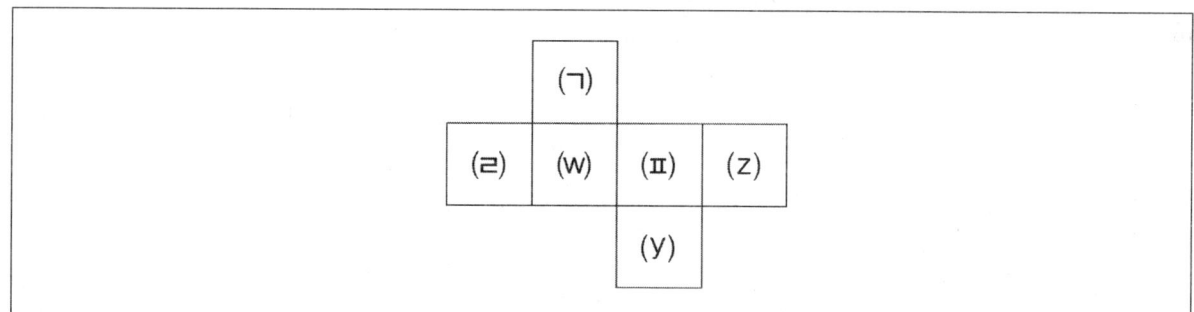

①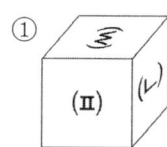
②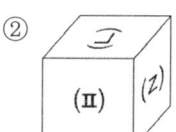
③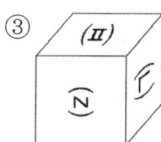
④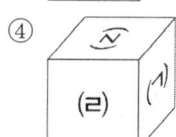
⑤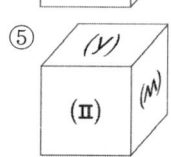

✔ 해설   제시된 전개도를 접으면 ②가 나타난다.

Answer 64.① 65.②

66

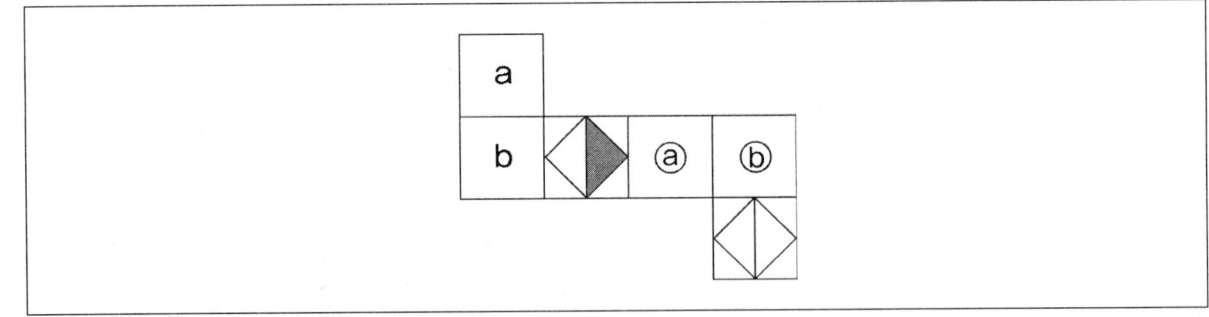

①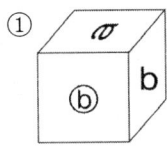
②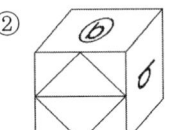
③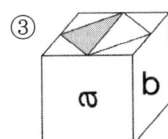
④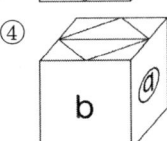
⑤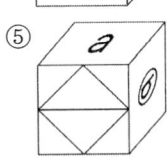

해설 제시된 전개도를 접으면 ①이 나타난다.

67

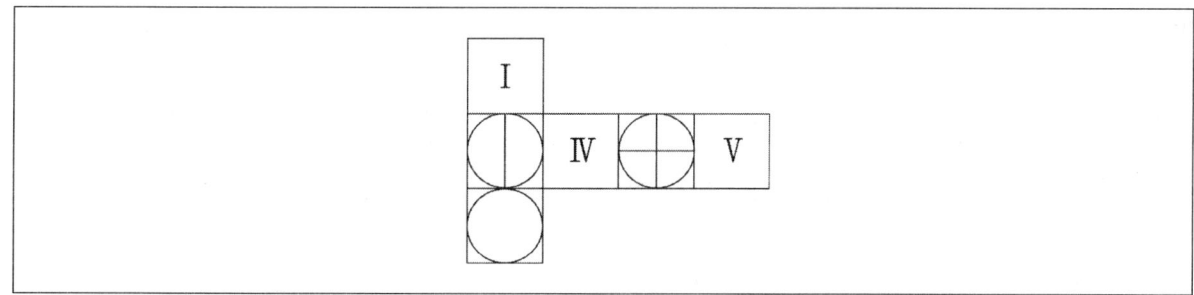

①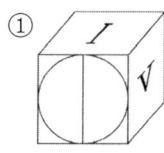
③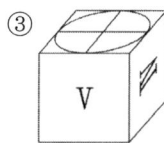
⑤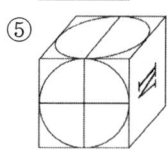

②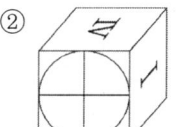
④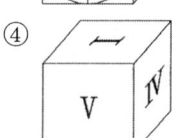

해설 제시된 전개도를 접으면 ②가 나타난다.

Answer 66.① 67.②

68

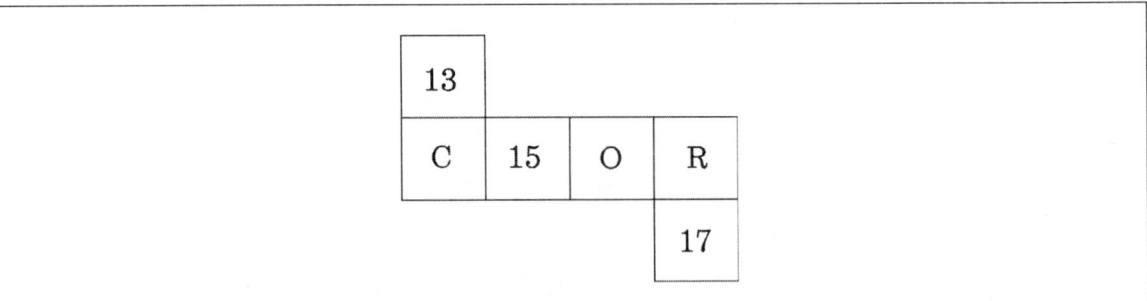

①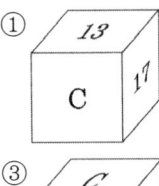
②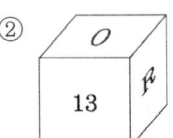
③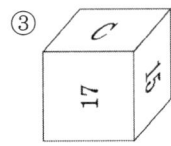
④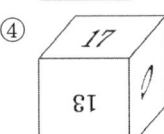
⑤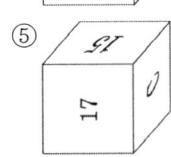

해설 제시된 전개도를 접으면 ③이 나타난다.

69

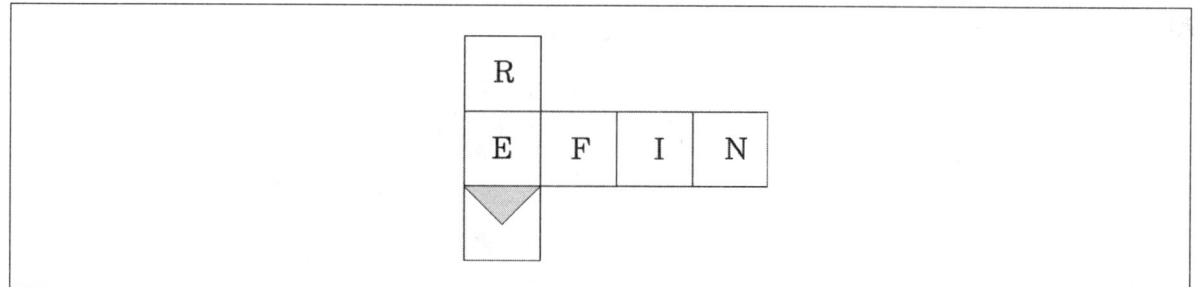

①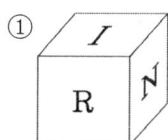
③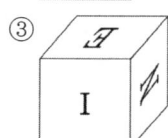
⑤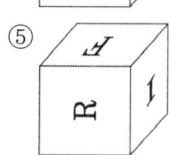
②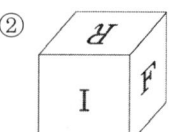
④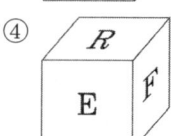

✔ 해설 제시된 전개도를 접으면 ④가 나타난다.

70

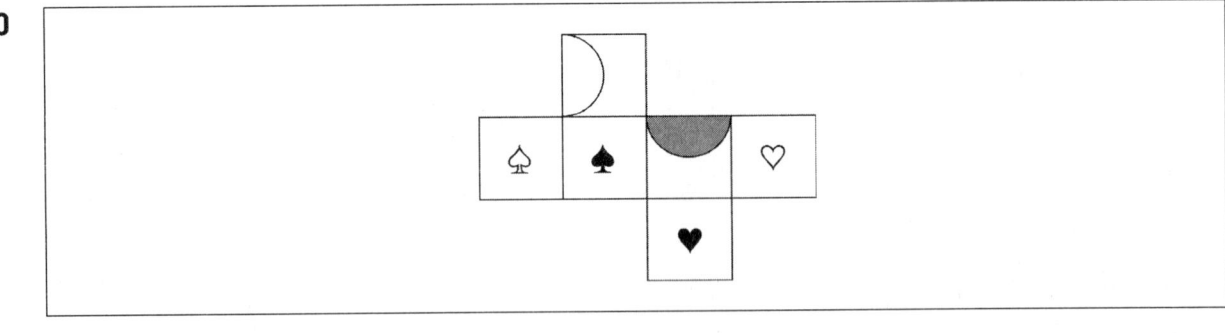

①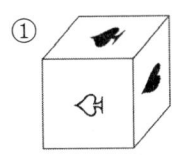

③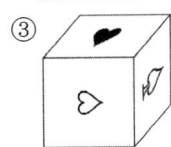

⑤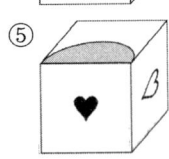

②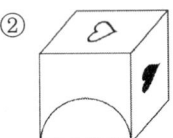

④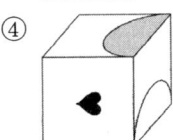

✔ 해설 제시된 전개도를 접으면 ①이 나타난다.

|71~75| 다음 제시된 정육면체의 전개도로 알맞은 것을 고르시오

71

①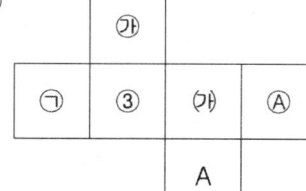

② (가) / ㄱ ③ (가) Ⓐ / A

③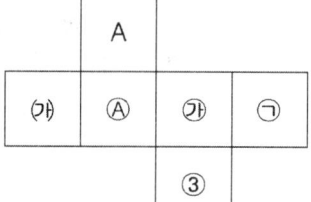

④ A / (가) Ⓐ (가) ㄱ / ③

⑤ (가) / (가) Ⓐ A ③ / ㄱ

✓해설 해당 도형을 펼치면 ①이 나타날 수 있다.

Answer 70.① 71.①

72

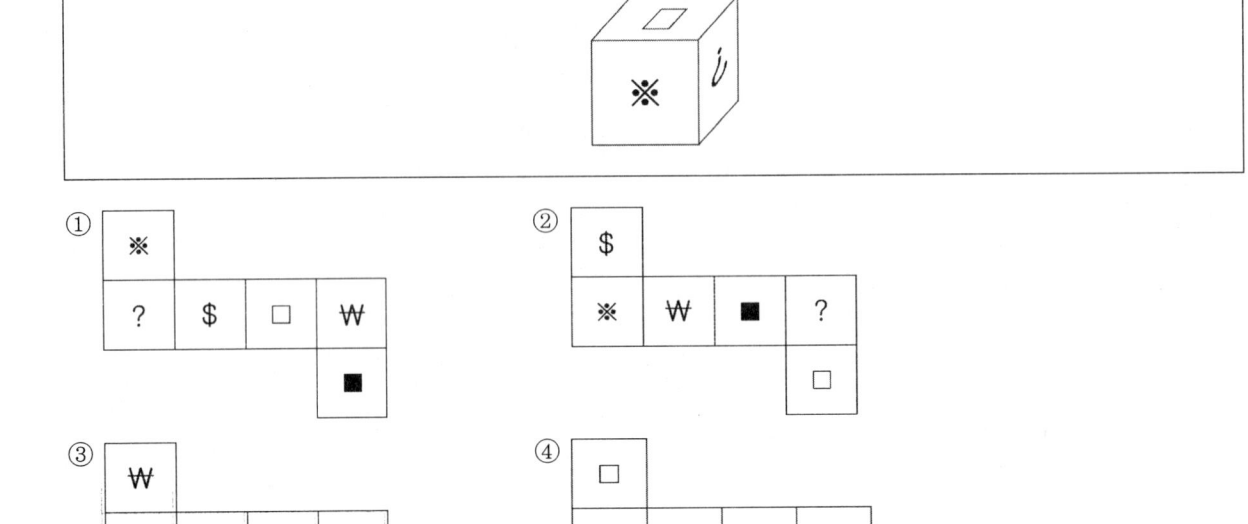

①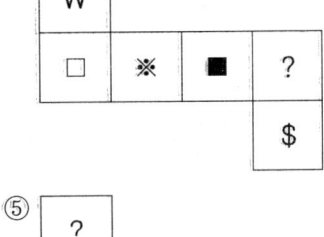

②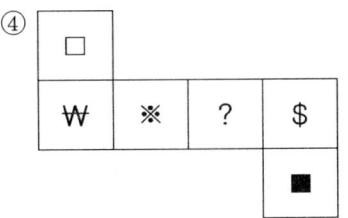

③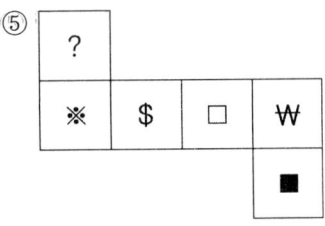

④

⑤

✅ 해설 해당 도형을 펼치면 ②가 나타날 수 있다.

73

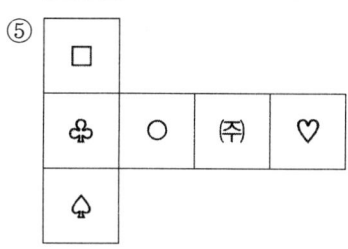

✅ **해설** 해당 도형을 펼치면 ①이 나타날 수 있다.

Answer 72.② 73.①

74

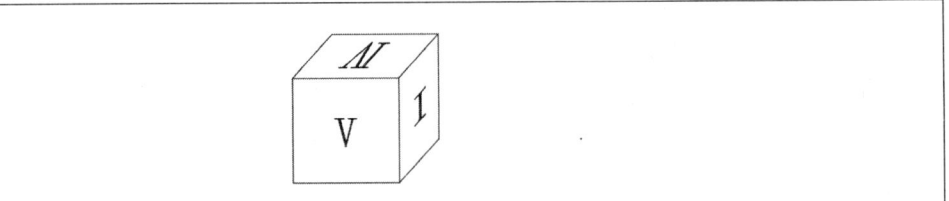

① Ⅱ / Ⅲ Ⅴ Ⅳ Ⅵ / Ⅰ

② Ⅵ / Ⅰ Ⅲ Ⅱ Ⅴ / Ⅳ

③ Ⅲ / Ⅳ Ⅴ Ⅰ Ⅱ / Ⅵ

④ Ⅱ / Ⅴ Ⅰ Ⅳ Ⅵ / Ⅲ

⑤ Ⅳ / Ⅰ Ⅱ Ⅲ Ⅴ / Ⅵ

✔해설 해당 도형을 펼치면 ⑤가 나타날 수 있다.

75

① (5) / (4)(3)(2)(7) / (8)

② (3) / (5)(4)(2)(8) / (7)

③ (4) / (2)(3)(5)(8) / (7)

④ (8) / (4)(7)(3)(2) / (5)

⑤ (7) / (3)(2)(4)(5) / (8)

✔해설 해당 도형을 펼치면 ①이 나타날 수 있다.

Answer 74.⑤ 75.①

PART 02

상식

- **01** 자동차 구조학
- **02** 기계기능이해력
- **03** 전기
- **04** 현대자동차
- **05** 생활영어

01 자동차 구조학

1 자동차 구조·기능에 대한 설명으로 옳은 것은?

① 주행장치는 운전자가 조향 휠을 회전시켜 주행방향을 임의로 바꾸는 장치이다.
② 동력전달장치는 열에너지를 기계적 에너지로 바꾸어 유효한 일을 할 수 있도록 하는 장치이다.
③ 4행정 기관의 동력 발생 순서는 흡입, 폭발, 압축, 배기이다.
④ 현가장치는 주행 중 노면에서 받은 충격이나 진동을 완화시켜주는 장치이다.
⑤ 전기장치는 자동차의 속도를 감속·정지시키는 장치이다.

> **✔해설** ① 조향장치에 대한 설명이다.
> ② 내연기관에 대한 설명이다.
> ③ 동력 발생 순서는 흡입→압축→폭발→배기 순이다.
> ⑤ 제동장치에 대한 설명이다.

2 앞 엔진 앞바퀴 구동방식의 특징이 아닌 것은?

① 엔진과 구동바퀴의 거리가 짧아 동력 손실이 적다.
② 긴 추진축을 사용하기 때문에 발진 가속 시 출력성능이 좋다
③ 직진 안정성이 좋은 언더스티어링 경향이 있다.
④ 미끄러지기 쉬운 노면의 주파성이 좋다.
⑤ 엔진의 무게가 앞바퀴에 실려 있어 접지력이 향상된다.

> **✔해설** 앞 엔진 앞바퀴 구동방식은 추진축을 사용하지 않는다.

3 적재함 내측 길이의 중심에서 뒤 차축 중심까지의 차량 중심선 방향의 수평거리를 무엇이라고 하는가?

① 오버행
② 하대 오프셋
③ 전장
④ 오버행 각
⑤ 윤거

> **✔해설** 하대 오프셋 … 적재함의 중심선과 후축 중심선과의 거리를 말하며 추축보다 전방에 있으면 +, 후방에 있으면 -로 나타낸다.

4 다음 중 「자동차관리법」상 자동차의 종류에 대한 설명으로 틀린 것은?

① 10인 이하를 운송하기에 적합하게 제작된 자동차를 승용자동차라 한다.
② 캠핑용 자동차 또는 캠핑용 트레일러는 승합자동차로 분류한다.
③ 이륜 자동차는 총배기량으로 분류하기도 한다.
④ 특수 자동차는 특수한 작업을 수행하기에 적합하게 제작된 자동차로서 승용자동차, 승합자동차, 또는 화물자동차가 아닌 자동차를 말한다.
⑤ 화물자동차는 화물의 운송에 적합하게 제작된 자동차를 말한다.

> **해설** 이륜자동차는 총배기량 또는 정격출력의 크기와 관계없이 1인 또는 2인의 사람을 운송하기에 적합하게 제작된 이륜의 자동차 및 그와 유사한 구조로 되어 있는 자동차를 말한다.

5 차량중량에 포함되지 않는 것은 어느 것인가?

① 오일의 중량
② 냉각수의 중량
③ 연료의 중량
④ 윤활유의 중량
⑤ 운전자 1인의 중량

> **해설** 차량중량 … 빈 차 상태에서의 중량을 말하는데 공차(空車)중량이라고도 한다.
> 빈 차 상태란 연료, 윤활유 등을 정량대로 넣고 정상적으로 차를 운행할 수 있는 상태를 의미하는데 승객, 공구, 스페어 타이어 등은 포함되지 않는다.

6 하대 오프셋에 대한 설명으로 옳은 것은?

① 하대 내측 길이의 중심에서 후차축 중심까지의 차량 중심선 방향의 수평거리
② 하대 최전방 끝에서 앞바퀴 중심까지의 수평거리
③ 차량 전체의 길이에서 하대 내측 길이의 중심까지의 수평거리
④ 축거의 중심거리에서 적재함 끝부분까지의 수평거리
⑤ 자동차의 앞차축 중심과 뒤차축 중심간의 수평거리

> **해설** 하대 오프셋 … 적재함의 중심선과 후축 중심선과의 거리를 말하며 추축보다 전방에 있으면 +, 후방에 있으면 -로 나타낸다.

Answer 1.④ 2.② 3.② 4.③ 5.⑤ 6.①

7 내연기관에서 크랭크축의 위상각도가 90°인 엔진은 어느 것인가?

① 4실린더 엔진
② V-6기통 실린더
③ V-8기통 실린더
④ V-10기통 실린더
⑤ V-12기통 실린더

✔해설 크랭크축의 2바퀴 회전각도는 720°이며 8기통은 90° 마다 폭발이 일어난다.

8 다음 중 2사이클 기관의 장점이 아닌 것은?

① 구조가 간단하다.
② 크랭크축 1회전에 1사이클을 완성한다.
③ 연료 소비율이 적다
④ 고속 회전이 용이하다.
⑤ 균일한 회전력을 가진다.

✔해설 2사이클 기관은 연료 소비가 많다.

9 내연기관에 대한 설명으로 틀린 것은?

① 가솔린기관은 정적 사이클이다.
② 가솔린 불꽃점화기관은 정압 사이클이다.
③ 가스터빈은 브레이튼 사이클 기관이다.
④ 고속 디젤기관은 복합 사바테사이클 기관이다.
⑤ 디젤기관은 정압 연소 과정을 따른다.

✔해설 가솔린기관은 정적 사이클이다.

10 흡기다기관의 진공 시험으로 그 결함을 알아내기 어려운 것은?

① 점화시기 틀림
② 흡기계통의 가스킷 누설
③ 밸브 스프링의 직각도
④ 실린더 마모
⑤ 배기 장치 막힘

✔해설 진공계의 눈금을 분석하여 다음과 같은 결함을 알아 낼 수 있다.
㉠ 기화기 조정의 불량
㉡ 점화 시기의 틀림
㉢ 밸브 작동의 불량
㉣ 배기 장치의 막힘
㉤ 실린더의 압축 압력의 누설

11 자동차에서 엔진오일을 점검할 때 옳지 않은 것은?

① 계절 및 엔진에 알맞은 오일을 사용한다.
② 기관을 평지 상태에서 점검한다.
③ 오일교환 주기는 정기적으로 해야 한다.
④ 오일량은 시동상태에서 F눈금 위치에 가까이 있어야 한다.
⑤ 점검 후 딥스틱을 깨끗이 닦아 다시 꽂아야 한다.

✔해설 엔진오일은 정지 상태에서 엔진 가동 전에 측정하여 F눈금 위치에 가까이 있어야 정상이다.

12 자동차의 배출가스 중 유해가스 저감을 위한 장치가 아닌 것은?

① 차콜 캐니스터
② E.G.R 장치
③ 삼원 촉매장치
④ 소음기
⑤ 디젤 미립자 필터

✔해설 소음기는 배기가스의 폭발압력을 흡수하여 밖으로 배출하는 역할을 하는 부품이다.

Answer 7.③ 8.③ 9.② 10.③ 11.④ 12.④

13 차량에서 발생되는 배출가스 중 지구 온난화를 유발하는 가스는?

① CO_2
② NO_x
③ CO
④ HC
⑤ O_2

> **해설** CO_2 … 탄소나 그 화합물이 완전 연소하거나, 생물이 호흡 또는 발효(醱酵)할 때 생기는 기체. 대기의 약 0.04%를 차지한다.

14 냉각방식에서 수냉식과 비교했을 때 공랭식의 장점이 아닌 것은?

① 구조가 간단하다
② 마력당 중량이 가볍다
③ 정상 작동온도에 도달하는 시간이 짧다.
④ 기관이 균일하게 냉각이 가능하다.
⑤ 유지보수가 간단하다.

> **해설** 공기로 냉각시키는 공랭식은 공기가 통과하는 부분(냉각핀)이 냉각효과가 뛰어나다.

15 엔진오일 색깔에 따른 그 이유가 바르지 못한 것은?

① 노란색 : 디젤 유입
② 검은색 : 심하게 오염
③ 붉은색 : 착색제가 붉은색인 경우 가솔린 유입
④ 우유색 : 냉각수 혼입
⑤ 회색 : 연소 생성물을 유입

> **해설**
> • 회색 – 4에틸납 연소생성물의 혼입
> • 노란색 – 무연가솔린 유입

16 라디에이터(방열기)의 구비조건으로 틀린 것은?

① 단위 면적당 발열량이 커야 한다.
② 공기저항이 커야 한다.
③ 냉각수의 저항이 적어야 한다.
④ 가볍고, 소형이어야 한다.
⑤ 강도가 커야한다.

> **해설** 라디에이터는 내연기관에서 발생한 열의 일부를 냉각수를 통해서 대기 속으로 방출하는 장치이며 공기저항이 작아야 한다.

17 전자제어 연료분사장치의 장점이 아닌 것은?

① 연비 향상
② 고온에서 시동성 향상
③ 배출가스 감소
④ 신속 응답
⑤ 출력 향상

> **해설** 전자제어 연료분사장치 … 연소효율이 높아지고, 배출가스 중의 CO, HC 등을 소멸시킬 수 있고, 기화기에서 증발되는 휘발유를 절약하게 되는 등의 특징이 있다.

18 자동차용 LPG 연료의 특성이 아닌 것은?

① 연소효율이 좋고, 엔진이 정숙하다.
② 엔진 수명이 길고, 오일의 오염이 적다.
③ 대기오염이 적고, 위생적이다.
④ 옥탄가가 낮으므로 연소 속도가 빠르다.
⑤ 연료가 저장 및 운반이 용이하다.

> **해설** 옥탄가가 높고 연소 속도가 느리기 때문에 속도가 늦다.

Answer 13.① 14.④ 15.① 16.② 17.② 18.④

19 압축천연가스(CNG) 자동차에 대한 설명으로 틀린 것은?

① 연료라인 점검 시 항상 압력을 낮춰야 한다.
② 연료누출 시 공기보다 가벼워 가스는 위로 올라간다.
③ 시스템 점검 전 반드시 연료 실린더 밸브를 닫는다.
④ 연료 압력 조절기는 탱크의 압력보다 약 5bar가 더 높게 조절한다.
⑤ 연료는 고압 상태에서 저장된다.

> ✔해설 연료 압력 조절기는 탱크의 압력보다 약 8bar로 감압 조절한다.

20 압축천연가스(CNG)의 특징으로 거리가 먼 것은?

① 전 세계적으로 매장량이 풍부하다.
② 옥탄가가 매우 낮아 압축비를 높일 수 없다.
③ 분진 유황이 거의 없다.
④ 기체 연료이므로 엔진 체적효율이 낮다.
⑤ 낮은 온도에서 시동성능이 우수하다.

> ✔해설 낮은 온도에서의 시동성능이 좋으며, 옥탄가가 130으로 가솔린의 100보다 높다.

21 디젤 기관의 연료장치에 기포가 발생하여 기관시동이 불량하다. 이 때 공기빼기 작업을 하는 순서가 맞는 것은?

① 연료공급펌프 – 연료여과기 – 분사펌프
② 연료여과기 – 분사펌프 – 연료공급펌프
③ 분사펌프 – 연료공급펌프 – 연료여과기
④ 연료공급펌프 – 분사펌프 – 연료여과기
⑤ 연료여과기 – 연료공급펌프 – 분사펌프

> ✔해설 연료의 공급을 원활하게 하기 위해 연료계통에 유입된 공기를 빼주는 작업을 순차적으로 해주어야 한다.
> ※ 디젤기관 공기 빼기 순서 … 공급펌프 → 연료여과기 → 분사펌프

22 다음 중 직접분사식의 단점이 아닌 것은?

① 분사펌프·노즐의 수명이 짧다.
② 부하변동에 민감하다.
③ 디젤 노크를 일으키기 쉽다.
④ 열변형이 적다.
⑤ 엔진의 회전수에 민감하다.

> ✔**해설** 직접분사식의 장·단점
> ㉠ 장점
> • 구조가 간단하고 열효율이 높다.
> • 시동이 용이하다.
> • 실린더가 간단하여 열변형이 적다.
> ㉡ 단점
> • 분사압력이 높아 분사펌프나 노즐의 수명이 짧다.
> • 사용연료의 변화에 민감하여 노크를 일으키기 쉽다.
> • 엔진의 회전수 및 부하변동에 민감하다.

23 다음 중 디젤 연료장치에서 펌프는 1개이나 어큐뮬레이터가 있어 고압의 연료를 저장하였다가 분배기로 각 실린더에 분배하는 형식은?

① 분사식
② 독립식
③ 공동식
④ 분배식
⑤ 유닛분사식

> ✔**해설** 연료분사장치의 종류
> ㉠ 독립식: 독립식 열형 분사펌프를 사용한 형식으로 실린더 수와 같은 수의 플런저가 1열로 배열된 열형펌프를 사용하며 디젤엔진의 연료장치 중 가장 많이 사용하는 형식이다.
> ㉡ 분배식: 1개의 플런저로 각 실린더에 분배하는 펌프를 사용하는 형식으로 주로 소형차에 사용된다.
> ㉢ 유닛분사식: 펌프와 노즐이 하나로 된 유닛인젝터를 각 실린더마다 설치하는 형식으로 2사이클 디젤엔진이나 건설중기의 일부에 사용한다.
> ㉣ 공동식: 1개의 펌프에서 만들어진 고압의 연료를 분배기를 통하여 각 실린더에 분배하는 형식이다.

Answer 19.④ 20.② 21.① 22.④ 23.③

24 디젤 노크를 방지하는 대책으로 가장 옳은 것은?

① 착화성이 좋은 연료를 사용한다.
② 압축비를 낮게 한다.
③ 흡입공기의 온도를 낮춘다.
④ 회전속도를 빠르게 한다.
⑤ 분사량을 늘린다.

> **✓해설** 디젤 노크 방지책
> ㉠ 착화서이 좋은 연료(세탄가가 높은 연료)를 사용할 것
> ㉡ 압축비를 크게 하여 압축온도와 압력을 높일 것
> ㉢ 분사량을 줄일 것
> ㉣ 흡입공기에 와류를 줄 것
> ㉤ 분사시기를 조정할 것
> ㉥ 엔진, 흡기 냉각수의 온도를 높일 것
> ㉦ 회전속도를 느리게 할 것

25 다음 중 디젤엔진 연료 중 경유의 구비조건으로 적당하지 않은 것은?

① 착화성이 좋아야 한다.
② 적당한 점도이어야 한다.
③ 불순물이 없어야 한다.
④ 발열량이 높아야 한다.
⑤ 유황성분이 많아야 한다.

> **✓해설** 경유의 구비조건
> ㉠ 착화성이 양호하고, 적당한 점도를 가져야 한다.
> ㉡ 인화점이 가솔린보다 높아야 한다.
> ㉢ 불순물이나 유황성분이 없어야 한다.
> ㉣ 적당한 휘발성이 있어야 한다.
> ㉤ 잔류탄소가 없으며, 발열량이 높아야 한다.

26 경유를 사용하는 자동차의 배기가스 중 가장 많은 비중을 차지하고 있으며, 호흡기 질환(진폐증) 및 대기오염의 주요 원인으로 평가되는 물질은 다음 중 어느 것인가?

① 이산화탄소
② 탄화수소
③ 분진(PM)
④ 아황산가스
⑤ 일산화탄소

> **해설** 디젤기관의 분진은 탄소 알갱이로 이뤄진 검은 알갱이로 실제 직접 흡입할 경우 폐 점막에 손상을 일으킬 수도 있으면 신체기관에 많은 악영향을 준다.

27 전자제어 디젤기관(CRDI) 인젝터의 연료분사 3단계에 대하여 맞는 것은?

① 예비분사 – 주분사 – 사후분사
② 착화지연기간 – 화염전파기간 – 직접연소기간 – 후기연소기간
③ 연료공급펌프 – 연료여과기 – 연료분사펌프
④ 저압연료펌프 – 고압연료펌프 – 커먼레일
⑤ 연료압력조절 – 연료분사제어 – 배기가스제어

> **해설** 디젤기관 인젝터의 연료분사는 예비분사 – 주분사 – 사후분사의 3단계로 진행된다.

28 배출가스 중 질소산화물을 저감시키키 위해 사용하는 장치가 아닌 것은?

① 매연필터(DPF)
② 삼원촉매장치(TWC)
③ 선택적환원촉매(SCR)
④ 배기가스재순환장치(EGR)

> **해설** DPF는 배기가스 후처리 장치를 일컫는 말로 배기가스의 입자상물질인 PM을 정화하는 장치이다. 미세 매연입자로 분출되는 매연을 포집(물질 속 미량 성분을 분리하여 모음)하고, 연소시켜 제거하는 역할을 한다.

Answer 24.① 25.⑤ 26.③ 27.① 28.①

29 다음 중 베이퍼 록의 원인이 아닌 것은?

① 오일 불량 및 비점이 낮은 오일 사용
② 드럼과 라이닝의 끌림에 의한 과열
③ 실린더, 브레이크 슈 리턴 스프링 쇠손
④ 내리막에서 갑작스러운 브레이크 사용
⑤ 브레이크 슈 리턴 스프링의 장력과 회로내 잔압의 저하

> **해설** 브레이크액에 기포가 발생하여 브레이크가 제대로 작동하지 않는 현상을 베이퍼 록 현상이라 한다.

30 클러치 구비조건에 대한 설명 중 잘못된 것은?

① 동력 전달이 확실하고 신속할 것
② 방열이 잘되어 과열되지 않을 것
③ 회전 부분의 평형이 좋을 것
④ 회전 관성이 클 것
⑤ 고장이 적고 구조가 간단할 것

> **해설** 클러치는 회전 관성이 작아야 한다.

31 드라이브 라인에서 유니버설 조인트(자재이음)의 역할은?

① 각도 변화에 대응하여 피동축에 원활한 회전력을 전달한다.
② 추진축의 길이 변화를 가능하게 하기 위하여 사용된다.
③ 회전속도를 감속하여 회전력을 증대시킨다.
④ 동력을 구동바퀴에 전달하는 역할을 한다.
⑤ 추진축을 고정시키기 위해 사용한다.

> **해설** 십자형 자재이음은 2개의 요크(yoke)를 십자축(spider)에 연결한 것으로서, 요크 양단에는 필요에 따라 플랜지(flange)나 슬립이음 또는 중공축을 접속하며, 십자축으로는 보통 영구주유식을 사용한다.

32 파워스티어링에 관한 설명 중 맞는 것은?

① 비접촉 광학식 센서를 주로 사용하여 운전자의 조향휠 조작력을 검출하는 조향 토크 센서이다.
② 제어 밸브의 열림 정도를 직접 조절하는 방식이며, 동력 실린더에 유압은 제어밸브의 열림 정도로 결정된다.
③ 오일펌프 내부에 있는 플로우 컨트롤 밸브는 고속 회전 시 조향 기어박스로 가는 오일의 양을 많게 한다.
④ 동력 조향 유압계통에 고장이 발생한 경우 핸들을 수동으로 조작할 수 있도록 하는 부품은 릴리프 밸브이다.
⑤ 차량이 정지한 상태에서도 엔진 출력의 일부를 활용하여 제동력을 보조하고, 조향과 무관하게 차량의 속도 제어를 가능하게 하는 기능을 제공한다.

> **해설** 파워스티어링 … 자동차에서 동력에 따른 조향 장치이며 유압, 공기압 등을 이용하여 핸들 조작을 쉽게 해 준다.

33 다음 중 앞바퀴 정렬에 해당하지 않는 것은?

① 트레드
② 토인
③ 캠버
④ 캐스터
⑤ 킹핀 경사각

> **해설** 트레드는 타이어의 노면에 닿는 바퀴의 접지면을 뜻한다.

34 자동변속기 장착 자동차에서 자동변속기 오일량은 오일 레벨 게이지로 점검하며, F와 L 사이에 있어야 하는데 엔진과 변속기는 어떤 상태에서 하는가?

① 엔진 공회전 상태에서 변속기 선택 레버를 D 위치에 두고 점검한다.
② 엔진 공회전 상태에서 변속기 선택 레버를 N 위치에 두고 점검한다.
③ 엔진 정지 상태에서 변속기 선택 레버를 D 위치에 두고 점검한다.
④ 엔진 정지 상태에서 변속기 선택 레버를 N 위치에 두고 점검한다.
⑤ 엔진 시동과는 관계없이 변속기 선택 레버를 N 위치에 두고 점검한다.

> **해설** 자동변속기 오일은 엔진 공회전 상태에서 변속레버를 중립에 놓고 점검한다.

Answer 29.④ 30.④ 31.① 32.① 33.① 34.②

35 차축과 차체 사이에 스프링을 두고 연결하여 차체의 상하진동을 완화, 승차감을 좋게 하며, 구동바퀴로부터의 구동력과 제동력을 차체에 전달하는 것은?

① 조향 장치
② 현가 장치
③ 제동 장치
④ 동력 전달 장치
⑤ 브레이크 장치

> **해설** 주행 중 노면에서 받은 충격이나 진동을 완화시켜주는 역할을 하는 것이 서스펜션 장치라 한다.

36 디스크 브레이크의 장점이 아닌 것은?

① 이물질이 묻어도 쉽게 털어낼 수 있다.
② 방열작용이 좋다.
③ 자기 배력 작용이 있다.
④ 점검과 조정이 용이하다.
⑤ 제동력이 안정적이다.

> **해설** 디스크 브레이크는 자기 배력 작용이 없다.

37 클러치가 미끄러지는 원인 중 틀린 것은?

① 마찰면의 오일 부착
② 클러치 압력스프링 쇠약 및 절손
③ 클러치 페달의 자유간극 과대
④ 압력판 및 플라이휠 손상
⑤ 페이싱의 마모나 오일이 부착

> **해설** 클러치가 미끄러지는 원인은 클러치 페달의 자유간극이 작아서 발생한다.

38 변속기의 역할이 아닌 것은?

① 기관의 회전수를 높여 바퀴의 회전력을 증가시킨다.
② 후진을 가능하게 한다.
③ 기관의 회전력을 변환시켜 바퀴에 전달한다.
④ 정차할 때 기간의 공전운전을 가능하게 한다.
⑤ 주행 중 운전자의 요구에 따라 적절한 기어비를 제공한다.

> **해설** 엔진에서 발생하는 동력을 속도에 따라 필요한 회전력으로 바꾸어 전달하는 변속장치를 변속기라 하며, 트랜스미션이라고도 한다.

39 자동변속기 오일상태 점검방법 중 틀린 것은?

① 오일량 점검은 수평상태에서 실시한다.
② 오일이 부족한 경우에는 일반기어오일을 사용한다.
③ 오일량이 COLD와 HOT의 중간 부위에 있어야 한다.
④ 오일량 점검은 시동 후 적정 온도 후 오일량을 점검한다.
⑤ 오일 상태는 색깔과 냄새로 이상 여부를 확인할 수 있다.

> **해설** 자동변속기 오일이 부족할 때에는 자동변속기 전용오일을 사용하여 보충한다.

40 전자제어 현가장치에서 조향 휠의 좌우 회전방향을 검출하여 차체의 롤링을 제어하기 위한 센서는?

① 차속 센서
② 차고 센서
③ G 센서
④ 온도 센서
⑤ 조향각 센서

> **해설** 스티어링의 회전각을 감지하여 차체의 롤링을 제어하는 센서는 조향각 센서이다.

Answer 35.② 36.③ 37.③ 38.① 39.② 40.⑤

41 주행 중 조향 휠의 떨림 현상 발생 원인으로 틀린 것은?

① 휠 얼라인먼트 불량
② 타이로드 엔드의 손상
③ 브레이크 슈의 라이닝 간극 과다
④ 조향기어의 백 래시 과다
⑤ 웜 기어 노후

> **해설** 브레이크 슈의 라이닝 간극 과다는 조향 핸들의 진동이나 떨림과는 전혀 상관이 없다.

42 다음 중 브레이크 오일이 갖추어야 할 조건이 아닌 것은?

① 비점이 높아 베이퍼 록을 일으키지 않을 것
② 빙점이 낮고, 인화점이 낮을 것
③ 알맞은 점도를 가지고 온도에 대한 점도 변화가 적을 것
④ 윤활성능을 가지고 있을 것
⑤ 침전물을 만들지 말 것

> **해설** 빙점이 높고 인화점이 높아야 한다.

43 다음 중 타이어의 구조에 해당되지 않은 것은?

① 비드
② 카커스
③ 트레드
④ 디스크
⑤ 브레이커

> **해설** 디스크는 허브에 설치되는 부분이다.

44 엔진과 직결되어 엔진 회전속도와 동일한 속도로 회전하는 토크컨버터의 부품은?

① 터빈 런너   ② 펌프 임펠러
③ 가이드 링   ④ 스테이터
⑤ 클러치 디스크

> ✔ 해설 펌프 임펠러 … 유체를 사용하여 토크를 변환하여 동력을 전달하는 장치를 말한다. 엔진 측에 연결된 펌프와 변속기 측에 연결되는 터빈 및 힘을 강하게 하는 스테이터와 오일로 구성된다.

45 동력 조향장치의 기능을 설명한 것 중 맞는 것은?

① 기구학적 구조를 이용하여 작은 힘으로 큰 조작을 할 수 있다.
② 바퀴의 충격이 운전자에게 전달된다.
③ 작은 힘으로 조향 조작이 가능하다.
④ 구조가 간단하고 고장 시 기계식으로 환원하여 안전하다.
⑤ 핸들의 조작력을 가볍게 하는 장치이다.

> ✔ 해설 동력 조향장치 … 핸들의 조작력을 가볍게 하는 장치로, 대형 자동차나 저압 타이어를 사용한 차에서는 앞바퀴의 접지 저항이 크기 때문에 핸들 조작력이 커지고 신속한 조향 조작이 어려운데, 이를 원활하게 하기 위하여 엔진의 힘으로 오일펌프를 구동시켜 발생한 유압을 조향 장치 중간에 설치된 배력(倍力) 장치로 보내어 핸들의 조작력을 가볍게 한 것이다.

46 자동차 조향장치의 유격은 당해 자동차 조향핸들 지름의 몇 % 이하인가?

① 10.5%   ② 12.5%
③ 13.5%   ④ 15.5%
⑤ 16.5%

> ✔ 해설 조향핸들의 유격은 당해 자동차의 조향핸들 지름의 12.5% 이내이어야 한다.

Answer 41.③ 42.② 43.④ 44.② 45.③ 46.②

47 AC 발전기 전기자에서 생성되는 전류는 어느 것인가?

① 교류 ② 직류
③ 전압 ④ 저항
⑤ 전력

✔해설 스테이터에서 발생되는 전류는 교류이다.

48 다음 중 자동차 에어컨디션의 설명 중 틀린 것은?

① 응축기는 고온 고압의 기체 냉매를 고온 고압의 액체 냉매로 만든다.
② 압축기는 저온 저압의 기체 냉매를 고온 고압의 기체 냉매로 만든다.
③ 리시버 드라이어(건조기)는 액체 냉매를 리시버 드라이어에 공급한다.
④ 증발기는 냉각팬의 작동으로 증발기 핀을 통과하는 공기 중의 열을 흡수한다. 기능과 수분제거 기능, 기포분리 기능이 있다.
⑤ 증발기는 액체 냉매를 저온 저압의 기체 냉매로 변화시키며 공기의 열을 흡수하여 공기를 냉각한다.

✔해설 리시버 드라이어의 기능은 액체 냉매의 저장기능과 수분제거 기능, 기포분리 기능이 있다.

49 전동기가 회전함과 동시에 마그네틱 스위치가 선단에 부착된 피니언을 밀어서 피니언이 플라이 휠 링 기어와 맞물려 엔진을 회전시키도록 제작된 것은?

① 오버러닝 클러치 ② 마찰 클러치
③ 유체 클러치 ④ 전자 클러치
⑤ 원심 클러치

✔해설 시동 전동기의 전기자 축에 연결되어 있는 아우터 레이스와 피니언에 연결되어 있는 이너 레이스 사이에 쐐기형 홈과 롤러를 설치하여 플라이 휠의 회전력이 전동기에 전달되지 않도록 제작된 방식을 오버러닝 클러치 방식이라 한다.

50 교류를 직류로 바꾸는 장치는?

① 인버터　　　　　　　② 컨버터
③ 실리콘 다이오드　　　④ 컷 아웃 릴레이
⑤ 감속기

> **해설** 직류를 교류전력으로 변환하는 장치를 인버터라 한다.

51 스위치가 시동 위치에 있는데 엔진이 회전하지 않을 때 가장 문제 있는 부품은?

① 시동 전동기　　　　② 점화코일
③ 인젝터　　　　　　　④ 하우징
⑤ 배전기

> **해설** 시동 전동기의 역할은 엔진을 시동하는 전동기로서, 점화 스위치에 의하여 작동된다.

52 트랜지스터의 대표적 기능으로 릴레이와 같은 작용을 하는 것을 무엇이라 하는가?

① 채터링 작용　　　　② 스위칭 작용
③ 정류 작용　　　　　④ 자기유도 작용
⑤ 전압 조정 작용

> **해설** 스위칭 작용은 컬렉터 전류가 포화 이상 흐르도록 넉넉한 베이스 전류를 보내 주는 역할을 말한다.

53 연료전지 자동차의 구성품이 아닌 것은?

① 전동기와 전동기 제어기구　　② 연료공급 장치
③ 열교환기　　　　　　　　　　④ 수소저장탱크
⑤ 연료분사펌프

> **해설** 연료분사펌프는 디젤기관에 사용하는 연료분사 장치이다.

Answer　47.①　48.③　49.①　50.②　51.①　52.②　53.⑤

54 와셔 연동 와이퍼의 작동은 어떤 목적이 있는가?

① 와이퍼 스위치를 별도로 작동하여야 하는 번거로움을 없앤다.
② 연료를 절약하기 위함이다.
③ 와이퍼를 빠르게 작동하기 위함이다.
④ 워셔액을 더 많이 배출하기 위해서 작동한다.
⑤ 와이퍼의 수명을 단축시키기 위함이다.

> ✔해설 와셔 연동 와이퍼의 장점…운전자의 편의를 위하여 별도로 작동하는 번거로움을 없애는 역할을 한다.

55 이모빌라이저 장치에서 엔진시동을 제어하는 장치가 아닌 것은?

① 점화장치   ② 연료장치
③ 충전장치   ④ 시동장치
⑤ 전자제어장치(ECU)

> ✔해설 이모빌라이저…도난방지 시스템의 하나로 암호가 다른 경우 시동을 걸 수 없다. 열쇠에 내장된 암호와 키박스에 연결된 전자유닛의 정보가 일치하는 경우에만 시동을 걸 수 있게 구성되어 있다.

56 방향지시등은 차체너비의 몇 % 이상의 간격을 두고 설치되어야 하는가?

① 30%   ② 40%
③ 50%   ④ 60%
⑤ 70%

> ✔해설 방향지시등은 현재 모든 차량(자동차 및 오토바이 등)이 사용하는 표준 기능이다. 방향지시등은 충돌사고를 사전에 방지할 목적으로 운전자가 의도한 방향으로 운송수단을 이동하겠다는 사실을 알리는 필수 장치이다. 방향지시등은 차체너비의 50% 이상의 간격으로 설치하여야 한다.

57 다음에서 플레밍의 오른손 법칙을 이용한 것은?

① 축전지
② 전동기
③ 발전기
④ 다이오우드
⑤ 변속기

> ✔해설 플레밍의 오른손 법칙 … 자기장 속에서 도선이 움직일 때 자기장의 방향과 도선이 움직이는 방향으로 유도 기전력 또는 유도 전류의 방향을 결정하는 규칙이다. 오른손 엄지를 도선의 운동 방향, 검지를 자기장의 방향으로 했을 때, 중지가 가리키는 방향이 유도 기전력 또는 유도 전류의 방향이 된다. 이것은 발전기의 원리와 관계가 깊다.

58 압축기로부터 들어오는 고온고압의 기체냉매를 고온고압의 액체냉매로 바꾸어주는 기능을 하는 것은?

① 증발기
② 리시버 드라이어
③ 팽창 밸브
④ 응축기
⑤ 배전기

> ✔해설 응축기 … 압축기에서 보내온 고온·고압의 냉매를 응축·액화하는 장치, 냉장고나 에어컨에서 볼 수 있는 기관 중 하나이다.

59 배터리의 충전 상태를 표현한 것은?

① SOC(State Of Charge)
② PRA(Power Relay Assemble)
③ LDC(Low DC-DC Converter)
④ BMS(Battery Management System)
⑤ EWP(Electric Water Pump)

> ✔해설 SOC(state of charge)는 배터리 사용이 가능한 충전상태를 표시하는 것으로 충전상태의 최대 제한영역은 20 ~ 80% 이내이며, 평상시에는 충전 상태영역이 55 ~ 80% 범위를 벗어나지 않도록 제어한다.

Answer 54.① 55.③ 56.③ 57.③ 58.④ 59.①

60 전기자동차의 전기장치 정비 시 반드시 지켜야 할 내용이 아닌 것은?

① 절연 장갑을 착용하고 작업한다.
② 서비스 플러그(안전 플러그)를 제거한다.
③ 전원을 차단하고 일정시간이 경과 후 작업한다.
④ 하이브리드 컴퓨터의 커넥터를 분리한다.
⑤ 절연 공구를 사용하여 작업한다.

> **해설** 하이브리드 컴퓨터 커넥터의 자체 분리와 반드시 지켜야 될 내용과는 무관하다.

61 연료전지 자동차 특징에 대한 설명이다. 다음 중 틀린 것은?

① 개발 비용과 가격이 저렴하다.
② 연료전지는 단위 중량 당 에너지 밀도가 매우 우수하다.
③ 화석연료 이외의 연료(천연가스 알코올, 수소 등)를 사용할 수 있는 이점이 있다.
④ 연료전지만을 사용하는 자동차와 연료전지와 2차 전지의 하이브리드 시스템으로 개발되는 자동차도 있다.
⑤ 주행거리가 전기자동차보다 길다.

> **해설** 배터리 충전시간, 주행거리등 개발비용이 많이 발생한다.

62 전기자동차의 실용화를 위한 설명 중 틀린 것은?

① 전동기는 효율이 높고 값이 싸고, 축전지는 충전시간이 길어야 한다. 내연기관의 자동차를 대체할만한 최대 주행능력 및 최고속도를 개선하여야 한다.
② 전기자동차의 실용화를 위해서는 축전지의 급속충전, 폐배터리처리문제, A/S등의 기반시설 구축이 필요하다.
③ 내연기관의 자동차를 대체할만한 최대 주행능력 및 최고속도를 개선하여야 한다.
④ BMS(Battery Management System) 및 효율적인 냉각장치, 에어컨 및 히터의 개발이 필요하다.

> **해설** 주행하는 자동차는 축전지의 충전시간이 대체로 짧아야 한다.

63 친환경 자동차에 적용하는 배터리 중 자기방전이 없고 에너지 밀도가 높으며, 전해질이 겔 타입이고 내 진동성이 우수한 방식은?

① 리튬이온 폴리머 배터리(Li-Pb Battery)
② 니켈수소 배터리(Ni-MH Battery)
③ 니켈카드뮴 배터리(Ni-Cd Battery)
④ 리튬이온 배터리(Li-ion Battery)
⑤ 리튬인산철 배터리(Li-FePO4 Battery)

> **해설** 리튬이온 폴리머 배터리는 열적 안정성이 우수하고, 환경부하가 적어야 하며, 취급이 쉽고, 가격이 싸야 한다.

64 친환경 전기자동차의 구동 모터 작동을 위한 전기 에너지를 공급 또는 저장하는 기능을 하는 것은?

① 보조 배터리
② 변속기 제어기
③ 고전압 배터리
④ 엔진 제어기
⑤ 압축 배터리

> **해설** 고전압 배터리의 역할은 출력 보조 시 전기 에너지 공급, 충전 시 전기 에너지 저장하는 기능이 있다.

65 바퀴에서 발생하는 회전력을 이용하여 전기적 에너지로 변환시켜 축전지 충전을 실행하는 모드를 무엇이라 하는가?

① 감속 모드(회생 재생모드)
② 아이들 스톱 모드
③ 시동 모드
④ 발진 모드
⑤ 가속 모드

> **해설** 감속할 때 전동기는 바퀴에 의해 구동되어 발전기의 역할을 한다.
> 감속할 때 발생하는 운동에너지를 전기에너지로 변환시켜 축전지를 충전한다.

Answer 60.④ 61.① 62.① 63.① 64.③ 65.①

66 메인릴레이(+)가 작동되기 전에 먼저 작동하여 고전압 축전지(+)전원을 인버터 쪽으로 인가시켜주는 부품은 어느 것인가?

① 전류 센서(current sensor)
② 고전압 축전지(high voltage battery)
③ 세이프티 플러그(safety plug)
④ 프리 차져 릴레이(pre charger relay)
⑤ 릴레이 컨트롤러(relay controller)

> ✔해설 프리 차져 릴레이는 메인릴레이(+)가 작동되기 전에 먼저 작동하여 고전압 배터리(+)전원을 인버터 쪽으로 인가시켜 주는 역할을 한다.

67 하이브리드 자동차에서 고전압 관련정비 시 고전압을 해제하는 장치는?

① 전류 센서
② 배터리 팩
③ 안전 스위치(안전 플러그)
④ 프리 차져 저항
⑤ 고전압 배터리

> ✔해설 세이프티 스위치(안전 플러그)는 기계적인 분리를 통하여 고전압 배터리 내부 회로를 연결 또는 차단하는 역할을 한다.

68 전기자동차 고전압 배터리 충전상태(SOC)의 일반적인 제한영역은?

① 20~80%
② 55~86%
③ 86~110%
④ 110~140%
⑤ 140~160%

> ✔해설 고전압 배터리 충전상태는 일반적인 제한범위는 20~80% 범위이다.

69 수소연료 자동차에 대한 설명으로 틀린 것은?

① 수소는 물을 원료로 제조하며, 사용한 후에는 다시 물로 재순환되는 무한 에너지원이다.
② 수소를 저장하는 방법에는 액체수소 저장탱크와 금속수소 화합물을 이용한 수소흡장 합금 저장탱크 등이 사용된다.
③ 액체수소를 사용하는 경우 수소를 액화시키는 방법과 저장이 매우 쉽다.
④ 수소를 연소시키면 약간의 질소산화물만 발생시키고 다른 유해가스는 발생하지 않는다.
⑤ 수소는 천연가스를 원료로도 생산할 수 있다.

> ✔해설 수소를 액화시켜 저장하는 방법이 어려우며 저장탱크를 제작하는 방법 또한 어렵다.

70 수소연료와 저장방법을 설명한 것이다. 다음 중 틀린 것은?

① 동일한 연료 탱크의 크기로 가솔린기관 자동차 이상의 장거리 주행도 가능하다.
② 수소의 고밀도 저장방법에는 고압용기, 액체수소 저장탱크, 수소흡장 합금 저장탱크 등 3가지가 있다.
③ 대체 연료 중 에너지 효율 면에서 가장 우수한 연료이다.
④ 수소는 상온에서 기체이므로 에너지 밀도가 낮아 고밀도화시키는 것이 주요 관건이다.
⑤ 수소는 저장방식에 따라 다양한 형태로 운송이 가능하다.

> ✔해설 수소는 대체 연료 중 에너지 효율이 낮아 경제적이지 못하다.

Answer 66.④ 67.③ 68.① 69.③ 70.③

02 기계이해능력

1 기계설계시 유의사항으로 옳지 않은 것은?

① 제품이 표준화되어야 한다.
② 수리가 쉽고 운반이 용이해야 한다.
③ 외관과 디자인은 중요하지 않다.
④ 기계의 효율이 좋아야 한다.
⑤ 수명이 길어야 한다.

✔해설 기계설계시 유의사항
㉠ 기계의 기구는 사용목적에 맞게 간단하고 동작이 명확해야 한다.
㉡ 기계의 구조와 외형은 조정과 수리가 쉽고, 운반이 편리해야 한다.
㉢ 기계의 각 부는 될수록 경량, 소형이어야 하고 수명이 길어야 한다.
㉣ 유지비와 제작비가 저렴하고, 기계의 효율이 좋아야 한다.
㉤ 외관 및 디자인이 양호하고 상품가치가 있어야 한다.
㉥ 제품이 표준화되어야 한다.

2 강체로 구성되어 있으며 운동을 원하는 형태로 변환 가능하고 동력전달이 없는 것을 무엇이라 하는가?

① 기구
② 기계
③ 요소
④ 기소
⑤ 기수

✔해설 ② 기계는 동력을 전달하도록 설계되어 있으며 모든 기구를 포함한다.
④ 기계를 구성하는 두 부품이 서로 접촉하면서 일정한 상호운동을 할 때 각각의 두 부품을 일컫는다.

3 후크의 법칙이란?

① 비례 한도 내에서 응력과 변형률은 비례한다.
② 비례 한도 내에서 응력과 변형률은 반비례한다.
③ 비례 한도 내에서 응력은 변형률의 제곱에 비례한다.
④ 비례 한도 내에서 응력은 변형률의 제곱에 반비례한다.
⑤ 비례 한도 내에서 응력과 변형률은 동일하다.

✔해설 후크의 법칙 … 응력 - 변형률 선도의 비례 한도 내에서 응력과 변형률이 비례하는 법칙이다.

4 응력에 대한 설명으로 옳은 것은?

① 하중에 대한 길이변형량의 비이다.
② 단위면적에 작용하는 하중이다.
③ 재료에 작용하는 하중과 평행한 하중이다.
④ 진폭과 주기가 일정한 하중이다.
⑤ 크기가 같고 방향이 반대되는 힘이 작용하는 하중이다.

> **해설** 응력(Stress) … 물체에 하중이 작용하면 그 물체의 내부에는 하중에 대항하는 힘이 생겨 균형을 이루게 되는데 이 저항력을 의미하며, 재료의 단면적과 작용 하중의 비로 나타낸다.

5 다음 중 안전율을 결정하는 선정요소에 해당하지 않는 것은?

① 제품의 형상 및 기능
② 응력계산 정확도의 대소
③ 하중견적 정확도의 대소
④ 재질 및 그 균질성에 대한 신뢰도
⑤ 공작, 조립의 정밀도

> **해설** 안전계수(또는 안전율) 결정시 고려할 사항
> ㉠ 하중, 응력의 종류 및 성질
> ㉡ 재질의 균일성에 대한 신뢰도
> ㉢ 하중계산의 정확도
> ㉣ 응력계산의 정확도
> ㉤ 작동조건(온도, 습도, 마찰, 침식, 부식, 마모 등)의 영향
> ㉥ 공작, 조립의 정밀도와 잔류응력
> ㉦ 재료의 수명

Answer 1.③ 2.① 3.① 4.② 5.①

6 못을 뺄 때 못에는 어떤 하중이 작용하는가?

① 압축 하중
② 인장 하중
③ 전단 하중
④ 비틀림 하중
⑤ 변동 하중

✔해설 하중의 기계적 성질
㉠ 인장 하중 : 하중이 재료의 축방향을 따라 재료의 바깥쪽으로 작용한다.
㉡ 압축 하중 : 하중이 재료의 축방향을 따라 재료의 안쪽으로 작용한다.
㉢ 전단 하중 : 하중이 재료 단면적에 평행하게 작용한다.
㉣ 비틀림 하중 : 재료를 비트는 힘으로 작용한다.

7 극한 강도(기준 강도)를 선택하는 방법에 대한 설명으로 옳지 않은 것은?

① 정 하중이 연성재료에 작용하는 경우에는 항복점을 기준 강도로 한다.
② 정 하중이 취성재료에 작용하는 경우에는 좌굴 응력을 기준 강도로 한다.
③ 반복 하중, 교번 하중이 작용하는 경우에는 피로 한도를 기준 강도로 한다.
④ 고온에서 정 하중이 작용하는 경우에는 크리프 한도를 기준 강도로 한다.
⑤ 긴 기둥이나 편심 하중이 작용하는 경우에는 좌굴 응력을 기준 강도로 한다.

✔해설 재료의 극한 강도(기준 강도) 선정법
㉠ 정 하중이 연성재료에 작용하는 경우 : 항복점이 기준 강도
㉡ 정 하중이 취성재료에 작용하는 경우 : 극한 강도가 기준 강도
㉢ 반복 하중, 교번 하중이 작용하는 경우 : 피로 한도가 기준 강도
㉣ 고온에서 정 하중이 작용하는 경우 : 크리프 한도가 기준 강도
㉤ 긴 기둥이나 편심 하중이 작용하는 경우 : 좌굴 응력이 기준 강도
㉥ 소성설계나 극한설계의 경우 : 붕괴하지 않는 최대 하중이 기준 강도

8 재료에 인장 응력과 압축 응력이 동시에 발생할 때의 조합 응력을 나타내는 것은?

① 굽힘 응력
② 전단 응력
③ 허용 응력
④ 잔류 응력
⑤ 열 응력

✔해설 굽힘 응력 … 재료에 인장 응력과 압축 응력이 동시에 발생할 때 생긴다.

9 임의의 재료에 축방향의 하중이 작용한다고 가정할 때, 하중의 작용으로 인해 축 방향으로 재료의 길이가 변화했다. 이 때 이 값을 무엇이라고 하는가?

① 종 변형률
② 횡 변형률
③ 체적 변형률
④ 전단 변형률
⑤ 열 변형률

✔해설 종 변형률은 재료에 하중 작용시 본래 길이에 대한 변형량의 비를 의미한다.

10 응력 집중을 완화시키는 방법으로 옳지 않은 것은?

① 단면이 변화하는 부분에 보강재를 결합한다.
② 재료에 여러 개의 단면변화형상을 설치한다.
③ 테이퍼를 생성하여 단면변화를 완화시킨다.
④ 응력 집중이 증가되지 않도록 필렛의 반지름을 크게한다.
⑤ 필렛의 반지름을 작게 한다.

✔해설 응력집중의 완화대책
㉠ 필렛 반지름을 크게 한다. 필렛의 반지름을 작게 하면 응력 집중이 증가하게 된다.
㉡ 테이퍼 부분을 설치하여 단면변화를 완화시킨다.
㉢ 재료에 여러 개의 단면변화형상을 설치한다.
㉣ 단면변화 부분에 보강재를 결합한다.

11 탄성계수(Modulus of elasticity)에 대해 옳게 설명한 것은?

① 재료가 받는 응력에 따라 변한다.
② 재료가 갖고 있는 고유의 값이다.
③ 재료의 형상에 따라 값이 변한다.
④ 재료의 크기에 따라 값이 변한다.
⑤ 재료의 무게에 따라 값이 변한다.

✔해설 연강의 탄성계수 … $E = 2.1 \times 10^6 \text{kgf/cm}^2$

Answer 6.② 7.② 8.① 9.① 10.⑤ 11.②

12 다음 중 동력전달 기계요소가 아닌 것은?

① 축　　　　　　　　　② 벨트
③ 로프　　　　　　　　④ 기어
⑤ 클러치

✔해설 ⑤ 클러치는 동력제어 기계요소이다.

13 응력 - 변형률 선도에서 후크의 법칙(Hook's Law)은 어느 범위 내에서 성립하는가?

① 사용 응력　　　　　② 허용 응력
③ 비례 한도　　　　　④ 탄성 한도
⑤ 극한 강도

✔해설 후크의 법칙(Hook's law) … 응력 - 변형률 선도의 비례 한도 이내에서 응력과 변형률이 비례하는 법칙이다.

14 재료의 단위면적에 작용하는 힘을 무엇이라 하는가?

① 변형률　　　　　　　② 응력
③ 전단력　　　　　　　④ 피로
⑤ 하중

✔해설 응력(Stree) … 어떤 물체에 하중이 작용할 때 그 물체 내부에 생기는 하중에 대항하는 저항력을 응력이라 한다. 재료에 발생하는 응력은 재료의 단면적과 작용 하중의 비로서 나타낸다.

15 탄성계수 E에 대해 옳게 설명한 것은?

① 재료에 작용한 하중을 변위량으로 나눈 값
② 응력과 변형률과의 비례상수
③ 세로 변형률을 가로 변형률로 나눈 값
④ 변형률을 수직 응력으로 나눈 값
⑤ 가로 변형률을 세로 변형률로 나눈 값

✔ 해설 탄성계수 $= \dfrac{\text{응력}}{\text{변형률}}$

16 다음 중 하중의 크기가 순서대로 바르게 나열된 것은?

① 비례 한도 < 탄성 한도 < 항복점 < 극한 강도
② 비례 한도 < 항복점 < 탄성 한도 < 극한 강도
③ 탄성 한도 < 비례 한도 < 항복점 < 극한 강도
④ 항복점 < 비례 한도 < 극한 강도 < 탄성 한도
⑤ 항복점 < 극한 강도 < 비례 한도 < 탄성 한도

✔ 해설 응력-변형률 선도
㉠ A : 비례 한도
㉡ B : 탄성 한도
㉢ C : 상항복점
㉣ D : 하항복점
㉤ E : 극한 강도
㉥ F : 파괴 강도

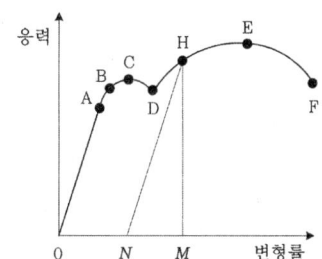

Answer 12.⑤ 13.③ 14.② 15.② 16.①

17 다음 중 헬리컬기어(helical gear)에 대한 설명으로 틀린 것은?

① 두 축이 평행하다.
② 제작하기가 어렵다.
③ 전달 장치나 감속기에 사용한다.
④ 스퍼기어보다 접촉선의 길이가 짧아 작은 힘을 전달한다.
⑤ 소음이 작다.

> **해설** 헬리컬기어는 원통기어의 하나로 톱니 줄기가 경사져 있으며 톱니줄이 나선 곡선인 원통기어로서 2축의 상대적 위치는 스퍼기어보다 접촉선의 길이가 길어서 큰 힘을 전달할 수 있고, 원활하게 회전하므로 소음이 작다. 단점으로는 제작하기가 어렵고 톱니가 경사져 있어서 추력이 작용한다.

18 키(key)에 대한 설명으로 틀린 것은?

① 기어, 벨트, 풀리 등을 축에 고정하여 토크를 전달한다.
② 키는 축보다 강도가 약한 재료를 사용한다.
③ 일반적으로 키의 윗면에는 1/100의 기울기를 붙인다.
④ 가장 널리 사용되는 키는 묻힘 키이다.
⑤ 비틀림에 의하여 전달력을 받는다.

> **해설** 키(key) … 기어나 벨트풀리 등을 회전축에 고정할 때, 토크를 전달하는 동시에 축방향으로 이동할 때 키의 재질은 축보다 훨씬 강한 것을 사용한다.

19 키가 전달할 수 있는 토크의 크기가 큰 순서부터 작은 순으로 나열된 것은?

① 성크키, 스플라인, 새들키, 평키
② 스플라인, 성크키, 평키, 새들키
③ 세레이션, 성크키, 스플라인, 평키
④ 평키, 스플라인, 새들키, 성크키
⑤ 평키, 새들키, 스플라인, 성크키

✔ 해설 토크의 크기순서 … 스플라인 – 성크키 – 평키 – 새들키

20 다음 중 정밀한 위치를 결정할 때 사용되는 핀은?

① 평행핀
② 스프링핀
③ 분할핀
④ 테이퍼핀
⑤ 고정핀

✔ 해설 핀의 종류
  ㉠ 평행핀 : 위치 결정에 사용한다.
  ㉡ 스프링핀 : 세로방향으로 쪼개져 있어서 해머로 충격을 가해 물체를 고정시키는 데 사용된다.
  ㉢ 분할핀 : 부품의 풀림방지나 바퀴가 축에서 빠지는 것을 방지할 때 사용된다.
  ㉣ 테이퍼핀 : 정밀한 위치 결정에 사용된다.

21 다음 중 볼트와 사용 용도가 바르게 연결된 것은?

① 탭 볼트 – 기계나 구조물의 기초 위에 고정시킬 때 사용된다.
② 관통 볼트 – 자주 분해, 결합하는 경우에 사용된다.
③ 아이 볼트 – 물체를 끌어올리는 데 사용된다.
④ T볼트 – 결합할 부분이 두꺼워서 관통구멍을 뚫을 수 없을 때 사용된다.
⑤ 스터드 볼트 – 한쪽 끝은 고정되고 다른 한쪽은 너트를 이용해 물체를 조립하는데 사용된다.

✔ 해설 ① 결합할 부분이 두꺼워서 관통 구멍을 뚫을 수 없을 때 한 쪽 부분에 탭핑작업을 하고, 다른 한 쪽에 구멍을 뚫어 나사를 고정시키는 방법으로 너트는 사용되지 않는다.
② 연결할 두 개의 부품에 구멍을 뚫고 볼트를 관통시킨 후 너트로 죄는 볼트이다.
③ 물체를 끌어올리는 데 사용되는 것으로 머리부분이 도너츠 모양으로 그 부분에 체인이나 훅을 걸 수 있도록 만들어져 있다.
④ 머리가 T자형으로 된 볼트를 말하며, 공작기계에 일감이나 바이스 등을 고정시킬 때에 사용된다.
⑤ 양 끝을 깎은 머리가 없는 볼트로서 한 쪽은 몸체에 고정시키고, 다른 쪽에는 결합할 부품을 대고 너트를 끼워 죄는 볼트이다.

Answer 17.④ 18.② 19.② 20.④ 21.③

22 다음 중 동력전달이 커서 자동차의 핸들에 주로 사용되는 것은?

① 원추키
② 안장키
③ 평키
④ 세레이션 축
⑤ 반달키

> **해설** ① 필요한 위치에 정확하게 고정시킬 필요가 있는 곳에 사용되며, 바퀴가 편심되지 않는 장점이 있다.
> ② 큰 회전력을 전달하거나 역회전에 용이하게 만든 키로, 큰 동력을 전달 할 수는 있으나 불안정하다.
> ③ 보스에 키홈이 있고, 축과 키가 닿는 부분은 편평하게 깎아 사용하는 키로 주로 경하중에 사용된다.
> ④ 작은 삼각형의 키홈을 많이 만들어 동력전달이 큰 관계로 자동차의 핸들에 주로 사용된다.
> ⑤ 반달모양의 키로 가공 및 분해 · 조립이 용이한 장점이 있으며, 직경이 작은 축이나 테이퍼축에 사용된다.

23 다음 중 수밀을 요하는 물탱크나 연통에 사용되는 리벳은?

① 관용 리벳
② 저압용 리벳
③ 구조용 리벳
④ 복줄 리벳
⑤ 고압용 리벳

> **해설** 리벳의 사용목적에 따른 분류
> ㉠ 관용리벳 : 주로 기밀을 요하는 보일러나 압력용기에 사용된다.
> ㉡ 저압용 리벳 : 주로 수밀을 요하는 물탱크나 연통에 사용된다.
> ㉢ 구조용 리벳 : 주로 힘의 전달과 강도를 요하는 구조물이나 교량에 사용된다.

24 다음 중 리벳이음 작업의 순서를 바르게 나타낸 것은?

> ㉠ 강판이나 형판을 구멍이나 드릴을 이용하여 구멍을 뚫는다.
> ㉡ 기밀을 필요로 하는 경우는 코킹을 만든다.
> ㉢ 뚫린 구멍을 리머로 정밀하게 다듬은 후 리벳팅한다.

① ㉠ - ㉢ - ㉡
② ㉠ - ㉡ - ㉢
③ ㉡ - ㉢ - ㉠
④ ㉡ - ㉠ - ㉢
⑤ ㉢ - ㉡ - ㉠

> ✔해설 리벳이음 작업의 순서 … 강판이나 형판을 구멍이나 드릴을 이용하여 구멍을 뚫는다. → 뚫린 구멍을 리머로 정밀하게 다듬은 후 리벳팅 한다. → 기밀을 필요로 하는 경우 코킹을 만든다.

25 다음 중 리벳이음의 장점으로 옳지 않은 것은?

① 용접이음의 손실이 적다.
② 구조물 등 현장조립이 용이하다.
③ 용접이 곤란한 경합금의 접합에 유리하다.
④ 이음부가 열에 의한 변형이 없다.
⑤ 응력에 의한 잔류변형이 생기지 않는다.

> ✔해설 ① 리벳이음은 용접이음과는 달리 응력에 의한 잔류변형이 생기지 않으므로 파괴가 일어나지 않고, 구조물을 현지에서 조립할 때에는 용접이음보다 쉽다.

Answer 22.④ 23.② 24.① 25.①

26 다음 중 용접의 장점으로 옳지 않은 것은?

① 자재가 절약된다.
② 공정수가 감소된다.
③ 열 영향을 받지 않는다.
④ 제품의 성능과 수명이 향상된다.
⑤ 이음 효율이 높아진다.

> ✔ 해설 용접이음의 장·단점
> ㉠ 용접이음의 장점
> • 수밀, 기밀성이 우수하다.
> • 이음효율이 높다.
> • 초대형품도 제작이 가능하다.
> • 용접부의 내마멸성, 내식성, 내열성을 가지게 한다.
> • 설계가 자유로우며, 강도가 크고 용접할 판의 두께의 제한이 없다.
> ㉡ 용접이음의 단점
> • 열에 의한 변형과 크랙이 생길 수 있다.
> • 용접이음 부분에 응력이 집중된다.
> • 용접부의 검사가 어렵다.

27 작은 동력을 전달하며, 축에는 키의 폭만큼 평탄하게 깎아서 키의 자리를 만들고 보스에 키홈을 파서 사용하는 것은?

① 반달키
② 미끄럼키
③ 성크키
④ 접선키
⑤ 평키

> ✔ 해설 키의 종류
> ㉠ 반달키 : 반달모양의 키로 가공 및 분해·조립이 용이한 장점이 있으며, 직경이 작은 축이나 테이퍼축에 사용된다.
> ㉡ 미끄럼키 : 키의 기울기가 없는 키로 키와 보스가 축 방향으로 자유롭게 이동할 수 있도록 만들어진 키이다.
> ㉢ 묻힘키(성크키) : 가장 널리 사용되는 키로 축과 보스 양쪽에 키홈이 있다.
> ㉣ 접선키 : 큰 회전력을 전달하거나 역회전을 용이하게 하기 위하여 120°각도로 두 곳에 키를 설치한 키이다.
> ㉤ 평키 : 보스에 키홈이 있고, 축과 키가 닿는 부분은 편평하게 깎아 사용하는 키로 주로 경하중에 사용된다.

28 나사에서 리드란 무엇을 뜻하는가?

① 나사를 한 바퀴 돌렸을 때 축 방향으로 움직인 거리
② 나사의 골부분으로 수나사에서는 최소지름이고, 암나사에서는 최대지름
③ 수나사의 바깥지름으로 나사의 호칭지름
④ 나사산과 나사산 사이의 축방향 거리
⑤ 바깥지름과 골지름의 평균지름

> ✔해설 나사 각 부의 명칭
> ㉠ 리이드 : 나사를 한 바퀴 돌렸을 때 축 방향으로 움직인 거리
> ㉡ 피치 : 나사산과 나사산 사이의 축방향의 거리
> ㉢ 골지름 : 나사의 골부분으로 수나사에서는 최소지름이고, 암나사에서는 최대지름
> ㉣ 바깥지름 : 수나사의 바깥지름으로 나사의 호칭지름
> ㉤ 유효지름 : $\dfrac{바깥지름 + 골지름}{2}$

29 다음 중 와셔의 용도로 옳지 않은 것은?

① 볼트 자리의 표면이 미끄러울 때
② 압축에 약한 목재, 고무, 경합금 등에 사용될 때
③ 풀림을 방지할 때
④ 볼트의 구멍이 클 때
⑤ 가스켓을 조일 때

> ✔해설 와셔의 용도
> ㉠ 볼트의 구멍이 클 때
> ㉡ 볼트 자리의 표면이 거칠 때
> ㉢ 압축에 약한 목재, 고무, 경합금 등에 사용될 때
> ㉣ 풀림을 방지하거나 가스켓을 조일 때

Answer 26.③ 27.⑤ 28.① 29.①

30 다음 중 가장 큰 토크를 전달하는 키는?

① 반달키 ② 스플라인
③ 새들키 ④ 성크키
⑤ 접선키

✔해설 토크의 전달크기의 순서 … 세레이션 축 > 스플라인 축 > 접선키 > 성크키 > 반달키 > 안장키

31 다음 중 기밀을 유지하기 위하여 행해지는 작업은?

① 리벳팅 ② 스냅팅
③ 풀러링 ④ 풀림
⑤ 코킹

✔해설 리벳이음의 작업방법
㉠ 리베팅(Rivetting) : 스냅공구를 이용하여 리벳의 머리를 만드는 작업
㉡ 코킹(Caulking) : 리벳의 머리 주위 또는 강판의 가장자리를 끌을 이용하여 그 부분을 밀착시켜 틈을 없애는 작업
㉢ 풀러링(Fullering) : 완벽한 기밀을 위해 끝이 넓은 끌로 때려 붙이는 작업

32 다음 중 인장력 또는 압축력이 작용하는 두 축을 연결할 때 사용되는 연결방법은?

① 용접 ② 리벳
③ 볼트 ④ 코터
⑤ 비드

✔해설 코터 … 축방향으로 인장력이나 압축력을 받는 두 축을 연결할 때 쓰인다.

33 다음 중 직교하는 면을 접합하는 용접방법은?

① 비드 용접 ② 플러그 용접
③ 필릿 용접 ④ 홈 용접
⑤ 맞대기 용접

✅해설 ① 재료를 구멍을 내거나 가공을 하지 않은 상태에서 비드를 용착시키는 용접방법이다.
② 접합할 재료의 한 쪽에만 구멍을 내어 그 구멍을 통해 판의 표면까지 비드를 쌓아 접합하는 용접방법이다.
③ 직교하는 면을 접합하는 용접방법이다.
④ 접합하고자 하는 부위에 홈을 만들어 용접하는 방법이다.
⑤ 두 재료를 평행하게 맞대어 접합하는 용접방법이다.

34 다음 중 코킹효과가 없는 것은?

① 두께가 5mm 이하인 강판
② 두께가 15mm 이하인 강판
③ 두께가 30mm 이하인 강판
④ 두께가 45mm 이하인 강판
⑤ 두께가 50mm 이하인 강판

✅해설 ① 두께가 5mm 이하인 강판의 경우에는 코킹의 효과가 없다.

35 다음 중 미끄럼(슬라이딩) 베어링을 구름 베어링과 비교한 것으로서 바르지 않은 것은?

① 충격흡수능력이 크다.
② 고속회전에 유리하다.
③ 소음이 작다.
④ 추력하중을 용이하게 받는다.
⑤ 마찰계수가 크다.

✅해설 슬라이딩 베어링의 특징
㉠ 추력하중을 받기가 어렵다.
㉡ 충격흡수능력이 크다.
㉢ 고속회전능력에 유리하다.
㉣ 소음이 작다.
㉤ 마찰계수가 크다.

Answer 30.② 31.③ 32.④ 33.③ 34.① 35.④

36 다음 중 하중방향에 따른 베어링(bearing) 분류 중 축과 수직으로 하중이 걸리는 경우에 사용하는 베어링은?

① 레이디얼(radial) 베어링
② 스러스트(thrust) 베어링
③ 구름(rolling) 베어링
④ 미끄럼(sliding) 베어링
⑤ 롤러(roller) 베어링

✔해설 구름베어링과 미끄럼베어링의 구분은 접촉상태에 따른 분류이고, 스러스트 베어링은 축방향으로 하중이 작용하는 경우에 사용된다.

37 두 축이 어떤 각을 이루고 만나거나 회전중에 이 각이 변화할 때 사용되는 것으로 공작기계와 자동차에 널리 사용되는 축이음방식은?

① 슬리브 커플링
② 자재이음
③ 플렉시블 커플링
④ 플랜지 커플링
⑤ 유체 커플링

✔해설 유니버셜 조인트 … 두 축이 일직선상에 있지 않고 서로 어떤 각도로 교차하는 경우에 사용되는 축이음방식으로 자재이음이라고도 한다.

38 클러치를 설계할 때 유의할 사항으로 옳지 않은 것은?

① 균형상태가 양호하도록 하여야 한다.
② 관성력을 크게 하여 회전 시 토크 변동을 작게 한다.
③ 단속을 원활히 할 수 있도록 한다.
④ 마찰열에 대하여 내열성이 좋아야 한다.
⑤ 엔진의 동력을 일시 차단하여야 한다.

✔해설 클러치(clutch) … 클러치는 붙잡음, 움켜쥠의 뜻. 클러치는 엔진과 변속기 사이에 설치되어 엔진의 회전력을 구동 바퀴에 전달 또는 차단하는 장치로서 엔진 시동시 무부하 상태로 하고, 자동차의 관성 운전을 위해서 엔진의 동력을 일시 차단하여야 하며, 변속 시 동력을 차단하여 변속을 쉽게 하도록 한다

39 다음 중 차축이 받는 힘은?

① 주로 휨 하중을 받는다.
② 주로 압축 하중을 받는다.
③ 주로 비틀림 하중을 받는다.
④ 휨과 비틀림 하중을 받는다.
⑤ 비틀림과 압축 하중을 받는다.

> **해설** 차축(axle) … 주로 굽힘 모멘트를 받으며, 토크를 전하는 회전축과 전하지 않는 정지축이 있다.

40 주로 비틀림작용을 받으며 모양과 치수가 정밀한 짧은 회전축은 어느 것인가?

① 차축
② 크랭크축
③ 전동축
④ 직선축
⑤ 스핀들축

> **해설** 축의 분류
> ㉠ 용도에 의한 분류
>   • 차축(axle) : 주로 굽힘 모멘트를 받으며, 토크를 전하는 회전축과 전하지 않는 정지축이 있다.
>   • 전동축(transmission shaft) : 주로 비틀림과 굽힘 모멘트를 동시에 받으며, 축의 회전에 의하여 동력을 전달하는 축이다.
>   • 스핀들(spindle) : 주로 비틀림 하중을 받으며, 공작기계의 회전축에 쓰인다.
> ㉡ 형상에 의한 분류
>   • 직선축(straight shaft) : 일반적으로 동력을 전달하는 데 사용되는 축이다.
>   • 크랭크축(crank shaft) : 왕복운동과 회전운동의 상호변환에 사용되는 축으로 다시 말하자면 직선운동을 회전운동으로 또는 회전운동을 직선운동으로 바꾸는 데 사용되는 축이다.
>   • 플렉시블축(flexible shaft) : 철사를 코일모양으로 2~3중으로 감아서 자유롭게 휠 수 있도록 만든 것으로 전동축이 큰 굽힘을 받을 때 축방향으로 자유로이 변형시켜 충격을 완화하는 축이다.

Answer 36.① 37.② 38.② 39.① 40.⑤

41 다음 중 축설계시 고려사항으로 옳지 않은 것은?

① 회전수는 고려하지 않아도 된다.
② 다양한 하중을 충분히 견딜 수 있도록 한다.
③ 부식을 방지할 수 있도록 한다.
④ 처짐이나 비틀림에 충분히 견딜 수 있도록 한다.
⑤ 열응력에 의한 파괴를 방지할 수 있도록 한다.

> ✔해설 축 설계시 고려사항
> ㉠ 강도(strength) : 다양한 종류의 하중을 충분히 견딜 수 있는 충분한 하중을 갖도록 설계해야 한다.
> ㉡ 강성(rigidity, stiffness) : 강성이란 처짐이나 비틀림에 대한 저항력을 말하며, 강성의 종류에는 굽힘 강성과 비틀림 강성이 있는데, 이러한 처짐이나 비틀림에 충분히 견딜 수 있도록 설계하여야 한다.
> ㉢ 진동(vibration) : 굽힘 또는 비틀림으로 진동이 축의 고유진동과 공진할 때의 위험속도를 고려하여 다양한 종류의 진동에 충분히 견딜 수 있도록 설계하여야 한다.
> ㉣ 부식 : 부식의 우려가 있는 곳에서 사용되는 축은 부식을 방지할 수 있는 방식처리를 하여, 부식을 방지할 수 있도록 설계하여야 한다.
> ㉤ 열응력 : 높은 열응력을 받는 축은 열응력 및 열팽창을 고려하여 열응력에 의한 파괴를 방지할 수 있도록 설계하여야 한다.

42 다음 중 윤활유의 성질 중 가장 중요한 것은?

① 비중 ② 비열
③ 온도 ④ 점도
⑤ 마찰

> ✔해설 윤활유는 적당한 점도를 가져야 한다.

43 다음 중 동력 전달용으로 가장 적합한 나사는?

① 삼각 나사 ② 사다리꼴 나사
③ 둥근 나사 ④ 미터 나사
⑤ 비틀림 나사

> ✔해설 동력전달용 나사종류 … 사각 나사, 사다리꼴 나사, 톱니 나사

44 축 주위에 여러 개의 키를 깎은 것은 무엇인가?

① 묻힘키
② 평키
③ 페더키
④ 스플라인
⑤ 미끄럼키

> **해설** 스플라인(spline) … 축의 둘레에 여러 개의 키 홈을 깎은 것으로 축의 단면적이 감소하여 강도가 저하되고 키 홈의 노치역할로 인해 응력집중이 발생하게 된다. 따라서 이런 경우 미끄럼키를 축과 일체로 하는 스플라인 축을 사용한다.

45 다음 중 플랜지를 축 끝에 끼우고 키와 볼트로 고정시킨 것으로 가장 많이 사용되는 축이음은?

① 슬리브 커플링
② 플랜지 커플링
③ 플렉시블 커플링
④ 자재이음
⑤ 올덤 커플링

> **해설** 플랜지 커플링 … 축의 양 끝에 플랜지를 붙이고 볼트로 체결하는 방식으로 직경이 큰 축이나 고속회전하는 정밀회전축 이음에 사용된다.

46 다음 중 호칭번호가 60 6 C2 P6인 베어링의 안지름은?

① 2mm
② 6mm
③ 10mm
④ 12mm
⑤ 15mm

> **해설** 세 번째 번호가 안지름의 치수를 말하는 것이며, 안지름이 10mm 미만인 것은 지름 치수를 그대로 안지름 번호로 쓰므로 호칭번호가 60 6 C2 P6인 베어링의 안지름은 6mm이다.

Answer 41.① 42.④ 43.② 44.④ 45.② 46.②

47 다음 중 구름 베어링의 구성요소로 옳지 않은 것은?

① 부시
② 내륜
③ 외륜
④ 리테이너
⑤ 전동체

> ✔해설 구름 베어링의 구성요소 … 내륜, 외륜, 전동체(볼 또는 롤러), 리테이너

48 다음 중 고속회전이나 중하중의 기계용에 사용되는 축의 재료는?

① 주철
② 탄소강
③ Ni - Cr강
④ 알루미늄
⑤ 동합금

> ✔해설 축의 재료로는 일반적으로 탄소강이 가장 널리 쓰이며, 고속회전이나 중하중의 기계용에는 Ni - Cr강, Cr - Mo강 등의 특수강을 사용한다.

49 다음 중 축을 용도에 의해 분류할 때 속하는 것은?

① 직선축
② 크랭크축
③ 전동축
④ 플렉시블축
⑤ 중실축

> ✔해설 축은 용도에 따라 차축, 전동축, 스핀들로 분류되며, 형상에 따라 직선축, 크랭크축, 플렉시블축으로 나뉜다.

50 다음 중 고무, 가죽, 금속판 등과 같이 유연성이 있는 것을 매개로 사용하는 커플링은?

① 플랜지 커플링
② 플렉시블 커플링
③ 올덤 커플링
④ 유니버설 조인트
⑤ 머프 커플링

> ✔ 해설 커플링의 종류
> ㉠ 플랜지 커플링: 축의 양 끝에 플랜지를 붙이고 볼트로 체결하는 방식으로 직경이 큰 축이나 고속회전하는 정밀회전축 이음에 사용된다.
> ㉡ 플렉시블 커플링(flexible coupling) … 두 축의 중심을 완벽하게 일치시키기 어려울 경우나 엔진, 공작기계 등과 같이 진동이 발생하기 쉬운 경우에 고무, 가죽, 금속판 등과 같이 유연성이 있는 것을 매개로 사용하는 커플링이다.
> ㉢ 올덤 커플링(Oldham's coupling): 두 개의 축이 평행하나 그 중심선이 약간 어긋났을 때 각 속도의 변화없이 회전동력을 전달하는 커플링이다.
> ㉣ 유니버설 조인트(universal joint): 두 개의 축이 만나는 각이 수시로 변화해야 하는 경우 사용되는 커플링으로 두 축이 어느 각도로 교차되고, 그 사이의 각도가 운전 중 다소 변하더라도 자유로이 운동을 전달할 수 있는 축이음이다.
> ㉤ 머프 커플링: 주철제의 원통 속에서 두 축을 서로 맞대고 키로 고정한 커플링이다.

51 다음 중 미끄럼 베어링의 장·단점으로 옳지 않은 것은?

① 구조가 간단하다
② 가격이 저렴하다.
③ 소음이 적다.
④ 윤활유의 주입이 까다롭다.
⑤ 마찰저항이 적다.

> ✔ 해설 미끄럼 베어링의 장·단점
> ㉠ 장점
> • 구조가 간단하여 수리가 용이하다.
> • 충격에 견디는 힘이 커서 하중이 클 때 주로 사용된다.
> • 진동, 소음이 적다.
> • 가격이 싸다.
> ㉡ 단점
> • 시동시 마찰저항이 매우 크다.
> • 윤활유의 주입이 까다롭다.

Answer 47.① 48.③ 49.③ 50.② 51.⑤

52 다음 중 구름 베어링의 장점으로 옳지 않은 것은?

① 고속회전에 적합하다.
② 가격이 싸다.
③ 교환 및 선택이 용이하다.
④ 소형화가 가능하다.
⑤ 열발생이 적다.

> ✔해설 ② 구름 베어링은 가격이 비싸다.
> ※ 구름 베어링의 장점
>   ㉠ 열발생이 적어 고속회전에 적합하다.
>   ㉡ 규격화되어 있어 교환 및 선택이 용이하다.
>   ㉢ 윤활이 용이하다.
>   ㉣ 기계의 소형화가 가능하다.

53 다음 동력전달 장치 중 정확한 속도비(速度比)를 얻기에 가장 적합한 것은?

① 로프
② 마찰차
③ V-벨트
④ 체인
⑤ 전동기

> ✔해설 체인전동은 체인과 스프로킷을 이용하여 비교적 거리가 떨어진 축 간의 동력전달에 사용된다. 체인은 큰 동력을 효율적으로 전달할 수 있지만 고속회전에는 부적합하다.
> 그러나 로프, 마찰차, V-벨트에 비해서는 정확한 속도비를 얻을 수 있다.

54 동력 전달에 쓰이는 V벨트 홈의 각도는 얼마인가?

① 10도
② 20도
③ 30도
④ 40도
⑤ 50도

> ✔해설 V벨트의 홈각도는 40도이다. V벨트는 쐐기 작용과 벨트의 융합으로 벨트와 홈의 측면과의 마찰이 크고 평벨트에 비해 전달능력이 크다. 그 축의 중심거리가 짧고 속도비가 클 때에 미끄럼이 작아서 조용하게 전동할 수 있다.

55 기어에서 언더 컷 현상이 일어나는 원인은?

① 잇수비가 아주 클 때
② 이 끝이 둥글 때
③ 이 끝 높이가 낮을 때
④ 잇수가 많을 때
⑤ 잇수비가 작을 때

✔해설 언더 컷은 작은 기어의 잇수가 매우 적거나 또는 잇수비가 클 때 발생한다.

56 다음 중 체인의 특성에 대한 설명으로 옳지 않은 것은?

① 마찰력이 크다.
② 베어링에 하중이 가해지지 않는다.
③ 내열 내습성이 크고 내유성도 크다.
④ 일정속도비를 얻을 수 있다.
⑤ 강한 하중 전달 능력을 가진다.

✔해설 ① 벨트와 로프는 마찰력을 이용한 간접전동장치이지만 체인은 스프로킷의 이에 감아 걸어서 스프로킷의 이가 서로 물리는 힘으로 동력을 전달시킨다.

57 다음 중 마찰차의 응용범위로 옳지 않은 것은?

① 양 축간을 자주 단속할 필요가 있는 경우
② 운전이 정숙한 경우
③ 정확한 속도비가 필요한 경우
④ 전동의 단속이 무리없이 가능한 경우
⑤ 무단 변속을 한 경우

✔해설 마찰차의 응용범위
㉠ 회전속도가 너무 커서 기어를 사용하기 곤란한 경우
㉡ 전달한 힘이 크지 않으며, 일정속도비를 요구하지 않는 경우
㉢ 무단 변속을 하는 경우
㉣ 양 축간을 자주 단속할 필요가 있는 경우

Answer 52.② 53.④ 54.④ 55.① 56.① 57.③

58 다음 중 기어의 특성으로 옳지 않은 것은?

① 사용범위가 넓다.
② 전동효율이 떨어지고, 감속비가 적다.
③ 큰 동력을 일정한 속도비로 전달할 수 있다.
④ 소음과 진동이 발생한다.
⑤ 충격에 약하다.

> ✔해설 기어의 특징
> ㉠ 사용범위가 넓다.
> ㉡ 전동효율이 좋고 감속비가 크다.
> ㉢ 충격에 약하고 소음과 진동이 발생한다.
> ㉣ 큰 동력을 일정한 속도비로 전달할 수 있다.

59 다음 중 간섭현상이 생기는 원인은?

① 기어의 피치가 맞지 않았을 경우
② 이의 절삭이 잘못 되었을 경우
③ 축간 거리가 맞지 않았을 경우
④ 잇수비가 아주 큰 경우
⑤ 기어의 재질이 너무 단단한 경우

> ✔해설 인벌류트 기어에서 두 기어의 잇수비가 현저히 크거나 잇수가 작은 경우에 한쪽 기어의 이끝이 상대편 기어의 이뿌리에 닿아서 회전하지 않는 현상을 간섭이라 한다.

60 다음 중 두 축이 평행하고 이가 축에 평행한 기어는?

① 헬리컬 기어　　　　　② 스크루 기어
③ 스퍼 기어　　　　　　④ 하이포이드 기어
⑤ 나사 기어

> ✔해설 기어의 종류
> ㉠ 두 축이 서로 평행한 기어 : 스퍼기어, 랙과 피니언, 내접기어, 헬리컬기어
> ㉡ 두 축이 만나는 기어 : 베벨기어, 마이터기어, 크라운기어 ㉢ 두 축이 평행하지도 만나지도 않는 기어 : 웜기어, 하이포이드기어, 나사기어, 스큐기어

61 다음 중 바로걸기 벨트방식에서 이완측을 두는 이유는?

① 정확한 전동을 위해
② 유효장력을 증가시키기 위해
③ 벨트를 걸기 쉽게 하기 위해
④ 벨트가 잘 벗겨지지 않게 하기 위해
⑤ 벨트의 수명을 줄이기 위해

✔해설 바로걸기 벨트에서 이완측을 두는 이유는 미끄럼이 적고 정확한 전동을 할 수 있게 하기 위해서이다.

62 다음 중 벨트 재료의 구비조건으로 옳지 않은 것은?

① 탄성이 좋아야 한다.
② 인장 강도가 커야 한다.
③ 마찰계수가 작아야 한다.
④ 열이나 기름에 강해야 한다.
⑤ 기름에 강해야 한다.

✔해설 벨트재료의 구비조건
㉠ 탄성이 좋아야 한다.
㉡ 인장 강도가 커야 한다.
㉢ 마찰 계수가 커야 한다.
㉣ 열이나 기름에 강해야 한다.

63 평 벨트 풀리를 벨트와의 접촉면 중앙을 약간 높게 하는 이유는?

① 강도를 크게 하기 위해서
② 외관상 보기 좋게 하기 위하여
③ 축간 거리를 맞추기 위하여
④ 벨트의 벗겨짐을 방지하기 위하여
⑤ 벨트의 길이를 늘리기 위하여

✔해설 평 벨트 풀리를 벨트와의 접촉면 중앙을 약간 높게 하는 이유는 벨트의 벗겨짐을 방지하기 위함이다.

Answer 58.② 59.④ 60.③ 61.① 62.③ 63.④

64 다음 중 마찰차의 특성으로 옳지 않은 것은?

① 효율성이 높다.
② 전동의 단속이 무리없이 행해진다.
③ 운전이 정숙하다.
④ 무단 변속이 쉽다.
⑤ 일정 속도비를 얻을 수 있다.

> **해설** 마찰차의 특징
> ㉠ 운전이 정숙하나 효율성이 떨어진다.
> ㉡ 전동의 단속이 무리없이 행해진다.
> ㉢ 무단 변속하기 쉬운 구조이며, 일정 속도비를 얻을 수 있다.
> ㉣ 과부하일 경우 미끄럼에 의하여 다른 부분의 손상을 방지할 수 있다.

65 다음 중 서로 교차하는 두 축 사이의 동력을 전달하는 마찰차는?

① 원통마찰차
② 평면마찰차
③ 변속마찰차
④ 원뿔마찰차
⑤ 회전마찰자

> **해설** 마찰차의 종류
> ㉠ 원통마찰차 : 평행한 두 축 사이에서 접촉하여 동력을 전달하는 원통형 바퀴를 말한다.
> ㉡ 원뿔마찰차 : 서로 교차하는 두 축 사이에 동력을 전달하는 원뿔형 바퀴를 말한다.
> ㉢ 변속마찰차 : 변속이 가능한 마찰차를 말한다.

66 다음 중 V벨트전동의 특징으로 옳지 않은 것은?

① 운전이 정숙하고 충격이 적어진다.
② 장력이 커서 베어링에 걸리는 부담이 적다.
③ 적은 장력으로 큰 전동을 얻을 수 있다.
④ 벨트가 풀리에서 벗어나는 일이 적다.
⑤ 축간거리가 단축되어 설치장소가 절약된다.

> **해설** V벨트전동의 특징
> ㉠ 이음이 없으므로 운전이 정숙하고 충격이 완화된다.
> ㉡ 벨트가 풀리에서 벗어나는 일이 없어 고속운전이 가능하다.
> ㉢ 장력이 적어 베어링에 걸리는 부담이 적다.
> ㉣ 축간거리가 단축되어 설치장소가 절약된다.
> ㉤ 적은 장력으로 큰 전동을 얻을 수 있다.

67 다음 중 4개의 링크를 연결한 기구는?

① 레버 크랭크 기구
② 평면 캠
③ 왕복 슬라이더 크랭크 기구
④ 입체캠
⑤ 정면 캠

> ✔해설 링크 장치
> ㉠ 레버 크랭크 기구 : 4개의 링크를 연결한 것으로서 발재봉틀에서 발판 연결 막대와 크랭크의 조합은 이 기구를 응용한 것이다.
> ㉡ 왕복 슬라이더 크랭크 기구 : 레버 크랭크 기구의 일종으로 내연기관의 피스톤, 커넥팅로드, 크랭크축 등에 사용된다.

68 다음 중 기어의 기본이 되는 가상원은?

① 이끝원
② 이뿌리원
③ 피치원
④ 법선피치
⑤ 이끝높이

> ✔해설 ① 이의 끝을 연결하는 원이다.
> ② 이의 뿌리 부분을 연결하는 원이다.
> ③ 기어의 기본이 되는 가상원으로 마찰차가 접촉하고 있는 원에 해당하는 것이다.
> ④ 기초 원의 둘레를 잇수로 나눈 값이다.
> ⑤ 피치원에서 이끝원까지의 길이이다.

69 다음 중 이의 크기를 정의하는 가장 확실한 방법은?

① 법선피치
② 원주피치
③ 모듈
④ 지름피치
⑤ 밑듬

> ✔해설 ① 기초 원의 둘레를 잇수로 나눈 값이다.
> ② 이의 크기를 정의하는 가장 확실한 방법으로 피치원 둘레를 잇수로 나눈 값으로 이 값이 클수록 이는 커진다.
> ③ 원주피치가 이의 크기를 나타내는 가장 확실한 방법이나 π때문에 간단한 값이 될 수 없으므로 이 원주피치를 π로 나누면 간단한 값을 표시할 수 있는데 이렇게 나타낸 값을 모듈이라고 한다.
> ④ 길이의 단위로 인치를 사용하는 나라에서 이의 크기를 지름피치로 표시한 것이다.
> ⑤ 이끝원에서부터 이것과 맞물리고 있는 기어의 이뿌리원까지의 길이이다.

Answer 64.① 65.④ 66.② 67.① 68.③ 69.②

70 다음 중 인벌류트 곡선의 특징으로 옳지 않은 것은?

① 호환성이 우수하다.
② 치형의 정밀도가 크다.
③ 물림에서 축간 거리가 변하게 되면 속도비에 영향을 준다.
④ 이뿌리 부분이 튼튼하다.
⑤ 치형의 제작·가공이 용이하다.

> ✔해설 인벌류트 곡선의 특징
> ㉠ 호환성이 우수하다.
> ㉡ 치형의 제작·가공이 용이하다.
> ㉢ 이뿌리 부분이 튼튼하다.
> ㉣ 물림에서 축간 거리가 다소 변하여도 속도비에 영향이 없다.
> ㉤ 치형의 정밀도가 크다.

71 다음 중 사이클로이드 곡선의 특징으로 옳지 않은 것은?

① 효율이 높다.　　　　　② 호환성이 좋다.
③ 마멸이 적다.　　　　　④ 소음이 적다.
⑤ 접촉면에 미끄럼이 적다.

> ✔해설 사이클로이드 곡선의 특징
> ㉠ 접촉면에 미끄럼이 적다.
> ㉡ 마멸과 소음이 적다.
> ㉢ 효율이 높다.
> ㉣ 피치점이 완전히 일치하지 않으면 물림이 불량해진다.
> ㉤ 치형 가공이 어렵다.
> ㉥ 호환성이 적다.

72 미끄럼을 방지하기 위하여 안쪽 표면에 이가 있는 벨트로 정확한 속도가 요구되는 경우에 사용되는 전동벨트는?

① 링크(link) 벨트　　　　② V 벨트
③ 타이밍(timing) 벨트　　④ 레이스(lace) 벨트
⑤ 평벨트

> ✔해설 타이밍 벨트…미끄럼을 완전히 없애기 위하여 표면에 이가 있는 벨트로서 정확한 속도가 요구되는 경우의 전동 벨트로 사용된다.

73 다음 중 원에 실을 감아 실의 한 끝을 잡아당기면서 풀어나갈 때 실의 한 점이 그리는 궤적을 말하는 곡선은?

① 인벌류트 곡선　　　　　　　　② 포물선
③ 쌍곡선　　　　　　　　　　　　④ 사이클로이드 곡선
⑤ 변곡선

✔해설　치형곡선
㉠ 인벌류트 곡선 : 원에 실을 감아 실의 한 끝을 잡아당기면서 풀어나갈 때 실의 한 점이 그리는 궤적을 인벌류트 곡선이라 하며, 이 원을 기초원이라 한다.
㉡ 사이클로이드 곡선 : 원둘레의 외측 또는 내측에 구름원을 놓고 구름원을 굴렸을 때 구름원의 한 점이 그리는 궤적을 사이클로이드 곡선이라 하며, 이 경우 구름원이 구르고 있는 원을 피치원이라 한다.

74 기어의 설계시 이의 간섭에 대한 설명으로 옳지 않은 것은?

① 이에서 간섭이 일어난 상태로 회전하면 언더컷이 발생한다.
② 전위기어를 사용하여 이의 간섭을 방지할 수 있다.
③ 압력각을 작게 하여 물림길이가 짧아지면 이의 간섭을 방지할 수 있다.
④ 피니언과 기어의 잇수 차이를 줄이면 이의 간섭을 방지할 수 있다.
⑤ 한계잇수를 조절하여 이의 간섭을 방지할 수 있다.

✔해설　2개의 기어가 맞물려 회전 시에 한쪽의 이 끝 부분이 다른 쪽 이뿌리 부분을 파고 들어 걸리는 현상이 이의 간섭이다. 이의 간섭에 의하여 이 뿌리가 파여진 현상인 언더 컷의 원인이 된다.
※ 이의 간섭을 막는 법
㉠ 이의 높이를 줄인다.
㉡ 압력각을 증가시킨다(20° 또는 그 이상으로 크게 한다.)
㉢ 피니언의 반경 방향의 이뿌리면을 파낸다.
㉣ 치형의 이끝면을 깎아 낸다.

Answer　70.③　71.②　72.③　73.①　74.③

75 다음 중 회전중에 스러스트가 생기는 기어는?

① 베벨 기어 ② 헬리컬 기어
③ 래크와 피니언 ④ 하이포이드 기어
⑤ 스퍼 기어

> ✔해설 ① 원뿔면에 이를 낸 것으로 이가 원뿔의 꼭지점을 향하는 것을 직선 베벨 기어라고 하며, 두 축이 교차하여 전동할 때 주로 사용된다.
> ② 이가 헬리컬 곡선으로 된 원통형 기어로 스퍼기어에 비하여 이의 물림이 원활하나 축방향으로 스러스트가 발생하며, 진동과 소음이 적어 큰 하중과 고속전동에 쓰인다.
> ③ 래크는 기어의 피치원 지름이 무한대로 큰 경우의 일부분이라고 볼 수 있으며, 피니언의 회전에 대하여 래크는 직선운동을 한다.
> ④ 헬리컬 베벨 기어와 모양이 비슷하나 두 축이 엇갈리는 경우에 사용되며, 자동차의 차동 기어장치의 감속 기어로 사용된다.
> ⑤ 이가 축과 나란한 원통형 기어로, 나란한 두 축 사이의 동력 전달에 가장 널리 사용되는 일반적인 기어이다.

76 다음 중 이가 원뿔면의 모선과 경사진 기어는?

① 직선 베벨 기어 ② 헬리컬 베벨 기어
③ 스파이럴 베벨 기어 ④ 제롤 베벨 기어
⑤ 마이터 기어

> ✔해설 ① 잇줄이 원추의 모선과 일치하고 직선으로 되어 있는 기어이다.
> ② 원뿔면에 이를 낸 것으로 이가 원뿔면의 모선과 경사진 기어이다.
> ③ 잇줄이 곡선으로 되어 있고, 모선에 대하여 경사진 기어이다.
> ④ 직선 베벨 기어의 잇줄을 곡선으로 한 기어이다.
> ⑤ 잇수가 서로 같은 한쌍의 원추형 기어이다.

77 다음 중 체인전동의 특징으로 옳지 않은 것은?

① 일정한 속도비를 얻을 수 있다. ② 전동효율이 95%이상이다.
③ 고속회전에 적합하다. ④ 내유, 내열, 내습성이 좋다.
⑤ 충격을 흡수한다.

> **해설** 체인전동의 특징
> ㉠ 미끄럼이 없어 일정 속도비를 얻을 수 있다.
> ㉡ 유지 및 수리가 쉽다.
> ㉢ 큰 동력을 전달할 수 있으며, 효율이 95% 이상이다.
> ㉣ 내유, 내열, 내습성이 크다.
> ㉤ 충격을 흡수한다.
> ㉥ 진동과 소음이 나기 쉬워 고속회전에는 적합하지 않다.

78 다음 중 체인전동 중 소음이 발생하는 결점을 보완한 것은?

① 롤러 체인 ② 사일런트 체인
③ 코일 체인 ④ V벨트
⑤ 평벨트

> **해설** 체인전동의 종류
> ㉠ 롤러 체인 : 자유로이 회전할 수 있는 롤러를 끼워 부싱으로 고정된 롤러 링크와 핀으로 고정된 핀 링크를 서로 연결하여 고리 모양으로 만들어 사용하는 것으로 롤러 체인의 구성요소는 롤러, 핀, 부싱이다.
> ㉡ 사일런트 체인 : 체인에 마멸과 물림의 상태가 불량하게 되어 소음이 발생하는 결점을 보완한 것으로, 높은 정밀도를 요구하여 공작이 어려우나 원활하고 조용한 운전과 고속회전을 해야 할 때 사용한다.
> ㉢ 코일 체인 : 고속운전에는 적합하지 않으며, 체인블록으로 무거운 물건을 들어 올릴 때 사용된다.

Answer 75.② 76.② 77.③ 78.②

79 다음 중 평벨트의 특징으로 옳지 않은 것은?

① 장치가 간단하고 염가이면서 전동효율을 높여준다.
② 과부하가 걸리면 미끄러져 다른 부품의 손상을 막아준다.
③ 두 축간의 거리가 비교적 멀어도 사용가능하다.
④ 수직 압력에 의한 마찰력을 이용하여 동력을 전달할 수 있다.
⑤ 정확한 속도비가 필요할 때 사용한다.

> **✓해설** 평벨트의 특징
> ㉠ 두 축간의 거리가 비교적 멀 때 사용한다.
> ㉡ 정확한 속도비가 필요하지 않을 때 사용한다.
> ㉢ 과부하가 걸리면 미끄러져 다른 부품의 손상을 막을 수 있다.
> ㉣ 장치가 간단하고 염가이면서 전동효율이 높다(95%까지).
> ㉤ 수직압력에 의한 마찰력을 이용하여 동력전달을 한다.

80 다음 중 V벨트에서 풀리의 지름이 작을수록 어떻게 하면 좋은가?

① V홈의 각도는 약간 크게 한다.
② V홈의 각도를 약간 작게 한다.
③ V홈의 깊이를 더욱 깊게 한다.
④ V홈의 깊이를 더욱 얕게 한다.
⑤ V홈의 폭을 더욱 좁게 한다.

> **✓해설** V벨트에서 풀리의 지름을 작게 하면 접촉각이 작아져 전동이 불가능해지므로 이것을 해결하기 위해 V홈의 각도를 작게 하면 접촉압력이 커지게 되므로 전동이 된다.

81 다음 중 로프 전동에 관한 설명으로 옳은 것은?

① 전동 경로가 직선으로 옳지 않은 경우에는 사용할 수 없다.
② 전동효율이 높다.
③ 조정과 수리가 간편하다.
④ 먼 거리 동력전달이 가능하다.
⑤ 미끄럼이 많다.

> **✓해설** 로프전동의 특징
> ㉠ 큰 동력을 전달하는 데 유리하다.
> ㉡ 벨트와 달리 감아걸고 벗겨 낼 수 없다.
> ㉢ 조정과 수리가 곤란하다.
> ㉣ 수명이 짧고, 이음에 기술이 필요하며, 미끄럼도 많아 전동효율도 떨어진다.
> ㉤ 먼 거리 동력 전달이 가능하다.
> ㉥ 미끄럼이 적고, 고속운전에 적합하다.
> ㉦ 전동 경로가 직선으로 옳지 않은 경우에도 사용된다.

82 다음 중 피동절이 캠으로 되어 있는 캠 장치는?

① 정면 캠
② 소극 캠
③ 반대 캠
④ 요크 캠
⑤ 판캠

> **해설** ① 판의 정면에 캠의 윤곽곡선의 홈이 있고, 이 홈에 피동절의 롤러를 끼워서 운동하도록 한 형식의 캠으로 운동전달이 확실한 캠이다.
> ② 중력 또는 스프링의 힘 등에 의하여 피동절을 구동절에 접촉시켜 운동을 하게 하는 캠을 말한다.
> ④ 종동절이 틀 모양으로 되어 있는 캠으로 영사기의 필름 이송장치 등으로 이용되는 캠을 말한다.
> ⑤ 특수한 윤곽곡선을 가진 판을 회전시켜서 그 윤곽에 접하고 있는 피동절에 필요한 왕복, 직선운동 또는 요동운동을 하게 되는 캠을 말한다.

83 다음 중 기어가 맞물려 있을 때 잇면 사이의 가로방향에 생기는 간격은?

① 밑틈
② 이두께
③ 백래쉬
④ 압력각
⑤ 이끝원

> **해설** ① 이원끝에서부터 이것과 맞물리고 있는 기어의 이뿌리원까지의 길이이다.
> ② 피치원에서 측정한 이의 두께이다.
> ③ 백래쉬라고도 하며, 한 쌍의 기어가 서로 물려 있을 때 잇면 사이의 가로방향에 생기는 간격을 말한다.
> ④ 한 쌍의 이가 맞물려 있을 때, 접점이 이동하는 궤적을 작용선이라 하는데 이 작용선과 피치원의 공통접선이 이루는 각을 압력각이라 한다. 압력각은 14.5°, 20°로 규정되어 있다.
> ⑤ 이의 끝을 연결하는 원이다.

Answer 79.⑤ 80.② 81.④ 82.③ 83.③

84 다음 중 헬리컬 기어로 큰 동력을 전달할 수 있는 이유는?

① 접촉율이 커서 운전 성능이 좋기 때문
② 이의 두께가 스퍼 기어보다 크기 때문
③ 소음이 적기 때문
④ 재료가 특수강이기 때문
⑤ 회전 속도가 낮기 때문

> **해설** 헬리컬 기어는 물림이 시작될 때는 점접촉이고, 이어 접촉폭이 점점 증가하여 최대가 되었다가 다시 접촉폭이 감소되어 점접촉으로 끝나므로 탄성 변형이 적어 진동이나 소음이 적다. 그리고 접촉율이 커서 운전 성능이 좋아 큰 동력을 전달할 수도 있다.

85 다음 중 두 개의 벨트 풀리의 회전방향이 같은 벨트 걸기 방법은?

① 엇걸기　　　　　　　　② 교차 걸기
③ 바로 걸기　　　　　　　④ 지그재그 걸기
⑤ 꼬아 걸기

> **해설** 벨트 걸기의 방법
> ㉠ 바로 걸기:두 개의 벨트풀리의 회전방향이 서로 같다.
> ㉡ 엇걸기:두 개의 벨트풀리의 회전방향이 서로 다르다.

86 스프링의 일반적인 용도 설명으로 잘못된 것은?

① 진동 에너지를 흡수한다.
② 운동에너지를 열에너지로 소비한다.
③ 에너지를 저장하여 놓고 이것을 동력원으로 사용한다.
④ 하중 및 힘의 측정에 사용한다.
⑤ 충격 에너지를 흡수한다.

> **해설** 스프링의 일반적인 용도
> ㉠ 진동 또는 충격 에너지를 흡수한다.
> ㉡ 에너지를 저장하여 놓고 이것을 동력원으로 사용한다.
> ㉢ 하중 및 힘의 측정에 사용한다.

87 마찰면을 축 방향으로 눌러 제동하는 브레이크는 어느 것인가?

① 밴드 브레이크(band brake)
② 원심 브레이크(centrifugal brake)
③ 디스크 브레이크(disk brake)
④ 블록 브레이크(block brake)
⑤ 드럼 브레이크(drum brake)

> **해설** 회전하는 마찰면을 축 방향으로 눌러 제동하는 브레이크에는 디스크 브레이크와 원추 브레이크가 있다.

88 다음 중 배관 내 변동압력을 저장하여 완충작용을 하는 것은?

① 펌프
② 실린더
③ 축압기
④ 바이패스 밸브
⑤ 언로더 밸브

> **해설** 축압기 … 배관 내에서 유량의 변화로 인한 압력을 저장하여 순간적인 보조 에너지원 역할을 하는 것으로 순간적인 압력상승 방지, 펌프의 맥동압력을 제거한다.

89 기계가 받는 진동이나 충격을 완화하기 위한 것으로 작은 구멍의 오리피스로 액체를 유출하면서 감쇠시키는 완충장치는?

① 링스프링완충기
② 고무완충기
③ 유압댐퍼
④ 공기스프링
⑤ 토션바

> **해설** 완충장치
> ㉠ 링 스프링 완충장치: 하중의 변화에 따라 안팎에서 스프링이 접촉하여 생기는 마찰로 에너지를 흡수하도록 한 것이다.
> ㉡ 고무 완충기: 고무가 압축되어 변형될 때 에너지를 흡수하도록 한 것이다.
> ㉢ 유압 댐퍼: 쇼크 업소버라고 하기도 하는 이 완충장치는 축방향에 하중이 작용하면 피스톤이 이동하여 작은 구멍인 오리피스로 기름이 유출되면서 진동을 감쇠시키는 것이다.

Answer 84.① 85.③ 86.② 87.③ 88.③ 89.③

90 다음 중 스프링 재료가 갖추어야 할 구비조건으로 옳지 않은 것은?

① 내식성이 커야 한다.
② 내열성이 커야 한다.
③ 피로한도가 커야 한다.
④ 탄성계수가 작아야 한다.
⑤ 탄성한도가 커야 한다.

> ✔해설 스프링 재료가 갖추어야 할 구비 조건
> ㉠ 내식성, 내열성이 좋아야 한다.
> ㉡ 피로한도가 좋아야 한다.
> ㉢ 탄성계수 및 탄성한도가 커야 한다.

91 다음 중 스프링을 분류할 때 모양에 의한 분류로 옳지 않은 것은?

① 벨류트 스프링
② 코일 스프링
③ 판 스프링
④ 스파이럴 스프링
⑤ 압축 스프링

> ✔해설 스프링의 분류
> ㉠ 하중에 의한 분류: 인장 스프링, 압축 스프링, 토션 바 스프링
> ㉡ 형상에 의한 분류: 코일 스프링, 판 스프링, 벨류트 스프링, 스파이럴 스프링

92 다음 중 자동차 현가장치에 사용되는 스프링은?

① 코일 스프링
② 판 스프링
③ 토션 바
④ 공기 스프링
⑤ 인장 스프링

> ✔해설 스프링의 종류
> ㉠ 코일 스프링: 단면이 둥글거나 각이 진 봉재를 코일형으로 감은 것을 말한다.
> ㉡ 판 스프링: 에너지 흡수능력이 좋고, 스프링 작용 외에 구조용 부재로서의 기능을 겸하고 있어 자동차 현가용으로 주로 사용된다.
> ㉢ 토션 바: 가벼우면서 큰 비틀림 에너지를 축적할 수 있어 자동차 등에 주로 사용된다.
> ㉣ 공기 스프링: 내구성이 좋고, 공기가 출입할 때의 저항에 의해 충격을 흡수하는 능력이 우수하여 차량용으로 많이 쓰이고, 프레스 작업에서 소재를 누르는 데 사용하기도 하며, 기계의 진동방지에도 사용된다.

93 다음 중 브레이크의 구비조건으로 옳지 않은 것은?

① 내열성이 커야 한다.
② 내마멸성이 좋아야 한다.
③ 제동효과가 우수해야 한다.
④ 마찰계수가 작아야 한다.
⑤ 마찰계수가 커야 한다.

> ✔해설 브레이크의 구비조건
> ㉠ 내열성 및 내마멸성이 좋아야 한다.
> ㉡ 제동효과가 우수해야 한다.
> ㉢ 마찰계수가 커야 한다.

94 다음 중 자동차의 앞바퀴 브레이크로 사용되는 브레이크는?

① 드럼 브레이크
② 블록 브레이크
③ 밴드 브레이크
④ 원판 브레이크
⑤ 원심 브레이크

> ✔해설 브레이크의 종류
> ㉠ 블록 브레이크: 회전축에 고정시킨 브레이크 드럼에 브레이크 블록을 눌러 그 마찰력으로 제동하는 브레이크이다.
> ㉡ 밴드 브레이크: 브레이크 드럼 주위에 강철밴드를 감아 장력을 주어 밴드와 드럼의 마찰력으로 제동하는 브레이크이다.
> ㉢ 드럼 브레이크: 내측 브레이크라고도 하며 회전하는 드럼의 안쪽에 있는 브레이크 슈를 캠이나 실린더를 이용하여 브레이크 드럼에 밀어붙여 제동하는 브레이크로 자동차의 앞바퀴 브레이크로 사용된다.
> ㉣ 원판 브레이크: 축과 일체로 회전하는 원판의 한 면 또는 양 면을 유압 피스톤 등에 의해 작동되는 마찰 패드로 눌러서 제동시키는 브레이크로 항공기, 고속열차 등 고속차량에 사용되고, 일반 승용차나 오토바이 등에도 널리 사용된다.

95 다음 전동장치 중 일반적으로 축간 거리를 가장 크게 할 수 있는 것은?

① 벨트 전동장치
② 체인 전동장치
③ 기어 전동장치
④ 로프 전동장치
⑤ 코일 전동장치

> ✔해설 전동장치에서 축간거리를 가장 멀리 할 수 있는 장치는 로프 전동장치이다.

Answer 90.④ 91.⑤ 92.② 93.④ 94.① 95.④

96 파형이음, 주름밴드, 원밴드 등과 같이 진동이나 열응력에 대한 완충효과를 가진 이음은?

① 신축이음 ② 패킹이음
③ 플랜지이음 ④ 고무이음
⑤ 코일이음

> **해설** 신축이음 … 관의 온도변화에 따라 신축작용을 할 때 관의 진동이나 열응력에 대한 완충역할을 하기 위한 이음 방법으로 파형이음, 밴드이음, 강제 벨로즈 이음, 미끄럼 이음 등이 있다.

97 다음 중 스프링의 사용목적으로 옳지 않은 것은?

① 하중과 변형의 관계를 이용하는 것
② 진동이나 충격을 완화시키는 것
③ 에너지를 축척하고 이것을 동력으로 전달하는 것
④ 스프링의 늘어나는 길이를 이용하는 것
⑤ 충격을 완화시키는 것

> **해설** 스프링의 사용 목적
> ㉠ 하중과 변형의 관계를 이용하는 것 : 스프링, 저울, 안전 밸브 등
> ㉡ 에너지를 축척하고 이것을 서서히 동력으로 전달하는 것 : 시계의 태엽 등
> ㉢ 스프링의 복원력을 이용하는 것 : 스프링 와셔, 밸브 스프링 등
> ㉣ 진동이나 충격을 완화시키는 것 : 자동차의 현가 스프링, 기계의 방진 스프링 등

98 다음 중 스프링의 역할을 설명한 것으로 옳지 않은 것은?

① 진동 흡수 ② 에너지 저축
③ 마찰력 감소 ④ 충격 완화
⑤ 에너지 측정

> **해설** 스프링의 역할
> ㉠ 에너지를 축적하고 서서히 동력으로 전달한다.
> ㉡ 진동이나 충격을 완화시킨다.

99 다음 중 스프링의 재료로 옳지 않은 것은?

① 스테인레스강 ② 구리 합금
③ 스프링강 ④ 피아노선
⑤ 주철

> ✔해설 스프링의 재료
> ㉠ 탄성한도와 피로한도가 높으며 충격에 잘 견디는 스프링강과 피아노선이 일반적으로 사용된다.
> ㉡ 부식의 우려가 있는 것에는 스테인리스강, 구리 합금을 사용한다.
> ㉢ 고온인 곳에 사용되는 것은 고속도강, 합금 공구강, 스테인리스강을 사용한다.
> ㉣ 그 외에 고무, 합성수지, 유체 등을 사용한다.

100 다음 중 비틀림 하중을 받을 수 있도록 만들어진 막대모양은 스프링은?

① 판 스프링 ② 토션 바
③ 코일 스프링 ④ 공기 스프링
⑤ 압축 스프링

> ✔해설 스프링의 종류
> ㉠ 판 스프링 : 길고 얇은 판으로 하중을 지지하도록 한 것으로, 판을 여러 장 겹친 것을 겹판 스프링이라 한다.
> ㉡ 토션 바 : 비틀림 하중을 받을 수 있도록 만들어진 막대 모양의 스프링을 말한다.
> ㉢ 코일 스프링 : 단면이 둥글거나 각이 진 봉재를 코일형으로 감은 것을 말한다.
> ㉣ 공기 스프링 : 공기의 탄성을 이용한 것이다.

Answer 96.① 97.④ 98.③ 99.⑤ 100.②

03 전기

1 다음 회로에서 전압계의 지시가 6[V]였다면 AB사이의 전압[V]은?

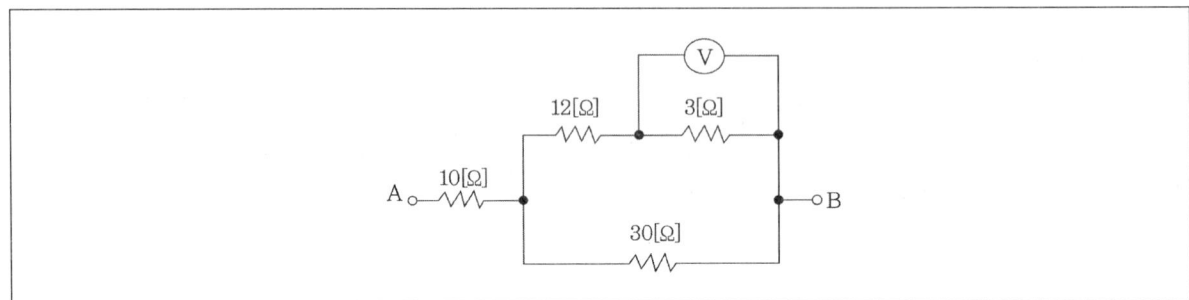

① 15
② 20
③ 30
④ 60
⑤ 75

> **해설** 3[Ω]에 걸린 전압이 6[V]이면 12[Ω]에 걸린 전압은 24[V]가 되며, 12[Ω]과 3[Ω] 직렬 접속에 걸린 전압은 30[V]가 된다.
> 또 한 15[Ω]과 30[Ω] 병렬 접속에서 합성 저항은 10[Ω]이 되므로 여기에 걸린 전압이 30[V]이므로 또 다른 10[Ω]에 걸린 전압도 30[V]가 되므로 결국 AB 사이의 전압은 60[V]가 된다.

2 5[Ω]의 저항 10개를 직렬로 연결한 경우의 합성저항은 병렬로 연결한 경우의 몇 배인가?

① 40배
② 60배
③ 80배
④ 100배
⑤ 120배

> **해설** 저항을 직렬로 연결했을 때의 합성저항은 500[Ω]이고, 병렬로 연결했을 때의 합성저항은 5[Ω]이므로 직렬연결했을 때의 저항이 100배 더 크다.

3 20[Ω]의 저항에 5[A]의 전류가 흐를 경우 발생하는 전압강하는?

① 50[V] ② 100[V]
③ 200[V] ④ 500[V]
⑤ 500[V]

✔ 해설 옴의 법칙에 의해 $V = RI = 20 \times 5 = 100\,[V]$

4 2개의 저항 $R_1 = 5[Ω]$, $R_2 = 8[Ω]$이 병렬로 접속되어 있고 20[V]의 전압을 인가했을 때 전체 전류는 얼마인가?

① 4[A] ② 2.5[A]
③ 6.5[A] ④ 10[A]
⑤ 12.5[A]

✔ 해설 전체전류 $I = I_1 + I_2$이므로 먼저 I_1, I_2를 구해야 한다.
$I_1 = \dfrac{V}{R_1} = \dfrac{20}{5} = 4[A]$
$I_2 = \dfrac{V}{R_2} = \dfrac{20}{8} = 2.5[A]$
$I_1 + I_2 = 4 + 2.5 = 6.5[A]$

5 0.25[℧]의 컨덕턴스 2개를 직렬 연결하여 10[A]의 전류를 흘리려 할 경우 인가해야 할 전압의 크기는?

① 20[V] ② 40[V]
③ 80[V] ④ 100[V]
⑤ 120[V]

✔ 해설 2개의 컨덕턴스이므로 합성 컨덕턴스는 $\dfrac{0.25}{2} = 0.125\,[℧]$
$V = IR = \dfrac{I}{G} = \dfrac{10}{0.125} = 80\,[V]$

Answer 1.④ 2.④ 3.② 4.③ 5.③

6 다음 회로의 AB의 합성저항은?

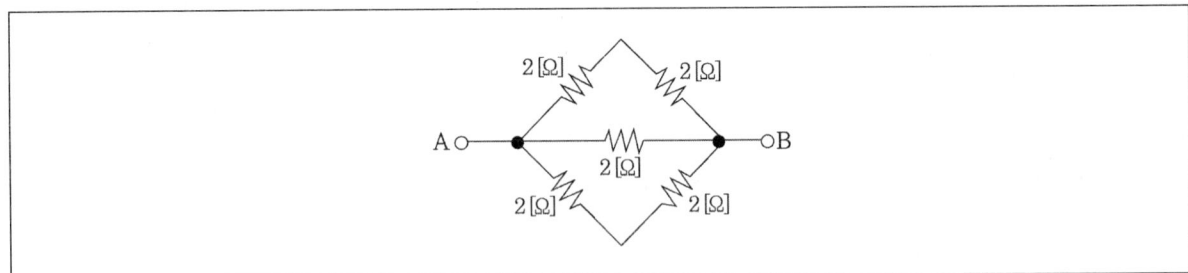

① 1[Ω]
② 2[Ω]
③ 4[Ω]
④ $\frac{1}{2}$[Ω]
④ $\frac{1}{4}$[Ω]

✔해설 합성저항 $R_0 = \dfrac{1}{\frac{1}{4}+\frac{1}{2}+\frac{1}{4}} = 1[\Omega]$

7 220[V]에서 20[A]가 흐르는 전열기에 300[V]의 전압을 가할 경우 전류는?

① 20[A]
② 23[A]
③ 27[A]
④ 30[A]
⑤ 33[A]

✔해설 $R = \dfrac{V}{I} = \dfrac{220}{20} = 11[\Omega]$

$I = \dfrac{V}{R} = \dfrac{300}{11} = 27.27 \fallingdotseq 27\,[A]$

8 다음 회로의 저항은?

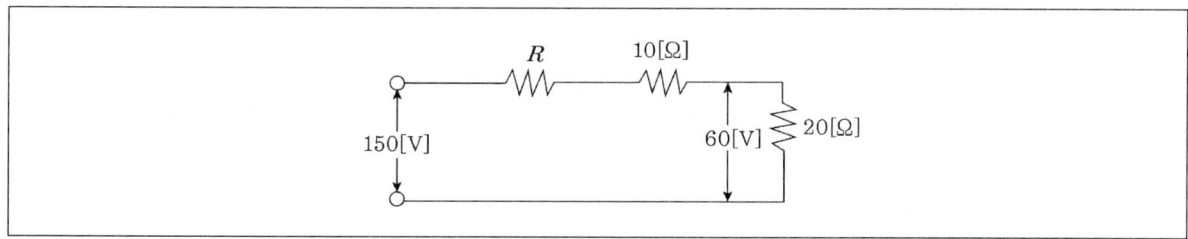

① 10[Ω]
② 20[Ω]
③ 30[Ω]
④ 40[Ω]
⑤ 50[Ω]

✔해설 $I = \dfrac{V}{R} = \dfrac{60}{20} = 3[A]$

합성저항 $R_0 = \dfrac{V}{I} = \dfrac{150}{3} = 50[\Omega]$

$50 = 10 + 20 + R$

∴ $R = 20[\Omega]$

9 다음 회로에 흐르는 전류는?

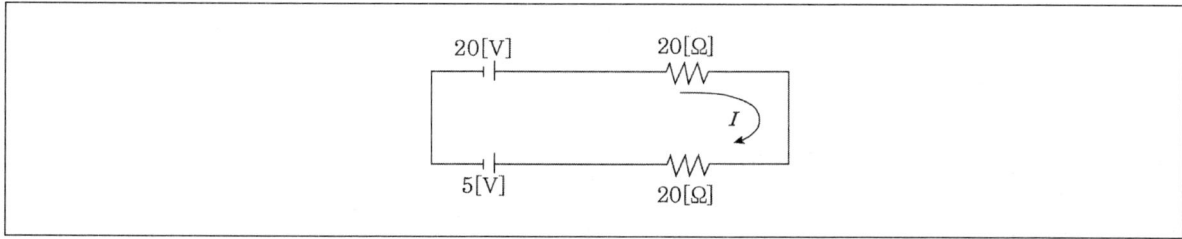

① 0.5[A]
② 1[A]
③ 5[A]
④ 10[A]
⑤ 15[A]

✔해설 키르히호프의 제2법칙을 이용하여 계산하면

$\Sigma E = \Sigma IR$이므로

$20 - 5 = I(10 + 20)$

$15 = 30I$

$I = \dfrac{15}{30} = 0.5[A]$

10 내부저항이 2[Ω]인 건전지 10개를 병렬로 연결하고, 이것을 다시 직렬로 5개 연결한 전원이 있다. 이 전원의 내부저항은 얼마인가?

① 1[Ω]　　　　　　　　② 2[Ω]
③ 3[Ω]　　　　　　　　④ 4[Ω]
⑤ 5[Ω]

✔해설 병렬접속시 내부저항 = $\dfrac{\text{전지 1개의 내부저항}}{\text{전지의 개수}} = \dfrac{2}{10} = 0.2[\Omega]$

직렬접속시 내부저항 = 전지개수 × 전지 1개의 내부저항 = $5 \times 0.2 = 1[\Omega]$

합성 내부저항 = $\dfrac{n}{m}r = \dfrac{5}{10} \times 2 = 1[\Omega]$

11 기전력이 2[V], 용량이 10[Ah]인 축전지를 6개 직렬로 연결하여 사용할 때의 기전력이 12[V]일 경우 용량은?

① 4[Ah]　　　　　　　　② 6[Ah]
③ 8[Ah]　　　　　　　　④ 10[Ah]
⑤ 12[Ah]

✔해설 $Q = Q_1 = Q_2$ 직렬에서는 Q가 동일하다.

12 100[V], 100[W] 전구의 저항은 몇 [Ω]인가?

① 1,000[Ω]　　　　　　② 100[Ω]
③ 10[Ω]　　　　　　　④ 1[Ω]
⑤ 0.1[Ω]

✔해설 전기저항 $R = \dfrac{(\text{전압})^2}{\text{전력}} = \dfrac{100^2}{100} = 100[\Omega]$

13 다음 회로에서 I_3을 구하면?

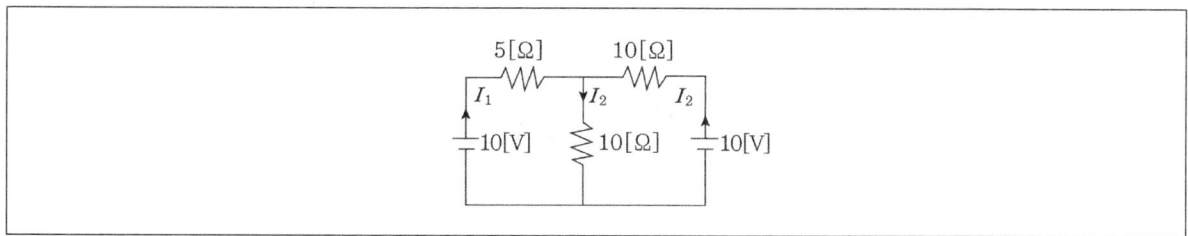

① 0.25[A] ② 0.5[A]
③ 0.75[A] ④ 1[A]
⑤ 1.25[A]

✔ **해설** 중첩의 정리를 이용해서 구하면

왼쪽의 전압원만 있는 경우 오른쪽 전압원은 단락시킨다.

따라서 $I_1 = \dfrac{10}{5+\dfrac{10\times 10}{10+10}} = 1[A]$이고, $I_{3a} = \dfrac{1}{2} = 0.5[A]$

오른쪽의 전압원만 있는 경우 왼쪽의 전압원은 단락시킨다.

따라서 $I_2 = \dfrac{10}{10+\dfrac{5\times 10}{5+10}} = 0.75[A]$, $I_{3b} = \dfrac{5}{5+10} \times 0.75 = 0.25[A]$

$I_3 = I_{3a} + I_{3b} = 0.5 + 0.25 = 0.75[A]$

Answer 10.① 11.④ 12.② 13.③

14 다음 회로에서 I_2에 흐르는 전류는 몇 [A]인가?

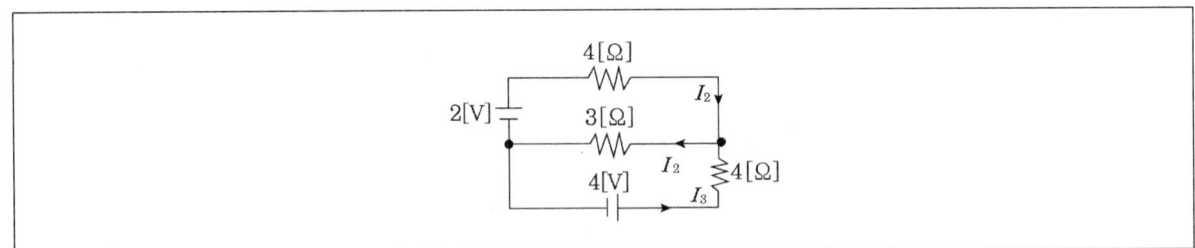

① 0.05[A]
② 0.6[A]
③ 0.55[A]
④ 0.3[A]
⑤ 0.65[A]

> **✓ 해설** 키르히호프의 법칙을 적용한다.
> $I_1 = I_2 - I_3$ ········ ㉠
> $2 = 4I_1 + 3I_2$ ········ ㉡
> $4 = 3I_2 + 4I_3$ ········ ㉢
> ㉠을 ㉡식에 대입하면
> $2 = 4(I_2 - I_3) + 3I_2$
> $2 = 7I_2 - 4I_3$ ········ ㉣
> ㉢과 ㉣을 계산하면
> $4 = 3I_2 + 4I_3$
> $\underline{)+\ 2 = 7I_2 - 4I_3}$
> $6 = 10I_2$
> $\therefore I_2 = \dfrac{6}{10} = 0.6[A]$

15 100[V], 500[W] 전기다리미의 저항의 크기는 얼마인가?

① 0.2[Ω]
② 5[Ω]
③ 20[Ω]
④ 40[Ω]
⑤ 60[Ω]

> **✓ 해설** $R(\text{전기저항}) = \dfrac{(\text{전압})^2}{\text{전력}} = \dfrac{100^2}{500} = 20[\Omega]$

16 다음과 같은 저항회로에서 3[Ω]의 저항의 지로에 흐르는 전류가 2[A]이다. 단자 a-b간의 전압강하는 얼마인가?

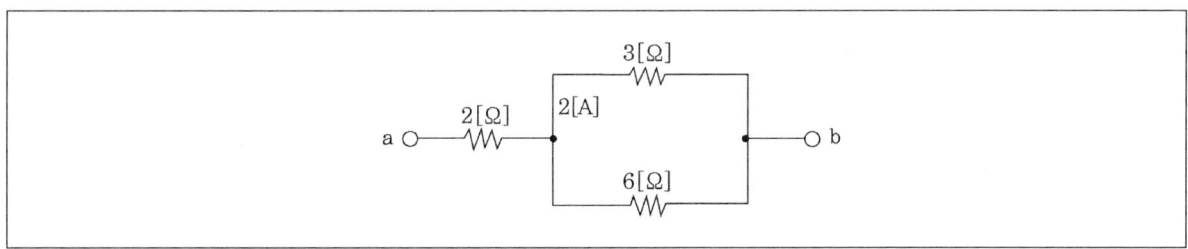

① 8[V]
② 10[V]
③ 12[V]
④ 14[V]
⑤ 16[V]

> ✔ 해설 3[Ω]에 걸리는 전압 $V_3 = IR = 2 \times 3 = 6[V]$
> 6[Ω]에 흐르는 전류 $I_6 = \dfrac{V}{R} = \dfrac{6}{6} = 1[A]$
> 2[Ω]에 흐르는 전류 $I_2 = 2 + 1 = 3[A]$
> 2[Ω]에 걸리는 전압 $V_2 = IR = 2 \times 3 = 6[V]$
> a-b 간 전압 $V_2 + V_3 = 6 + 6 = 12[V]$

17 다음과 같은 회로에서 AB점에 흐르는 전전류는 얼마인가? (단, AB 사이에 가하는 전압 = 50[V])

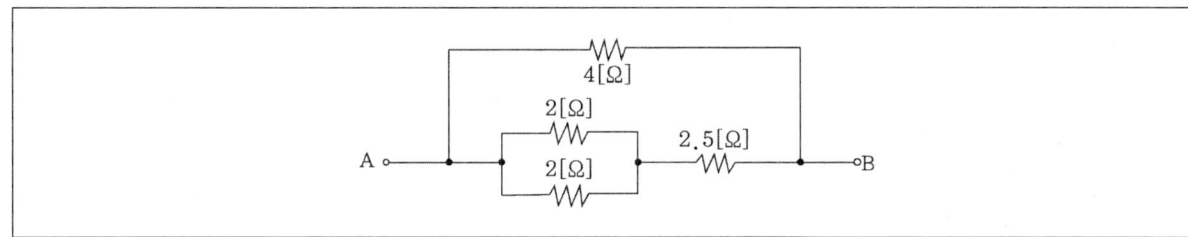

① 10[A]
② 20[A]
③ 25[A]
④ 30[A]
⑤ 40[A]

> ✔ 해설 $R = \dfrac{\left(\dfrac{2 \times 6}{2+6} \times 2.5\right) \times 4}{\left(\dfrac{2 \times 6}{2+6} + 2.5\right) + 4} \fallingdotseq 2[\Omega]$
> $I = \dfrac{V}{R} = \dfrac{50}{2} = 25[A]$

Answer 14.② 15.③ 16.③ 17.③

18 다음 회로에 전압 100[V]를 가할 때 10[Ω]의 저항에 흐르는 전류는 얼마인가?

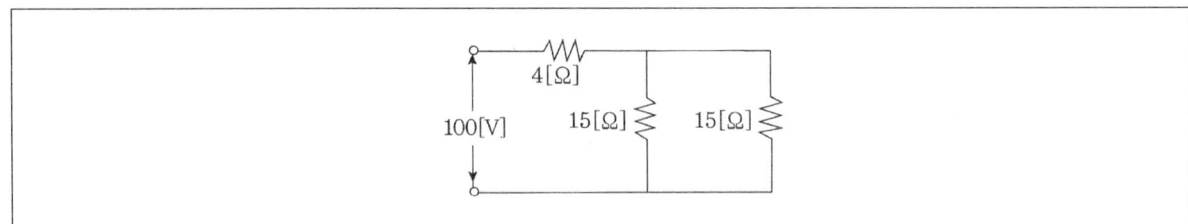

① 4[A] ② 6[A]
③ 8[A] ④ 10[A]
⑤ 12[A]

 해설 10[Ω], 15[Ω]의 합성저항 $R = \dfrac{10 \times 15}{10 + 15} = 6[\Omega]$

R_T(전체합성저항) $= 4 + 6 = 10[\Omega]$

I(전체전류) $= \dfrac{100}{10} = 10[A]$

10[Ω]에 흐르는 전류 $I = \dfrac{15}{10+15} \times 10 = 6[A]$

19 10[Ω]과 15[Ω]의 저항을 병렬로 연결하여 50[A]의 전류를 흘렸을 때 저항 15[Ω]에 흐르는 전류는?

① 10[A] ② 20[A]
③ 30[A] ④ 40[A]
⑤ 50[A]

해설 $I_2 = \dfrac{R_1}{R_1 + R_2} I = \dfrac{10}{10 + 15} \times 50 = 20[A]$

20 10[Ω]의 저항 10개를 직렬로 연결한 경우의 합성저항은 병렬로 연결한 경우의 몇 배가 되는가?

① 5배 ② 10배
③ 50배 ④ 100배
⑤ 150배

해설 직렬 합성저항 $R_s = $ 직렬개수 × 한 개의 저항 $= 10 \times 10 = 100[\Omega]$

병렬 합성저항 $R_p = \dfrac{\text{한 개의 저항}}{\text{병렬개수}} = \dfrac{10}{10} = 1[\Omega]$

$\dfrac{R_s}{R_p} = \dfrac{100}{1} = 100$ 배

21 다음과 같은 회로에서 6[Ω]의 저항에 흐르는 전류 I_2 [A]의 값으로 옳은 것은?

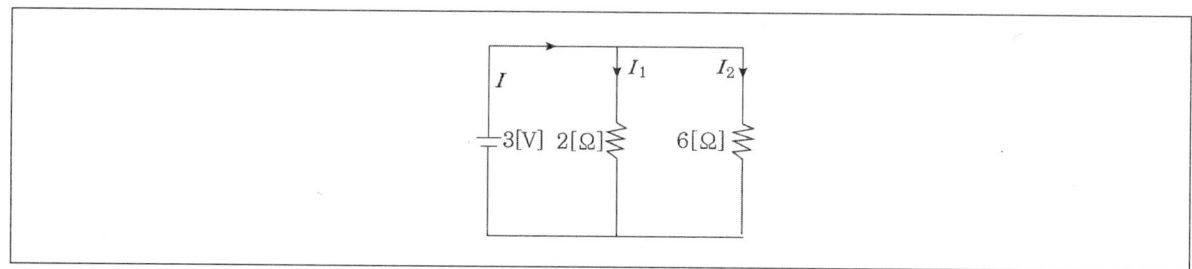

① 2.5[A]
② 2[A]
③ 1.5[A]
④ 1[A]
⑤ 0.5[A]

✔해설 병렬에서는 전압이 동일하므로 두 개에 저항에는 각각 3[V]가 걸린다.
$I_2 = \dfrac{V}{R} = \dfrac{3}{6} = 0.5$ [A]

22 R [Ω]인 3개의 저항이 △결선으로 되어 있을 때 Y결선으로 환산하면 1상의 저항 [Ω]은?

① $\dfrac{R}{\sqrt{3}}$
② $\sqrt{3}\,R$
③ $3R$
④ $\dfrac{R}{3}$
⑤ $3\sqrt{3}\,R$

✔해설 △결선과 Y결선
㉠ △결선 : 전원과 부하를 삼각형으로 계속하는 방식이다.
㉡ Y결선 : 전원과 부하를 Y형태로 접속하는 방식이다.
㉢ 변환방식
• Y−△ : $Z_\Delta = 3Z_Y$
• △−Y : $Z_Y = \dfrac{Z_\Delta}{3}$

Answer 18.② 19.② 20.④ 21.⑤ 22.④

23 다음 회로에서 $V_L[V]$ 값을 구하시오.

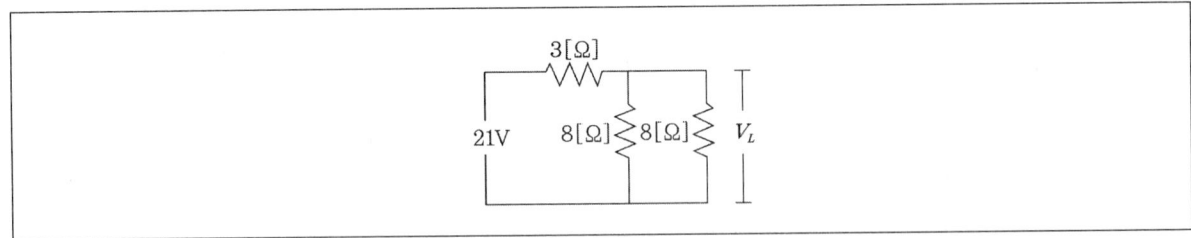

① 1
② 3
③ 9
④ 12
⑤ 21

✔해설 병렬저항의 합성이 $4[\Omega]$이므로
$V_L = \dfrac{4}{3+4} \times 21 = 12[V]$ 전압의 분배법칙

24 다음 브리지회로에서 a – b간의 합성저항은?

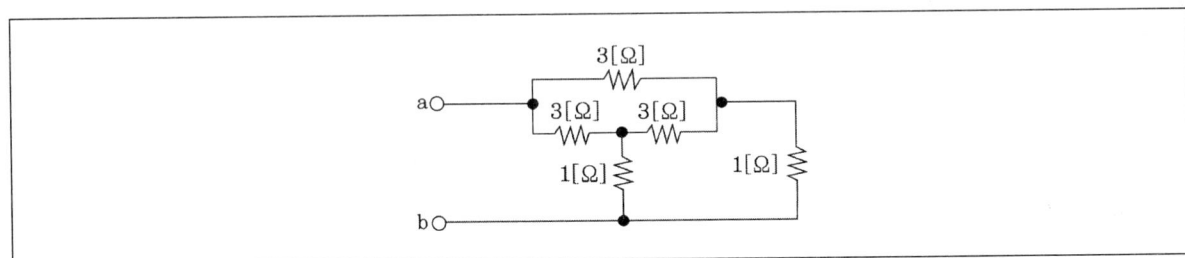

① $2[\Omega]$
② $4[\Omega]$
③ $6[\Omega]$
④ $8[\Omega]$
⑤ $10[\Omega]$

✔해설 브리지회로의 평형조건을 이용한다.
$R = \dfrac{(3+1) \times (3+1)}{(3+1) + (3+1)} = \dfrac{16}{8} = 2[\Omega]$

25 최대 눈금이 10[mA], 내부저항 10[Ω]의 전류계로 100[A]까지 측정하려면 몇 [Ω]의 분류기가 필요한가?

① 0.01
② 0.05
③ 0.001
④ 0.005
⑤ 0.0001

> **해설** 최대눈금이 10[mA]인 전류계로 100[A]까지 10000배의 전류를 측정하려는 것이므로
> 분류계에는 전류계의 내부저항의 $\frac{1}{9999}$의 저항을 사용하면 된다.
> 전류계 내부저항이 10[Ω]이므로
> $\frac{10}{9999} = 0.001[\Omega]$

26 저항에 200[V]의 전압을 인가하였더니 5[A]의 전류가 흐르고 열량이 720[cal]가 발생하였을 때 전류가 저항을 흐른 시간은?

① 1[sec]
② 2[sec]
③ 3[sec]
④ 4[sec]
⑤ 5[sec]

> **해설** $H = 0.24 VIt$[cal]에서 시간으로 변환하면
> $t = \frac{H}{0.24 VI} = \frac{720}{0.24 \times 200 \times 5} = 3[\sec]$

27 전구에 100[V]의 전압을 인가하면 5[A]의 전류가 흐를 때 전구의 소비전력은?

① 100[W]
② 250[W]
③ 300[W]
④ 500[W]
⑤ 600[W]

> **해설** $P = VI = 100 \times 5 = 500[W]$

Answer 23.④ 24.① 25.③ 26.③ 27.④

28 최대값 10[A]인 정현파 전류의 평균값은 얼마인가?

① 3.75[A]   ② 5.36[A]
③ 6.0[A]   ④ 6.37[A]
⑤ 7.25[A]

✔ 해설 평균값 $I_a = \frac{2}{\pi} \times I_m = \frac{2}{\pi} \times 10 = 6.366 ≒ 6.37$ [A]

29 다음 중 $\frac{\pi}{6}$[rad]을 도수법으로 옳게 나타낸 것은?

① 15[°]   ② 30[°]
③ 45[°]   ④ 60[°]
⑤ 75[°]

✔ 해설 $\frac{\pi}{6} \times \frac{180°}{\pi} = 30[°]$

30 $I = 3 + j4$[A]인 전류의 크기는?

① 1[A]   ② 3[A]
③ 5[A]   ④ 12[A]
⑤ 15[A]

✔ 해설 $I = \sqrt{3^2 + 4^2} = \sqrt{25} = 5$ [A]

31 사인파 전류의 최대값이 30[A]일 때 실효값은?

① 14.1[A]   ② 21.2[A]
③ 28.3[A]   ④ 35.5[A]
⑤ 42.4[A]

✔ 해설 $I = \frac{1}{\sqrt{2}} \times I_m$
$= \frac{1}{\sqrt{2}} \times 30$
$= 21.2[A]$

32 1[rad]는 몇 [°]인가?

① 180[°]   ② 120[°]
③ 57.3[°]   ④ 32.5[°]
⑤ 21.5[°]

✔ 해설 $\pi[\text{rad}] = 180[°]$ 에서
$1[\text{rad}] = \dfrac{180}{\pi} ≒ 57.3[°]$

33 파고율을 구하고자 할 때 사용하는 공식으로 옳은 것은?

① $\dfrac{실효값}{평균값}$ ② $\dfrac{최대값}{실효값}$
③ $\dfrac{평균값}{실효값}$ ④ $\dfrac{실효값}{최대값}$
⑤ $\dfrac{최대값}{평균값}$

✔ 해설 파고율과 파형률
㉠ 파고율 $= \dfrac{최대값}{실효값}$
㉡ 파형률 $= \dfrac{실효값}{평균값}$

34 위상차가 $\dfrac{\pi}{3}$[rad]인 60[Hz]의 2개의 교류 발전기가 있다. 이 위상차를 시간으로 표시하면 몇 초인가?

① $\dfrac{1}{120}$ ② $\dfrac{1}{240}$
③ $\dfrac{1}{360}$ ④ $\dfrac{1}{480}$
⑤ $\dfrac{1}{720}$

✔ 해설 $\theta = \omega t$ 에서
$t = \dfrac{\theta}{\omega} = \dfrac{\frac{\pi}{3}}{2\pi f} = \dfrac{\frac{\pi}{3}}{2\pi \times 60} = \dfrac{1}{360}[\text{sec}]$

Answer 28.④ 29.② 30.③ 31.② 32.③ 33.② 34.③

35 20[Ω]의 저항을 가진 전구에 $V = 100\sqrt{2}\sin\omega t$[V]의 교류전압을 가할 때 전류의 순시값 [A]은?

① $5\sin\omega t$
② $5\sqrt{2}\sin\omega t$
③ $100\sin\omega t$
④ $800\sqrt{2}\sin\omega t$
⑤ $800\sin\omega t$

✔ 해설 $I = \dfrac{V}{R} = \dfrac{100\sqrt{2}\sin\omega t}{20} = 5\sqrt{2}\sin\omega t$ [A]

36 리액턴스 값이 200[Ω], 주파수가 2[MHz]인 회로의 인덕턴스는?

① 4×10^{-6}[H]
② 8×10^{-6}[H]
③ 12×10^{-6}[H]
④ 16×10^{-6}[H]
⑤ 20×10^{-6}[H]

✔ 해설 $X_L = 2\pi f L = \omega L$
$L = \dfrac{X_L}{2\pi f} = \dfrac{200}{2\pi \times 2 \times 10^6} = 15.9 \times 10^{-6} ≒ 16 \times 10^{-6}$ [H]

37 다음과 같은 회로에서 100[V]의 전압을 가할 때 흐르는 전류 I[A]의 값은?

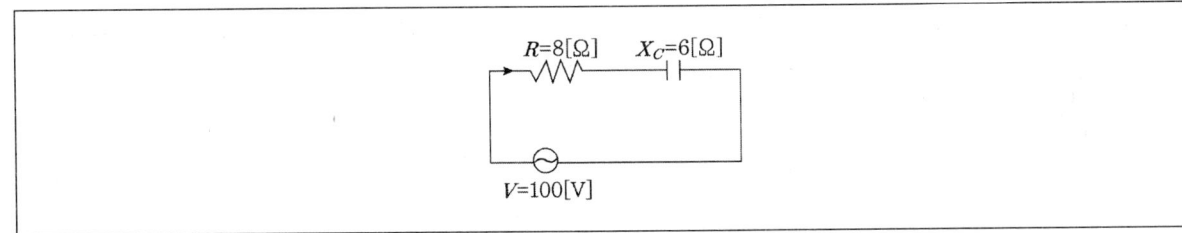

① 6[A]
② 8[A]
③ 10[A]
④ 15[A]
⑤ 20[A]

✔ 해설 $I = \dfrac{V}{Z} = \dfrac{V}{\sqrt{R^2 + X_c^2}} = \dfrac{100}{\sqrt{8^2 + 6^2}} = \dfrac{100}{10} = 10$[A]

38 $Z=20[\Omega]$인 RL 직렬회로에 저항과 리액턴스 양단의 전압이 각각 100[V], 80[V]였다면 리액턴스는?

① 12.5[Ω] ② 30[Ω]
③ 25.2[Ω] ④ 50[Ω]
⑤ 65.5[Ω]

✔ 해설 $I = \dfrac{V}{Z} = \dfrac{\sqrt{V_R^2 + V_L^2}}{Z} = \dfrac{\sqrt{100^2 + 80^2}}{20} = 6.4[A]$

$X_L = \dfrac{V_L}{I} = \dfrac{80}{6.4} = 12.5[\Omega]$

39 $R=6[\Omega]$, $X_C=8[\Omega]$이 직렬접속된 회로에 10[A]의 전류를 흘릴 경우 회로에 인가되는 전압은?

① $20-j40[V]$ ② $6-j8[V]$
③ $60-j80[V]$ ④ $30-j40[V]$
④ $30-j80[V]$

✔ 해설 $V = ZI = (R - jX_C)I = (6-j8) \cdot 10 = 60 - j80[V]$

40 다음의 회로에서 저항 20[Ω]에 흐르는 전류는?

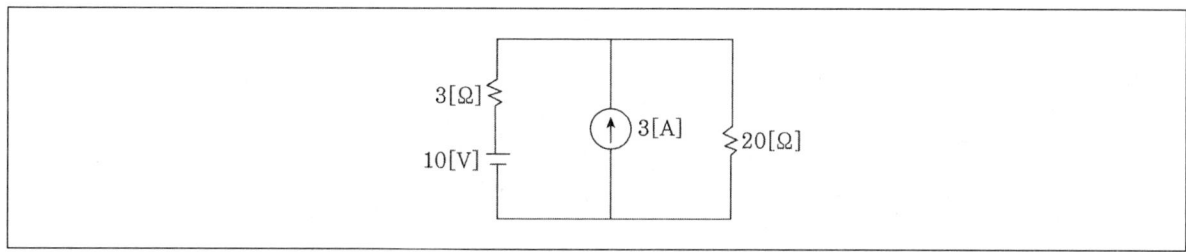

① 1[A] ② 5[A]
③ 10[A] ④ 20[A]
⑤ 30[A]

✔ 해설 전압원에 의하여 $I_1 = \dfrac{10}{5+20} = 0.4[A]$

전류원에 의하여 $I_2 = \dfrac{5}{5+20} \times 3 = 0.6[A]$

∴ $I = I_1 + I_2 = 0.4 + 0.6 = 1[A]$

Answer 35.② 36.④ 37.③ 38.① 39.③ 40.①

41 다음과 같은 회로에서 I_1 및 I_2는 각각 몇 [A]인가?

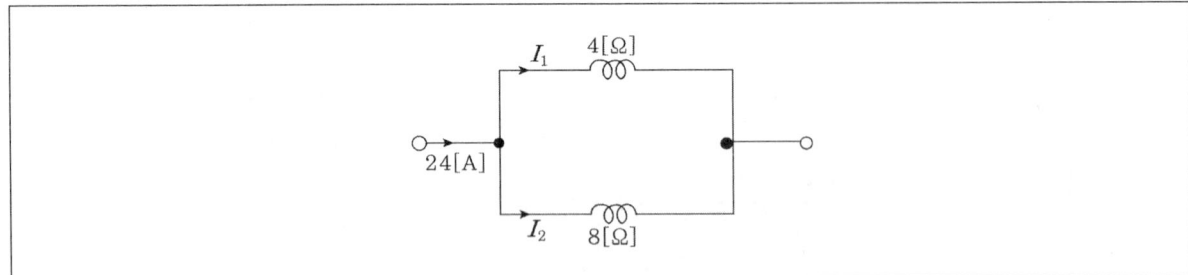

① $I_1 = 4$, $I_2 = 8$
② $I_1 = 8$, $I_2 = 4$
③ $I_1 = 16$, $I_2 = 8$
④ $I_1 = 8$, $I_2 = 16$
⑤ $I_1 = 16$, $I_2 = 16$

✔해설 $I_1 = 24 \times \dfrac{8}{4+8} = 16[A]$, $I_2 = 24 \times \dfrac{4}{4+8} = 8[A]$

42 다음에서 회로에 흐르는 전류는?

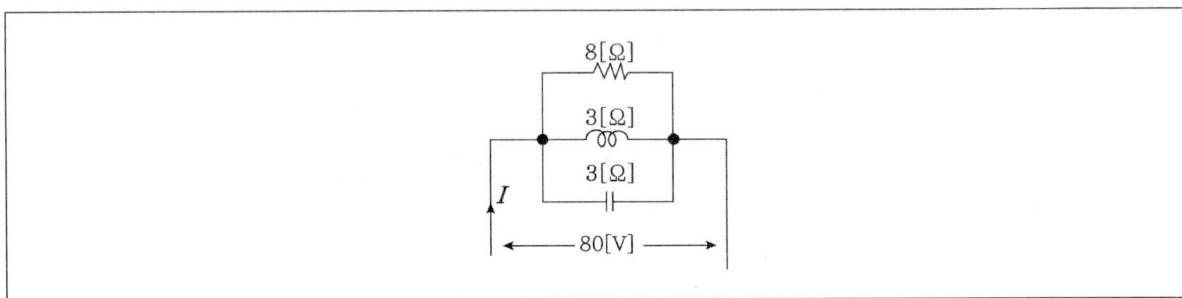

① 6[A]
② 8[A]
③ 10[A]
④ 12[A]
⑤ 14[A]

✔해설 $X_L = X_C$이므로 저항 R에 흐르는 전류가 전 전류이다.
∴ $I = \dfrac{V}{R} = \dfrac{80}{8} = 10[A]$

43 다음과 같은 회로에서 전전류 I의 크기로 옳은 것은?

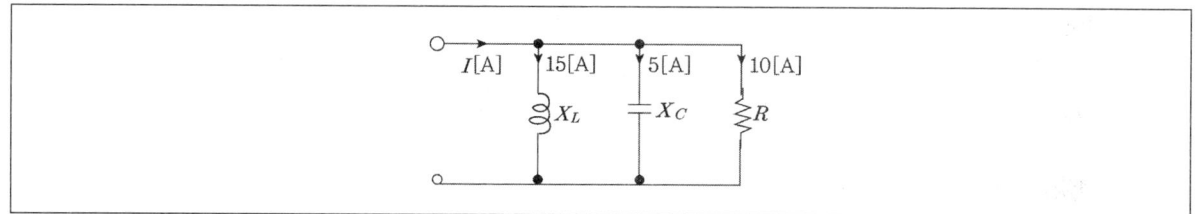

① $10\sqrt{2}$[A]
② $10\sqrt{3}$[A]
③ 20[A]
④ $20\sqrt{2}$[A]
⑤ 30[A]

✔해설 $I = \sqrt{I_R^2 + (I_L - I_C)^2}$
$= \sqrt{10^2 + (15-5)^2} = 10\sqrt{2}$ [A]

44 $i = \sqrt{2}\,I\sin\omega t$인 전류에서 $\omega t = \dfrac{\pi}{4}$인 순간의 크기는 얼마인가?

① I[A]
② $\sqrt{2}\,I$[A]
③ $\dfrac{I}{\sqrt{2}}$[A]
④ $\dfrac{I}{2}$[A]
⑤ $2I$[A]

✔해설 $i = \sqrt{2}\,I\sin 45° = \sqrt{2}\,I \times \dfrac{1}{\sqrt{2}} = I$ [A]

45 콘덴서의 정전용량을 3배로 늘리면 용량 리액턴스의 값은? (단, 주파수는 일정하다)

① 3배
② 9배
③ $\dfrac{1}{3}$배
④ $\dfrac{1}{9}$배
⑤ 27배

✔해설 용량성 리액턴스는 정전용량에 반비례한다.

Answer 41.③ 42.③ 43.① 44.① 45.③

46 유도성 리액턴스가 100[Ω]인 코일에 1[A]의 전류를 흘릴 때의 전압강하는?

① 10[V]
② 100[V]
③ 50[V]
④ 500[V]
⑤ 200[V]

✔해설 $V = I \cdot X_L = 1 \times 100 = 100\,[\text{V}]$

47 $R = 5[\Omega]$, $L = 10[\text{mH}]$, $C = 1[\mu\text{F}]$가 직렬로 접속된 회로에 10[V]의 교류전압이 가해져서 공진상태가 될 때의 공진 주파수는?

① 1,600[Hz]
② 1,200[Hz]
③ 800[Hz]
④ 400[Hz]
⑤ 200[Hz]

✔해설 $f = \dfrac{1}{2\pi\sqrt{LC}}$

$= \dfrac{1}{2\pi\sqrt{10 \times 10^{-3} \times 1 \times 10^{-6}}} \fallingdotseq 1,600\,[\text{Hz}]$

48 다음과 같은 회로에서 E의 전압은?

① 58[V]
② 60[V]
③ 75[V]
④ 90[V]
⑤ 100[V]

✔해설 회로의 전류 $I = \dfrac{V_C}{X_C} = \dfrac{45}{3} = 15\,[\text{A}]$

$V = ZI = \sqrt{R^2 + (X_L - X_C)^2} \cdot I$

$= \sqrt{4^2 + (6-3)^2} \times 15 = 75\,[\text{V}]$

49 다음과 같은 RLC 직렬회로의 각 소자의 양단전압을 측정한 결과 $V_R = 30[V]$, $V_L = 50[V]$, $V_C = 10[V]$이었다. a – b 사이의 전압 V는 몇 [V]인가?

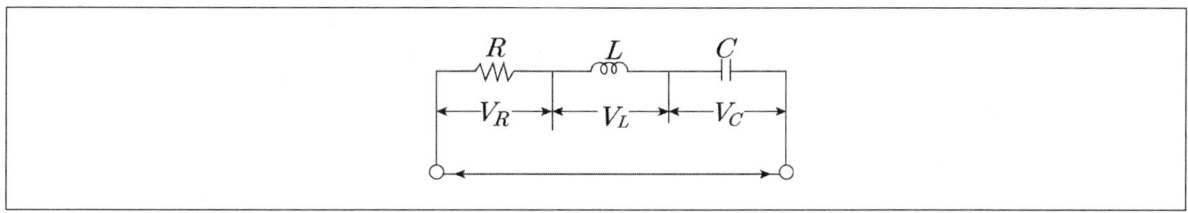

① 20[V]
② 50[V]
③ 70[V]
④ 90[V]
④ 100[V]

✅ **해설** $V = \sqrt{V_R^2 + (V_L - V_C)^2}$
$= \sqrt{30^2 + (50-10)^2} = 50[V]$

50 다음과 같은 회로에 10[A]의 전류가 흐르게 하려면 a, b 양단에 가해야 할 전압은 몇 [V]인가?

① 60
② 80
③ 100
④ 120
⑤ 140

✅ **해설** $Z = \sqrt{R^2 + X_C^2} = \sqrt{8^2 + 6^2} = 10[\Omega]$
$V = IZ = 10 \times 10 = 100[V]$

Answer 46.② 47.① 48.③ 49.② 50.③

04 현대자동차

1 현대자동차가 2045년 탄소중립 달성을 위해 수립한 '기후변화 통합 솔루션'으로 옳은 것은?

① 클린 지구에너지
② 지속 가능한 파트너십
③ 스마트 모빌리티 혁신
④ 그린 에너지
⑤ 차세대 충전 인프라

✔해설 현대자동차는 2045년 탄소중립 달성을 위한 '기후변화 통합 솔루션'을 수립하였고, 클린 모빌리티(Clean Mobility), 차세대 이동 플랫폼(Next-generation Platform), 그린 에너지(Green Energy)를 핵심으로 전동화 역량 확대와 재생에너지 전환 등을 통하여 미래 세대를 위한 지속 가능한 운영 체제를 확립하고 있다.

2 미래 모빌리티 기술의 핵심인 자율주행 기술은 자동화 수준에 따라 몇 단계로 나누어지는가?

① 4단계
② 5단계
③ 6단계
④ 7단계
⑤ 8단계

✔해설 미국자동차공학회(Society of Automotive Engineers, SAE)는 자율주행 기술을 자동화 수준에 따라 6단계(레벨 0~레벨5)로 분류하고 있다.

3 현대자동차의 5대 핵심가치로 옳지 않은 것은?

① 고객 최우선
② 임직원 가치 향상
③ 도전적 실행
④ 소통과 협력제어기
⑤ 글로벌 지향

✔해설 현대자동차의 핵심가치는 '고객 최우선', '도전적 실행', '소통과 협력', '인재존중', '글로벌 지향'의 5가지이다.

4 정보와 다양한 오락거리를 결합한 통합 멀티미디어 시스템을 일컫는 말은 무엇인가?

① 인포엔터시스템
② 내비먼트소프트
③ 인포테인먼트
④ 오토테인먼트
⑤ 인포먼트

> ✔해설 인포테인먼트(infotainment) … 정보를 의미하는 인포메이션(information)과 다양한 오락거리를 일컫는 '엔터테인먼트(entertainment)'의 개념을 결합한 통합 멀티미디어 시스템이다.

5 전기에너지를 활용하여 달리는 모든 친환경차를 뜻하는 말은 어느 것인가?

① 하이브리드 자동차
② 전기차
③ 플러그인 하이브리드
④ 수소 연료전지차
⑤ 태양광 자동차

> ✔해설 전기에너지를 활용하여 달리는 모든 친환경차를 뜻하는 말은 '전기차'로 하이브리드, 플러그인 하이브리드, 수소 연료전지차 등이 모두 포함된다.

6 내연기관과 전기 모터 구동계를 결합한 시스템에서 전기 모터의 출력과 배터리 용량을 늘리고, 외부로부터 전력을 충전할 수 있는 장치가 더해진 자동차는 어느 것인가?

① 수소 연료전지차
② 하이브리드 자동차
③ 배터리 전기차
④ 바이오디젤 자동차
⑤ 플러그인 하이브리드 자동차

> ✔해설 일반적으로 하이브리드 자동차는 내연기관과 전기 모터 구동계를 함께 탑재한 자동차를 말한다. 이 하이브리드 시스템에서 전기 모터의 출력과 배터리 용량을 늘리고, 외부로부터 전력을 충전할 수 있는 장치를 더한 자동차를 플러그인 하이브리드 자동차라고 한다.

Answer 1.④ 2.③ 3.② 4.③ 5.② 6.⑤

7 현대차그룹이 '모든 이동 수단이 연결되는 시대'를 위해 구현하고자 하는 서비스는 무엇인가?

① 모바일 서비스
② 커넥티드 서비스
③ 모빌리티 서비스
④ 스마트 서비스
⑤ 인텔리전트 서비스

> ✔해설 이름 그대로 이동(mobility)을 지원하는 모든 서비스를 뜻한다. 현대차그룹은 스마트 모빌리티 서비스를 통해 모든 이동 수단이 하나로 촘촘히 연결되는 시대, 진정한 이동의 자유를 통해 보다 편리하고 윤택한 삶을 누릴 수 있는 시대를 구현하기 위해 노력하고 있다.

8 미래형 공장인 스마트 팩토리 브랜드인 'E-FOREST'가 지향하는 가치로 옳지 않은 것은?

① 휴머니티를 향한 인간 존중
② 유연하고 고도화된 조립·물류·검사 자동화
③ AI 기반의 자율적인 제어 시스템 구축
④ 유해 작업 환경의 자동화
⑤ 코봇 활용과 친환경 공장 지향

> ✔해설 스마트 팩토리 브랜드인 E-FOREST는 유연하고 고도화된 조립·물류·검사 자동화를 뜻하는 'Auto-FLEX', AI 기반의 자율적인 제어 시스템 구축을 뜻하는 'Intelligent', 유해 작업 환경의 자동화 및 코봇 활용과 친환경 공장을 지향하는 'Humanity' 등 3가지 가치를 지향하고 있다.

9 현대차그룹이 4차 산업혁명을 향한 미래 성장동력으로 삼고 적극적인 개발을 하고 있는 분야는 어떤 것인가?

① 미래에너지
② 로보틱스
③ 버추얼 소재 설계
④ 첨단 소재
⑤ 스마트 팩토리

> ✔해설 로봇(robot)과 테크닉스(technics)의 합성어로 현대차그룹은 '휴머니티를 향한 진보(Progress for Humanity)'라는 목표 아래 로보틱스 분야를 4차 산업혁명을 향한 미래 성장동력으로 삼고 적극적인 개발을 이어가고 있다. 2021년에는 미국 로봇 전문 업체인 '보스턴 다이내믹스(Boston Dynamics, Inc.)'를 인수하고 인공지능 기반 소프트웨어를 탑재한 '공장 안전 서비스 로봇(Factory Safety Service Robot)'을 개발한 바 있다.

10 수소에너지에 대한 설명 중 옳지 않은 것은?

① 수소와 산소의 화학반응으로 얻는 전기를 기반으로 한 친환경 에너지원이다.
② 미세먼지와 이산화탄소 등 환경 문제에서 자유롭다.
③ 태양광이나 풍력 발전 등으로 생산한 전기 에너지를 저장하는 역할을 한다.
④ 전기를 배터리에 저장하는 것보다 수소로 변환하여 전용 탱크에 보관하는 것은 효율적이지 않다.
⑤ 수소는 연료전지 시스템을 통해 전기를 생산하여 다양한 용도로 활용할 수 있다.

> **✔해설** 수소는 태양광이나 풍력 발전 등으로 생산한 전기 에너지를 저장하는 역할도 한다. 전기로 물을 분해(수전해)하면 수소를 얻을 수 있기 때문이다. 전기를 배터리에 저장하는 것보다 수소로 변환하여 전용 탱크에 보관하는 것이 더 효율적이다.

11 현대차그룹의 첫 전기차 전용 플랫폼을 일컫는 말은 무엇인가?

① AAM
② E-GMP
③ WRC
④ PBV
⑤ FCEV

> **✔해설** E-GMP(Electric Global Modular Platform)는 현대차그룹의 첫 전기차 전용 플랫폼이다. 모듈화 및 표준화된 통합 플랫폼 설계로 다양한 유형의 차량을 자유롭게 구성할 수 있으며, 배터리를 차체 중앙 하부에 낮게 설치한 저중심 설계로 차종에 관계없이 안정적인 주행성능을 제공한다.
> ① AAM(Advanced Air Mobility)은 미래 항공 모빌리티를 뜻한다.
> ③ WRC(World Rally Championship)는 FIA(국제자동차연맹)가 주관하는 랠리 대회다.
> ④ PBV(Purpose Built Vehicle)는 고객의 비즈니스 목적과 요구에 맞춰 낮은 비용으로 제공 가능한 친환경 다목적 모빌리티 차량이다.
> ⑤ FCEV(Fuel Cell Electric Vehicle)는 수소 연료전지차를 뜻한다.

Answer 7.③ 8.① 9.② 10.④ 11.②

05 생활영어

1 다음 대화 중 어색한 것은?

① A : I'm going to China next month.
　B : Where in China?
② A : I have some good news.
　B : What is it?
③ A : Get me some wine from your trip to Brazil.
　B : You bet.
④ A : I like winter sports.
　B : I envy you.
⑤ A : Can you help me with my homework?
　B : Sure, no problem

> **✔ 해설** bet 돈을 걸다, 틀림없다
> ① A : 나 다음 달에 중국에 갈 거야.
> 　B : 중국 어디?
> ② A : 좋은 소식이 있어.
> 　B : 뭔데?
> ③ A : 너 브라질 여행 갔다 올 때 와인 좀 사다줘.
> 　B : 물론이지.
> ④ A : 나는 겨울 스포츠를 좋아해.
> 　B : 네가 부러워.
> ⑤ A : 내 숙제 좀 도와줄 수 있어?
> 　B : 물론이지, 문제 없어.

2 다음 빈칸에 가장 적합한 것은?

> A : Kate, I am too tired. It's only 7:30 in the morning! Let's take a rest for a few minutes.
> B : Don't quit yet. Push yourself a little more. When I started jogging, it was so hard for me, too.
> A : Have pity on me then. This is my first time.
> B : Come on, Mary. After you jog another three months or so, you will be ready for the marathon.
> A : Marathon! How many miles is the marathon?
> B : It's about thirty miles. If I jog everyday, I'll be able to enter it in a couple of months.
> A : _____ I am exhausted now after only half a mile. I am going to stop.

① Count me out!
② Why shouldn't I enter the marathon?
③ Why didn't I think of that?
④ I don't believe so.
⑤ No problem

✔해설
① 나는 빼 줘!
② 왜 나는 마라톤에 참가하면 안 돼?
③ 내가 왜 그 생각을 못했을까?
④ 나는 그렇게 생각하지 않아.
⑤ 문제없어.

push oneself (~하도록) 스스로를 채찍질하다 have pity on ~을 불쌍히 여기다 exhausted 기진맥진한, 진이 다 빠진

A : Kate, 나 너무 피곤해. 아직 7시 30분밖에 안됐어! 몇 분만 쉬자.
B : 아직 멈추면 안 돼. 조금만 더 힘내 봐. 나도 조깅을 처음 시작했을 때, 매우 힘들었어.
A : 그럼 나 좀 봐줘. 난 오늘이 처음이잖아.
B : 힘내, Mary. 3개월 정도 하면 마라톤에 나갈 준비가 될 거야.
A : 마라톤! 마라톤이 몇 마일이나 되지?
B : 약 30마일 정도야. 내가 매일 조깅을 한다면, 두 달 후에는 마라톤에 참가할 수 있을 거야.
A : 나는 빼 줘! 겨우 반 마일 했는데도 나는 완전 지쳤어. 그만할래.

Answer 1.④ 2.①

※ 다음 대화의 빈칸에 들어갈 알맞은 것을 고르시오. 【3~4】

3

A : _____
B : No, thanks. I can manage it, I think.

① Need a hand?
② Can you give me a hand?
③ Can you help me with this?
④ Are you kind enough to help me with this?
⑤ Do you know how to do this?

 ① 도와줄까?(=Do you need a hand?)
② 나 좀 도와줄래?
③ 이것 좀 도와줄래?
④ 넌 내가 이거 하는 것을 도와줄 만큼 충분히 친절하니?
⑤ 이거 할 줄 알아?

manage 간신히 해내다, 살아 내다, 경영하다

A : 도와줄까?
B : 아니야, 괜찮아. 내가 해낼 수 있을 거라 생각해.

4

A : I've bought a new camera.
B : Really? Let me take a look at it.
A : Here it is. It's completely automatic, so you can't make any mistakes.
B : _____

① Thank you for the camera.
② That's great, but I would rather have an automatic one.
③ That's great. I think I'll get this model, too.
④ I shouldn't make mistakes when I take a picture.
⑤ That must be an expensive one.

✔해설 ① 카메라 고마워.
② 멋진데, 하지만 난 오히려 자동카메라 쪽이 좋을 듯해.
③ 굉장해. 나도 이 모델을 살거야.
④ 난 사진을 찍을 때 어떤 실수도 하지 않아.
⑤ 그거 비쌌겠다.

take a look at ~을 (한 번) 보다 completely 완전히, 철저히, 완벽하게 automatic(기계, 장치 등이) 자동의, 자동적인 make a mistake 실수하다, 잘못하다 would rather do 오히려 ~하는 편이 낫다 take a picture 사진을 찍다

A : 카메라를 새로 샀어.
B : 정말? 한 번 보자.
A : 자, 여기 있어. 완전 자동식이어서, 실수할 일이 없지.
B : 굉장해, 나도 이 모델을 살거야.

5 다음 중 여자의 말에 대한 남자의 대답이 의미하는 것은?

> Man : Let's call it a day.
> Woman : How about staying for just one more hour? Then, we could totally wrap this up.
> Man : How can you still have so much energy?

① He's too tired to continue.
② Know the amount she hourly spends.
③ Call him when she gets the total.
④ Finish up the work as fast as possible.
⑤ She wants to take a longer break.

✔해설 ① 그는 너무 피곤해서 계속할 수가 없다.
② 그녀가 몇 시간을 보냈는지를 알아라.
③ 그녀가 일을 끝내면 그에게 전화해라.
④ 가능한 한 빨리 그 일을 끝내라.
⑤ 그녀는 더 큰 휴식을 취하고 싶어 한다.

call it a day (일을) 마치다, 일과를 마치다, 그만하다 wrap up ~에 매듭을 짓다, 결론을 내리다 hourly 한 시간마다, 매 시간마다

M : 이제 일을 그만하자.
W : 한 시간 정도 더 머무르는 것이 어때? 그럼 우리는 이 일을 완전히 마무리지을 수 있어.
M : 넌 어떻게 여전히 그렇게 많은 힘이 남아있니?

Answer 3.① 4.③ 5.①

6 다음 대화에서 빈칸에 들어가기에 가장 적절한 표현은?

> A : What great muscles you have! How often do you work out in a gym?
> B : Every day after work. You're in pretty good shape, too.
> A : Thanks. I take an aerobic class twice a week.
> B : _____ Hey! Race you to McDonald's for a coke!
> A : OK!

① Don't mention it!
② How embarrassing!
③ Good for you!
④ Well, I'll think about it!
⑤ That's not fair!

✔해설 ① 천만에!
② 얼마나 곤란(난처)하던지!
③ 그거 잘됐다!
④ 글쎄, 생각해 볼게!
⑤ 그건 불공평해

muscle 근육 **work out** (스포츠 등의) 트레이닝을 하다, 훈련하다, (몸을) 단련하다 **gym** 체육관(= gymnasium), 체육 **in good shape** (몸이) 상태가 좋은, 컨디션이 좋은 **race** 경주하다, 달리다

A : 근육이 정말 멋지구나! 얼마나 자주 체육관에서 단련하니?
B : 퇴근하고 매일. 너도 체형이 꽤 좋다.
A : 고마워. 난 일주일에 두 번 에어로빅 강습을 받아.
B : 그거 잘됐다! 어이! 콜라 마시러 맥도널드까지 달리기하자!
A : 좋아!

7 다음 중 Ticket Seller가 의도한 by의 의미와 동일하게 쓰인 문장은?

> Bus Passenger : I'd like a ticket to New York, please.
> Ticket Seller : Do you wish to go by Buffalo?
> Bus Passenger : Don't be funny! I want to go by bus.

① I was attacked by a dog.
② You can reserve the tickets by phone.
③ Will you finish it by tomorrow?
④ She solved the problem by luck.
⑤ He walked by me without noticing me.

> **해설** ① 나는 개에 의해 공격을 받았다(~에 의하여, ~에 의한).
> ② 당신은 전화로 입장권을 예약할 수 있다(~으로, ~에 의해서).
> ③ 당신은 내일까지 그것을 끝낼 것입니까(~까지)?
> ④ 그녀는 운으로 문제를 해결했다(~으로, ~에 의하여)
> ⑤ 그는 나를 알아보지 못하고 내 옆을 지나갔다(~을 지나, ~을 거쳐).
> 매표원은 Buffalo(지명)라는 도시를 거쳐서(경유하여) 가겠냐는 의미인데, 승객은 이를 buffalo(들소)로 착각하여 대답하고 있다. 즉 매표원이 의도한 by는 '~을 거쳐, 경유하여'의 의미이다.
>
> reserve 예약하다
>
> 버스 승객 : 뉴욕행 표 한 장 부탁합니다.
> 매표원 : 버팔로를 경유해서 가시겠습니까?
> 버스 승객 : 농담하지 마세요! 버스로 가겠습니다.

Answer 6.③ 7.⑤

8 다음 대화의 빈칸에 들어갈 적절하지 못한 것은?

> A : May I speak to Prof. Smith please?
> B : Sorry, _____. May I take a message?
> A : Yes, please tell him that Tom Andrews called and will drop by his office at two.
> B : I'll make sure he gets the message.

① he's not at his desk

② he's on leave for the rest of the week

③ he's on the other line

④ he just stepped out

⑤ he's in a meeting right now

✔ 해설 ① 그는 자리에 안 계십니다.
② 그는 이번 주 남은 기간 동안 휴가 중이십니다.
③ 그는 다른 사람과 통화 중이십니다.
④ 그는 방금 나가셨습니다.
⑤ 그는 지금 회의중입니다.
'전하실 말씀이 있으면 전해 드릴까요?'라는 말이 이어지고 있으므로, 교수는 지금 전화를 받을 수 없는 상황이다. ①③④⑤는 전화를 받을 수 없는 이유로 적절하지만, ②는 '오늘 오후 2시에 들르겠다'는 말과 모순되어 빈칸에 적절하지 못하다.

drop by 불시에 들르다, 잠깐 들르다 **make sure** 확인하다, 확신하다, 다짐하다 **on leave** 휴가를 얻어, 휴가로 **on the line** 통화 중인 **step out** (잠시) 나가다, (자리를) 비우다

A : Smith 교수님 좀 바꿔 주시겠습니까?
B : 죄송하지만, 지금 자리에 안 계십니다. 전하실 말씀이 있으면 전해 드릴까요?
A : 예, Tom Andrews가 전화했으며, 오늘 2시에 연구실에 잠깐 들른다고 전해 주시겠습니까?
B : 말씀을 꼭 전해 드리겠습니다.

9 다음 대화의 빈칸에 가장 적절한 질문은?

> A : May I take your order?
> B : Yes, I'll have a double cheeseburger with large fries.
> A : Do you want anything to drink with that?
> B : Why not? I guess I could use a medium coke.
> A : _____
> B : I'm running a little late. I'll take it with me.

① Do you have a reservation?
② Will that be cash or charge?
③ For here or to go?
④ Can you wait a couple of minutes?
⑤ Would you like to add desert?

✔해설 ① 예약하셨습니까?
② 현금으로 하시겠습니까? 아니면 신용카드로 하시겠습니까?
③ 여기에서 드시겠습니까? 아니면 가지고 가시겠습니까?
④ 잠시만 기다려 주시겠습니까?
⑤ 디저트를 추가하시겠습니까?
A의 질문에 B가 '늦어서 가져갈 것'이라고 대답했으므로 빈칸에는 '음식을 어디에서 먹을 것인가?'하는 선택을 묻는 말이 쓰여야 한다.

take one's order 주문을 받다 Why not? 좋죠, 그러죠 reservation 예약 a couple of 몇몇의, 두셋의

A : 주문하시겠습니까?
B : 예, 감자튀김 큰 것하고 더블 치즈버거로 하겠습니다.
A : 마실 것도 같이 주문하시겠습니까?
B : 그렇게 하죠. 중간 크기의 콜라를 주세요.
A : 여기서 드시겠습니까? 아니면 가지고 가시겠습니까(포장해 드릴까요)?
B : 제가 조금 늦어서요. 가지고 가겠습니다.

Answer 8.② 9.③

10 다음 중 어색한 대화는?

① A : I'm afraid I must go.
　B : But the night is still young.

② A : You look gorgeous in that red dress.
　B : Thank you. I'm very flattered.

③ A : How would you like your eggs?
　B : Scrambled, please.

④ A : I feel under the weather.
　B : I'm happy for you.

⑤ A : Can you help me open this box?
　B : Sure, I'd be glad to

> **해설** young (시일·계절·밤 등이) 아직 이른 gorgeous 화려한, 멋진, 훌륭한 flatter (찬사 등으로) ~을 기쁘게 하다, 우쭐하게 하다 scramble 달걀을 버터나 우유 등을 넣고 익히다 under the weather 기분이 언짢은, 몸 상태가 좋지 않은
> ① A : 나는 가야 할 것 같아.
> 　B : 아직 초저녁이잖아.
> ② A : 그 빨간 드레스를 입으니까 멋지다.
> 　B : 고마워. 칭찬해줘서 정말 기뻐.
> ③ A : 계란을 어떻게 해드릴까요?
> 　B : 스크램블로 해주세요.
> ④ A : 기분이 좋지 않아.
> 　B : 너 때문에 즐거워.
> ⑤ A : 이 상자를 여는 것을 도와주실수 있나요?
> 　B : 물론이죠. 기꺼이 할게요.

11 다음 대화의 빈칸에 들어갈 가장 적절한 말은?

> W : You're home very early today.
> M : Well, the last class was cancelled because Mrs. Simpson was sick.
> W : I see. By the way, did you check out the book I asked?
> M : _____

① Yes. It was published in 1995 in New York.
② Yes. I've checked it and it was in good shape.
③ I'm sorry, but the campus bookstore does not have it.
④ I forgot to ask what the title was.
⑤ I'm afraid I couldn't. The only copy the library has is on reserve.

✔해설 ① 응, 그 책은 1995년에 뉴욕에서 출판된 거야.
② 응, 내가 검사해 봤더니 외관은 멀쩡하더라.
③ 미안, 학교서점에는 그 책이 없더라.
④ 책 제목을 묻는 것을 깜빡했다.
⑤ 그럴 수가 없었어. 도서관에 딱 한 권이 있었는데 예약 중이었거든.

by the way 그런데 **check out** (도서관에서 책 등을) 대출하다, 빌려주다 **on reserve** 예약중인

W : 오늘은 집에 일찍 왔네.
M : Simpson 여사가 아파서 마지막 수업이 취소됐거든.
W : 그렇구나. 그런데 내가 부탁한 책은 대출했니?
M : 그럴 수 없었어. 도서관에 딱 한 권이 있었는데 예약 중이었거든.

Answer 10.④ 11.⑤

12 다음 A와 B의 대화에서 B가 말한 의미는 무엇인가?

> A : Would you like to own your own business?
> B : I wouldn't mind a bit.

① B would like to have a company of his own.
② B doesn't have time for a job.
③ B has a mind of his own.
④ B couldn't make up his mind.
⑤ B wants to quit his job.

> ✔해설 ① B는 자기 소유의 회사를 가지고 싶어한다.
> ② B는 일할 시간이 없다.
> ③ B는 제 나름의 의견(마음)이 있다.
> ④ B는 결정을 내리지 못했다.
> ⑤ B는 직장을 그만두고 싶어한다.
> would like to do ~하고 싶다(= want to do) own 소유하다, 자기 자신의 mind 꺼리다, 싫어하다 make up one's mind 결심하다, 결단(결론)을 내리다
> A : 너 자신의 사업을 하고 싶지?
> B : 그럼(조금도 싫을 것이 없지).

13 다음 대화가 이루어지는 장소로 가장 적절한 것은?

> A : How can I help you?
> B : I'd like to open a savings account.

① at the bank
② at the airport
③ at the restaurant
④ at the park
⑤ at the school

> ✔해설 savings account 예금(저축)계좌
> A : 무엇을 도와드릴까요?
> B : 예금 계좌를 하나 개설하고 싶습니다.

14 다음 대화의 흐름상 빈칸에 가장 적절한 것은?

> A : I'm very proud of my daughter. She has quite a good memory. She does her best to remember all she reads. And she's only nine years old.
> B : That's very good. _____ You or your wife?
> A : My wife. As a child my wife learned lots of poems by heart. She still knows quite a few of them.
> B : I never could memorize poetry. On the other hand, I remember numbers. I never forget an address or a date.

① How can she memorize them?
② Whom does she prefer?
③ Whom does she look after?
④ Whom does she take after?
⑤ Whom did she talk to?

✔해설 ① 그녀는 그것들을 어떻게 기억할 수 있죠?
② 그녀는 누구를 더 좋아하나요?
③ 그녀는 누구를 돌보나요?
④ 그녀는 누구를 닮았죠?
⑤ 그녀는 누구와 이야기 했나요?

do one's best 전력을 다하다, 최선을 다하다 learn by heart 외우다, 암기하다 look after ~을 보살피다, 돌보다 take after ~을 닮다, 흉내 내다

A : 난 정말 내 딸이 자랑스러워. 기억력이 정말 좋거든. 그 애는 자기가 읽은 것들을 모두 기억하려고 최선을 다해. 게다가 그 애는 아직 아홉 살밖에 안됐어.
B : 정말 훌륭하네요. 그 애는 누구를 닮았나요? 당신 아니면 당신 아내?
A : 내 아내를 닮았지. 어렸을 때 아내는 많은 시들을 외웠는데, 아직도 그 중에 꽤 많은 시들을 알고 있지.
B : 나는 도무지 시를 암기할 수가 없어요. 대신 숫자를 기억하죠. 주소나 날짜는 절대 잊어버리지 않아요.

Answer 12.① 13.① 14.④

15 다음의 대화에서 빈칸에 들어갈 말로 가장 적당한 것은?

> A : I haven't seen you in ages! How have you been?
> B : I've been fine — just fine. And you?
> A : _____ So what's going on? I have so much to tell you!
> B : Me, too! But when can we get together?
> A : Soon — very soon.

① Yes, I do.
② With pleasure!
③ Thank you!
④ Great!
⑤ Congratulations!

✔해설 ① 응, 그래.
② 기꺼이, 좋아!
③ 고마워!
④ 훌륭히, 썩 잘(= very well)!
⑤ 축하해!

in ages 오랫동안(= long time) What's going on? 일은 어떻게 진행되고 있니? get together 모이다, 만나다

A : 오랫동안 널 보지 못했구나(정말 오랜만이다)! 어떻게 지냈어?
B : 잘 지냈어. 그저, 잘. 넌?
A : (나야) 최고지! 그래, 지금은 뭐해? 너에게 말할 것이 너무 많아!
B : 나도 그래! 근데, 우리 언제 만날 수 있을까?
A : 곧, 곧 다시 만나자.

16 다음 중 B의 응답으로 가장 알맞은 것은?

> A : Excuse me. I want to get a driver's license. What do I have to do first?
> B : Well, first _____.

① fill out this form
② wait for it to finish
③ pay the fee
④ take the driving test
⑤ take a photo

✔해설 ① 이 양식을 작성하십시오.

② 그것이 끝나기를 기다리십시오.
③ 요금을 지불하십시오.
④ 주행시험을 치르십시오.
⑤ 사진을 찍으십시오.

driver's license 운전면허증 fill out (서식, 문서 등의) 빈 곳을 채우다 driving test 주행시험

A: 실례합니다. 운전면허증을 따려고 합니다. 처음에 무엇을 해야 하나요?
B: 그러면, 우선 이 양식을 작성해 주십시오.

17 다음 대화 중 어울리지 않는 것은?

① A: Excuse me, but can you tell me the way to the city hall?
　B: Sure. Turn to the right, and you will find it on your right.
② A: May I take your order now?
　B: Yes. I'll take the today's special.
③ A: Can I help you?
　B: I'm just looking around. Thank you anyway.
④ A: Would you like some dessert?
　B: Yes, I'd like a piece of cake, please.
⑤ A: My name is Patricia Smith, but just call me Pat.
　B: Yes, I'll call you at 5 o'clock.

해설 ⑤ A의 call(이름을 부르다)과 B의 call(방문하다, 전화하다)의 의미가 어긋난다.

city hall 시청   turn to ~쪽으로 방향을 돌리다, 향하다   on one's right ~의 오른쪽(편)에   order 주문
look around 둘러보다, 관광하다   anyway 어쨌든, 하여튼

① A: 실례합니다만, 시청으로 가려면 어떻게 가지요?
　B: 아, 예. 오른쪽으로 돌아가세요. 그러면 오른편에 시청이 보일 것입니다.
② A: 지금 주문하시겠어요?
　B: 예. 오늘의 특선요리로 먹겠습니다.
③ A: 무엇을 도와드릴까요?
　B: 그냥 둘러보고 있는 중이었습니다. 어쨌거나 감사합니다.
④ A: 디저트 좀 드실래요?
　B: 네, 케이크 한 조각 주세요.
⑤ A: 내 이름은 Patricia Smith야. 그저 Pat이라고 불러줘.
　B: 그래. 5시에 전화할게(방문할게).

Answer 15.④ 16.① 17.⑤

18 다음 대화의 빈칸에 들어갈 가장 알맞은 표현은?

> A : Can I help you?
> B : Yes, we're looking for a jacket for our grandson.
> A : _____
> B : A medium. I think. He's about 5′ 10″, average build.
> A : How do you like these?

① What color does he like?
② What size does he wear?
③ How about this one? It is very popular among teenagers.
④ Do you want me to wrap it for you?
⑤ Is he looking for something formal or casual?

✅ **해설** ① 그(손자)가 무슨 색상을 좋아합니까?
② 그(손자)의 치수가 어떻게 됩니까?
③ 이 재킷은 어떻습니까? 10대들 사이에서 무척 인기가 있습니다.
④ 포장해 드릴까요?
⑤ 그는 격식을 차린 옷을 찾고 있나요, 아니면 캐주얼한 옷을 찾고 있나요?

look for ~을 찾다 jacket 재킷, 외투, (책의) 커버 medium 중간의, 보통의 about 약, 대략 average 평균의, 보통의 build 체격 formal 격식을 차린

A : 제가 도와드릴까요?
B : 예. 손자에게 줄 재킷을 찾고 있습니다.
A : 손자의 치수가 어떻게 되나요?
B : 중간치 정도입니다. 대략 177.8cm[5feet + 12inches(foot = 12inches, inch = 2.54cm)] 키에 보통 체격이거든요.
A : 이것들은 어떻습니까?

19 A와 B의 대화 중 B의 대답에 어울리지 않는 A의 표현은?

> A : _____
> B : Great. I'm on top of the world.

① How are things with you?　② How are you doing?
③ How is it going?　　　　　④ How far is it?
⑤ How are you?

> ✔해설　①②③⑤ How are things with you?
> 　　　　　　= How are you doing?
> 　　　　　　= How are you?
> 　　　　　　= How is it going?
> 　　　　　　= How's everything?　요즘 어떠십니까?
> 　　　　④ How far is it?　얼마나 멉니까?
> 　　　　on top of the world (성공, 행복 등으로) 좋아서 어쩔 줄을 모르는
> 　　　　A : 요즘 어떠십니까?
> 　　　　B : 아주 좋아요. 최고예요.

20 다음 대화에서 밑줄 친 문장을 우리말로 옮긴 것 중에서 가장 올바른 것은?

> A : OK. So is everything all right for the trips?
> B : Yes, I'm all set. I just have one question. How much do I have to know about each city?

① 나는 좌석을 얻었습니다.
② 나는 준비가 다 되었습니다.
③ 나는 잘 배치되었습니다.
④ 내가 잘 맞추어 놓았습니다.
⑤ 내가 예약을 했습니다.

> ✔해설　(be) all set 준비가 다 되다
> 　　　　A : 좋습니다. 그럼 여행준비는 다 잘된 거죠?
> 　　　　B : 예, 나는 준비가 다 되었습니다. 다만, 질문이 하나 있습니다. 각 도시에 대해 얼마나 알고 있어야 하나요?

Answer　18.②　19.④　20.②

※ 다음 대화에서 빈칸에 들어갈 표현으로 적절하지 않은 것을 고르시오. 【21~22】

21

> A : Did you hear about Joan?
> B : Yes. She had so much work, so _____.

① she had a nerve illness
② she had a nervous breakdown
③ she came up with a cold
④ she had to balance out her budget
⑤ she had to take a break

> ✔ 해설 ① 그녀는 신경질환을 앓고 있어.
> ② 그녀는 신경쇠약에 걸렸어.
> ③ 그녀는 감기에 걸렸어.
> ④ 그녀는 예산에 균형이 잡혀야만 했어.
> ⑤ 그녀는 휴식을 취해야 했어.
> nerve illness 신경질환 nervous breakdown 신경쇠약 come up with ~을 따라잡다 balance out 균형이 잡히다, 필적하다 budget 예산
> A : Joan에 대한 소식 들었니?
> B : 응. 그녀는 일을 너무 많이 해서 _____.

22

> A : May I help you?
> B : Yes. I'm looking for something quite unusual.
> A : _____ We've got it.

① Will you tell it?
② You name it.
③ Are you telling me?
④ Can you name to me?
⑤ Can you describe it to me?

✔해설 ① 그것을 말씀해 주시겠습만 하세요.
② [무엇이(누구)든지] 말씀만 하세요.
③ 저한테 하시는 말씀입니까?
④ (그것이 무엇인지) 제게 말씀(지목)해 주시겠습니까?
⑤ 설명해 주실 수 있나요?

look for 찾다, 기대하다, 기다리다   unusual 이상한, 색다른, 별난   describe 묘사하다, 설명하다.

A : 제가 도와 드릴까요?
B : 예. 꽤 이상한 것을 찾고 있습니다.
A : _____. 무엇이든 다 있답니다.

※ 다음 대화에서 빈칸에 들어갈 가장 적절한 표현을 고르시오. 【23~25】

23

A : I'm leaving for Australia next month.
B : _____
A : Yes. So I won't be able to see you for a long time. Please keep me posted.

① For vacation?
② For holiday?
③ For fun?
④ For good?
⑤ For work?

✔해설 ① 방학을 보내러(휴가차로)?
② 휴일(휴가)을 보내러?
③ 놀러가는 거야?
④ 아주 가는 거니?
⑤ 일하러 가는 거야?

leave for ~을 향해 떠나다, ~으로 떠나다   for a long time 오랫동안   keep a person posted ~에게 소식을 계속 알리다   for good 영원히, 이것을 마지막(끝)으로(= for ever, forever)

A : 나는 다음달에 오스트레일리아로 떠날거야.
B : 아주 가는 거니?
A : 응. 그래서 오랫동안 널 못 볼 거야. 꼭 소식 전해줘.

Answer   21.④   22.③   23.④

24

A : I fell off my bike and hurt my ankle. It feels like it's broken.
B : Let's X-ray this and see what we've got here.
A : You're the doctor.
C : How do you feel?
A : It's starting to throb. But I'm the macho type.
D : Yeah, right. What did the doctor say?
A : He sent me to X-ray. We're waiting for the results now.
C : _____
A : Me, too. I guess that was kind of stupid of me.

① I was operated on for appendicitis.
② The doctor will be with you in a moment.
③ I hope it's not serious.
④ Hmm, do you think you broke your ankle?
⑤ When is the next treatment?

해설 ① 맹장염 때문에 수술을 받았다.
② 곧 의사가 당신을 진찰해 줄 것이다.
③ (상처가) 심각하지 않기를 바란다.
④ 음, 당신은 발목이 부러졌다고 생각한다는 것이죠?
⑤ 다음 치료는 언제쯤이야?

fall off ~에서 떨어지다 ankle 발목 feel like ~처럼 느끼다, ~한 생각이 들다 broken 깨진, 부서진, 부러진, 상한 throb(smart) with pain 고통(아픔)으로 맥박이 뛰다, 쑤시다, 아프다 macho 건장한 사나이, 늠름한 사나이 operate 수술하다, 작용하다, 작동하다,(기계 등이) 움직이다 appendicitis 충수염, 맹장염 in a moment 순식간에, 곧

A : 자전거를 타다가 떨어져서 발목을 다쳤어. 발목이 부러진 것 같아.
B : 이 부위를 X-ray 촬영을 하고 여기 상태가 어떤지 보자.
A : (B) 네가 의사 선생님이다.
C : 증세는 어때?
A : 욱신거리기 시작했어. 하지만 난 사나이니까 (괜찮아).
D : 그래, 맞아. 의사가 뭐라고 말했어?
A : 의사가 보내서 X-ray 촬영은 했고, 지금은 결과를 기다리는 중이야.
C : (상처가) <u>심각하지 않았으면 좋겠는데</u>.
A : 나도 그랬으면 좋겠어. 내가 어리석었어.

25

A : Chris, I got a good deal on this computer.
B : Oh? It's a used one and so old!
A : Normally it is one million one hundred thousand won, but I got it at only one million fifty thousand won.
B : _____

① Big deal!
② Good buy!
③ Big bargain!
④ Business deal!
⑤ Company policy!

> ✔해설 ① 그게 무슨 대수라고!
> ②③ 아주 싸게 잘 샀어!
> ④ 사업상 거래!
> ⑤ 회사 정책!
>
> **get a good deal on** ~을 적절한 가격에 사다, ~에 대해 좋은 거래를 하다 **used** 사용한, 중고의 **old** 오래된, 낡은, 구식의 **normally** 보통은, 원래는, 정상적으로(는)
>
> A : Chris, 나는 이 컴퓨터를 아주 좋은 값에 샀어.
> B : 그래? 그거 중고품이나 구식 아냐!
> A : 보통은 110만 원인데, 나는 그것을 105만 원에 샀어.
> B : 그게 무슨 대수라고!

Answer 24.③ 25.①

PART 03

인성검사

01 인성검사의 개요
02 실전 인성검사

Chapter 01 인성검사의 개요

1 허구성 척도의 질문을 파악한다.

자인정성검사의 질문에는 허구성 척도를 측정하기 위한 질문이 숨어있음을 유념해야 한다. 예를 들어 '나는 지금까지 거짓말을 한 적이 없다.' '나는 한 번도 화를 낸 적이 없다.' '나는 남을 헐뜯거나 비난한 적이 한 번도 없다.' 이러한 질문이 있다고 가정해보자. 상식적으로 보통 누구나 태어나서 한번은 거짓말을 한 경험은 있을 것이며 화를 낸 경우도 있을 것이다. 또한 대부분의 구직자가 자신을 좋은 인상으로 포장하는 것도 자연스러운 일이다. 따라서 허구성을 측정하는 질문에 다소 거짓으로 '그렇다'라고 답하는 것은 전혀 문제가 되지 않는다. 하지만 지나치게 좋은 성격을 염두에 두고 허구성을 측정하는 질문에 전부 '그렇다'고 대답을 한다면 허구성 척도의 득점이 극단적으로 높아지며 이는 검사항목전체에서 구직자의 성격이나 특성이 반영되지 않았음을 나타내 불성실한 답변으로 신뢰성이 의심받게 되는 것이다. 다시 한 번 인성검사의 문항은 각 개인의 특성을 알아보고자 하는 것으로 절대적으로 옳거나 틀린 답이 없으므로 결과를 지나치게 의식하여 솔직하게 응답하지 않으면 과장 반응으로 분류될 수 있음을 기억하자!

2 '대체로', '가끔' 등의 수식어를 확인한다.

'대체로', '종종', '가끔', '항상', '대개' 등의 수식어는 대부분의 인성검사에서 자주 등장한다. 이러한 수식어가 붙은 질문을 접했을 때 구직자들은 조금 고민하게 된다. 하지만 아직 답해야 할 질문들이 많음을 기억해야 한다. 다만, 앞에서 '가끔', '때때로'라는 수식어가 붙은 질문이 나온다면 뒤에는 '항상', '대체로'의 수식어가 붙은 내용은 똑같은 질문이 이어지는 경우가 많다. 따라서 자주 사용되는 수식어를 적절히 구분할 줄 알아야 한다.

3 솔직하게 있는 그대로 표현한다.

인성검사는 평범한 일상생활 내용들을 다룬 짧은 문장과 어떤 대상이나 일에 대한 선호를 선택하는 문장으로 구성되었으므로 평소에 자신이 생각한 바를 너무 골똘히 생각하지 말고 문제를 보는 순간 떠오른 것을 표현한다. 또한 간혹 반복되는 문제들이 출제되기 때문에 일관성 있게 답하지 않으면 감점될 수 있으므로 유의한다.

4 모든 문제를 신속하게 대답한다.

인성검사는 시간제한이 없는 것이 원칙이지만 기업체들은 일정한 시간제한을 두고 있다. 인성검사는 개인의 성격과 자질을 알아보기 위한 검사이기 때문에 정답이 없다. 다만, 기업체에서 바람직하게 생각하거나 기대되는 결과가 있을 뿐이다. 따라서 시간에 쫓겨서 대충 대답을 하는 것은 바람직하지 못하다.

5 자신의 성향과 사고방식을 미리 정리한다.

기업의 인재상을 기초로 하여 일관성, 신뢰성, 진실성 있는 답변을 염두에 두고 꼼꼼히 풀다보면 분명 시간의 촉박함을 느낄 것이다. 따라서 각각의 질문을 너무 골똘히 생각하거나 고민하지 말자. 대신 시험 전에 여유 있게 자신의 성향이나 사고방식에 대해 정리해보는 것이 필요하다.

6 마지막까지 집중해서 검사에 임한다.

장시간 진행되는 검사에 지칠 수 있으므로 마지막까지 집중해서 정확히 답할 수 있도록 해야 한다.

Chapter 02 실전 인성검사

|1~280| 다음 제시된 문항이 당신에게 해당한다면 YES, 그렇지 않다면 NO를 선택하시오.

                                                                YES NO

1. 조금이라도 나쁜 소식은 절망의 시작이라고 생각해버린다. ·················(   )(   )
2. 언제나 실패가 걱정이 되어 어쩔 줄 모른다. ·································(   )(   )
3. 다수결의 의견에 따르는 편이다. ···(   )(   )
4. 혼자서 커피숍에 들어가는 것은 전혀 두려운 일이 아니다. ·················(   )(   )
5. 승부근성이 강하다. ···(   )(   )
6. 자주 흥분해서 침착하지 못하다. ···(   )(   )
7. 지금까지 살면서 타인에게 폐를 끼친 적이 없다. ···························(   )(   )
8. 소곤소곤 이야기하는 것을 보면 자기에 대해 험담하고 있는 것으로 생각된다. ···(   )(   )
9. 무엇이든지 자기가 나쁘다고 생각하는 편이다. ·····························(   )(   )
10. 자신을 변덕스러운 사람이라고 생각한다. ·································(   )(   )
11. 고독을 즐기는 편이다. ··(   )(   )
12. 자존심이 강하다고 생각한다. ··(   )(   )
13. 금방 흥분하는 성격이다. ··(   )(   )
14. 거짓말을 한 적이 없다. ···(   )(   )
15. 신경질적인 편이다. ··(   )(   )
16. 끙끙대며 고민하는 타입이다. ··(   )(   )
17. 감정적인 사람이라고 생각한다. ··(   )(   )
18. 자신만의 신념을 가지고 있다. ··(   )(   )
19. 다른 사람을 바보 같다고 생각한 적이 있다. ·······························(   )(   )
20. 금방 말해버리는 편이다. ··(   )(   )
21. 싫어하는 사람이 없다. ··(   )(   )
22. 대재앙이 오지 않을까 항상 걱정을 한다. ··································(   )(   )

	YES	NO
24. 자주 생각이 바뀌는 편이다.	( )	( )
25. 문제점을 해결하기 위해 여러 사람과 상의한다.	( )	( )
26. 내 방식대로 일을 한다.	( )	( )
27. 영화를 보고 운 적이 많다.	( )	( )
28. 어떤 것에 대해서도 화낸 적이 없다.	( )	( )
29. 사소한 충고에도 걱정을 한다.	( )	( )
30. 자신은 도움이 안되는 사람이라고 생각한다.	( )	( )
31. 금방 싫증을 내는 편이다.	( )	( )
32. 개성적인 사람이라고 생각한다.	( )	( )
33. 자기 주장이 강한 편이다.	( )	( )
34. 산만하다는 말을 들은 적이 있다.	( )	( )
35. 학교를 쉬고 싶다고 생각한 적이 한 번도 없다.	( )	( )
36. 사람들과 관계맺는 것을 보면 잘하지 못한다.	( )	( )
37. 사려깊은 편이다.	( )	( )
38. 몸을 움직이는 것을 좋아한다.	( )	( )
39. 끈기가 있는 편이다.	( )	( )
40. 신중한 편이라고 생각한다.	( )	( )
41. 인생의 목표는 큰 것이 좋다.	( )	( )
42. 어떤 일이라도 바로 시작하는 타입이다.	( )	( )
43. 낯가림을 하는 편이다.	( )	( )
44. 생각하고 나서 행동하는 편이다.	( )	( )
45. 쉬는 날은 밖으로 나가는 경우가 많다.	( )	( )
46. 시작한 일은 반드시 완성시킨다.	( )	( )
47. 면밀한 계획을 세운 여행을 좋아한다.	( )	( )
48. 야망이 있는 편이라고 생각한다.	( )	( )
49. 활동력이 있는 편이다.	( )	( )
50. 많은 사람들과 왁자지껄하게 식사하는 것을 좋아하지 않는다.	( )	( )
51. 돈을 허비한 적이 없다.	( )	( )
52. 운동회를 아주 좋아하고 기대했다.	( )	( )

	YES	NO
53. 하나의 취미에 열중하는 타입이다.	( )	( )
54. 모임에서 회장에 어울린다고 생각한다.	( )	( )
55. 입신출세의 성공이야기를 좋아한다.	( )	( )
56. 어떠한 일도 의욕을 가지고 임하는 편이다.	( )	( )
57. 학급에서는 존재가 희미했다.	( )	( )
58. 항상 무언가를 생각하고 있다.	( )	( )
59. 스포츠는 보는 것보다 하는 게 좋다.	( )	( )
60. '참 잘했네요'라는 말을 듣는다.	( )	( )
61. 흐린 날은 반드시 우산을 가지고 간다.	( )	( )
62. 주연상을 받을 수 있는 배우를 좋아한다.	( )	( )
63. 공격하는 타입이라고 생각한다.	( )	( )
64. 리드를 받는 편이다.	( )	( )
65. 너무 신중해서 기회를 놓친 적이 있다.	( )	( )
66. 시원시원하게 움직이는 타입이다.	( )	( )
67. 야근을 해서라도 업무를 끝낸다.	( )	( )
68. 누군가를 방문할 때는 반드시 사전에 확인한다.	( )	( )
69. 노력해도 결과가 따르지 않으면 의미가 없다.	( )	( )
70. 무조건 행동해야 한다.	( )	( )
71. 유행에 둔감하다고 생각한다.	( )	( )
72. 정해진 대로 움직이는 것은 시시하다.	( )	( )
73. 꿈을 계속 가지고 있고 싶다.	( )	( )
74. 질서보다 자유를 중요시하는 편이다.	( )	( )
75. 혼자서 취미에 몰두하는 것을 좋아한다.	( )	( )
76. 직관적으로 판단하는 편이다.	( )	( )
77. 영화나 드라마를 보면 등장인물의 감정에 이입된다.	( )	( )
78. 시대의 흐름에 역행해서라도 자신을 관철하고 싶다.	( )	( )
79. 다른 사람의 소문에 관심이 없다.	( )	( )
80. 창조적인 편이다.	( )	( )
81. 비교적 눈물이 많은 편이다.	( )	( )

		YES	NO

82. 융통성이 있다고 생각한다. ( )( )
83. 친구의 휴대전화 번호를 잘 모른다. ( )( )
84. 스스로 고안하는 것을 좋아한다. ( )( )
85. 정이 두터운 사람으로 남고 싶다. ( )( )
86. 조직의 일원으로 별로 안 어울린다. ( )( )
87. 세상의 일에 별로 관심이 없다. ( )( )
88. 변화를 추구하는 편이다. ( )( )
89. 업무는 인간관계로 선택한다. ( )( )
90. 환경이 변하는 것에 구애되지 않는다. ( )( )
91. 불안감이 강한 편이다. ( )( )
92. 인생은 살 가치가 없다고 생각한다. ( )( )
93. 의지가 약한 편이다. ( )( )
94. 다른 사람이 하는 일에 별로 관심이 없다. ( )( )
95. 사람을 설득시키는 것은 어렵지 않다. ( )( )
96. 심심한 것을 못 참는다. ( )( )
97. 다른 사람을 욕한 적이 한 번도 없다. ( )( )
98. 다른 사람에게 어떻게 보일지 신경을 쓴다. ( )( )
99. 금방 낙심하는 편이다. ( )( )
100. 다른 사람에게 의존하는 경향이 있다. ( )( )
101. 그다지 융통성이 있는 편이 아니다. ( )( )
102. 다른 사람이 내 의견에 간섭하는 것이 싫다. ( )( )
103. 낙천적인 편이다. ( )( )
104. 숙제를 잊어버린 적이 한 번도 없다. ( )( )
105. 밤길에는 발소리가 들리기만 해도 불안하다. ( )( )
106. 상냥하다는 말을 들은 적이 있다. ( )( )
107. 자신은 유치한 사람이다. ( )( )
108. 잡담을 하는 것보다 책을 읽는 게 낫다. ( )( )
109. 나는 영업에 적합한 타입이라고 생각한다. ( )( )
110. 술자리에서 술을 마시지 않아도 흥을 돋울 수 있다. ( )( )

	YES	NO
111. 한 번도 병원에 간 적이 없다.	( )	( )
112. 나쁜 일은 걱정이 되어서 어쩔 줄을 모른다.	( )	( )
113. 금세 무기력해지는 편이다.	( )	( )
114. 비교적 고분고분한 편이라고 생각한다.	( )	( )
115. 독자적으로 행동하는 편이다.	( )	( )
116. 적극적으로 행동하는 편이다.	( )	( )
117. 금방 감격하는 편이다.	( )	( )
118. 어떤 것에 대해서는 불만을 가진 적이 없다.	( )	( )
119. 밤에 못 잘 때가 많다.	( )	( )
120. 자주 후회하는 편이다.	( )	( )
121. 뜨거워지기 쉽고 식기 쉽다.	( )	( )
122. 자신만의 세계를 가지고 있다.	( )	( )
123. 많은 사람 앞에서도 긴장하는 일은 없다.	( )	( )
124. 말하는 것을 아주 좋아한다.	( )	( )
125. 인생을 포기하는 마음을 가진 적이 한 번도 없다.	( )	( )
126. 어두운 성격이다.	( )	( )
127. 금방 반성한다.	( )	( )
128. 활동범위가 넓은 편이다.	( )	( )
129. 자신을 끈기 있는 사람이라고 생각한다.	( )	( )
130. 좋다고 생각하더라도 좀 더 검토하고 나서 실행한다.	( )	( )
131. 위대한 인물이 되고 싶다.	( )	( )
132. 한 번에 많은 일을 떠맡아도 힘들지 않다.	( )	( )
133. 사람과 만날 약속은 부담스럽다.	( )	( )
134. 질문을 받으면 충분히 생각하고 나서 대답하는 편이다.	( )	( )
135. 머리를 쓰는 것보다 땀을 흘리는 일이 좋다.	( )	( )
136. 결정한 것에는 철저히 구속받는다.	( )	( )
137. 외출 시 문을 잠갔는지 몇 번을 확인한다.	( )	( )
138. 이왕 할 거라면 일등이 되고 싶다.	( )	( )
139. 과감하게 도전하는 타입이다.	( )	( )

	YES	NO
140. 자신은 사교적이 아니라고 생각한다.	( )	( )
141. 무심코 도리에 대해서 말하고 싶어진다.	( )	( )
142. '항상 건강하네요'라는 말을 듣는다.	( )	( )
143. 단념하면 끝이라고 생각한다.	( )	( )
144. 예상하지 못한 일은 하고 싶지 않다.	( )	( )
145. 파란만장하더라도 성공하는 인생을 걷고 싶다.	( )	( )
146. 활기찬 편이라고 생각한다.	( )	( )
147. 소극적인 편이라고 생각한다.	( )	( )
148. 무심코 평론가가 되어 버린다.	( )	( )
149. 자신은 성급하다고 생각한다.	( )	( )
150. 꾸준히 노력하는 타입이라고 생각한다.	( )	( )
151. 내일의 계획이라도 메모한다.	( )	( )
152. 리더십이 있는 사람이 되고 싶다.	( )	( )
153. 열정적인 사람이라고 생각한다.	( )	( )
154. 다른 사람 앞에서 이야기를 잘 하지 못한다.	( )	( )
155. 통찰력이 있는 편이다.	( )	( )
156. 엉덩이가 가벼운 편이다.	( )	( )
157. 여러 가지로 구애됨이 있다.	( )	( )
158. 돌다리도 두들겨 보고 건너는 쪽이 좋다.	( )	( )
159. 자신에게는 권력욕이 있다.	( )	( )
160. 업무를 할당받으면 기쁘다.	( )	( )
161. 사색적인 사람이라고 생각한다.	( )	( )
162. 비교적 개혁적이다.	( )	( )
163. 좋고 싫음으로 정할 때가 많다.	( )	( )
164. 전통에 구애되는 것은 버리는 것이 적절하다.	( )	( )
165. 교제 범위가 좁은 편이다.	( )	( )
166. 발상의 전환을 할 수 있는 타입이라고 생각한다.	( )	( )
167. 너무 주관적이어서 실패한다.	( )	( )
168. 현실적이고 실용적인 면을 추구한다.	( )	( )

	YES	NO

169. 내가 어떤 배우의 팬인지 아무도 모른다. ( )( )
170. 현실보다 가능성이다. ( )( )
171. 마음이 담겨 있으면 선물은 아무 것이나 좋다. ( )( )
172. 여행은 마음대로 하는 것이 좋다. ( )( )
173. 추상적인 일에 관심이 있는 편이다. ( )( )
174. 일은 대담히 하는 편이다. ( )( )
175. 괴로워하는 사람을 보면 우선 동정한다. ( )( )
176. 가치기준은 자신의 안에 있다고 생각한다. ( )( )
177. 조용하고 조심스러운 편이다. ( )( )
178. 상상력이 풍부한 편이라고 생각한다. ( )( )
179. 의리, 인정이 두터운 상사를 만나고 싶다. ( )( )
180. 인생의 앞날을 알 수 없어 재미있다. ( )( )
181. 밝은 성격이다. ( )( )
182. 별로 반성하지 않는다. ( )( )
183. 활동범위가 좁은 편이다. ( )( )
184. 자신을 시원시원한 사람이라고 생각한다. ( )( )
185. 좋다고 생각하면 바로 행동한다. ( )( )
186. 좋은 사람이 되고 싶다. ( )( )
187. 한 번에 많은 일을 떠맡는 것은 골칫거리라고 생각한다. ( )( )
188. 사람과 만날 약속은 즐겁다. ( )( )
189. 질문을 받으면 그때의 느낌으로 대답하는 편이다. ( )( )
190. 땀을 흘리는 것보다 머리를 쓰는 일이 좋다. ( )( )
191. 결정한 것이라도 그다지 구속받지 않는다. ( )( )
192. 외출 시 문을 잠갔는지 별로 확인하지 않는다. ( )( )
193. 지위에 어울리면 된다. ( )( )
194. 안전책을 고르는 타입이다. ( )( )
195. 자신은 사교적이라고 생각한다. ( )( )
196. 도리는 상관없다. ( )( )
197. '침착하네요'라는 말을 듣는다. ( )( )

		YES	NO
198.	단념이 중요하다고 생각한다.	( )	( )
199.	예상하지 못한 일도 해보고 싶다.	( )	( )
200.	평범하고 평온하게 행복한 인생을 살고 싶다.	( )	( )
201.	몹시 귀찮아하는 편이라고 생각한다.	( )	( )
202.	특별히 소극적이라고 생각하지 않는다.	( )	( )
203.	이것저것 평하는 것이 싫다.	( )	( )
204.	자신은 성급하지 않다고 생각한다.	( )	( )
205.	꾸준히 노력하는 것을 잘 하지 못한다.	( )	( )
206.	내일의 계획은 머릿속에 기억한다.	( )	( )
207.	협동성이 있는 사람이 되고 싶다.	( )	( )
208.	열정적인 사람이라고 생각하지 않는다.	( )	( )
209.	다른 사람 앞에서 이야기를 잘한다.	( )	( )
210.	행동력이 있는 편이다.	( )	( )
211.	엉덩이가 무거운 편이다.	( )	( )
212.	특별히 구애받는 것이 없다.	( )	( )
213.	돌다리는 두들겨 보지 않고 건너도 된다.	( )	( )
214.	자신에게는 권력욕이 없다.	( )	( )
215.	업무를 할당받으면 부담스럽다.	( )	( )
216.	활동적인 사람이라고 생각한다.	( )	( )
217.	비교적 보수적이다.	( )	( )
218.	손해인지 이익인지로 정할 때가 많다.	( )	( )
219.	전통을 견실히 지키는 것이 적절하다.	( )	( )
220.	교제 범위가 넓은 편이다.	( )	( )
221.	상식적인 판단을 할 수 있는 타입이라고 생각한다.	( )	( )
222.	너무 객관적이어서 실패한다.	( )	( )
223.	보수적인 면을 추구한다.	( )	( )
224.	내가 누구의 팬인지 주변의 사람들이 안다.	( )	( )
225.	가능성보다 현실이다.	( )	( )
226.	그 사람이 필요한 것을 선물하고 싶다.	( )	( )

	YES	NO
227. 여행은 계획적으로 하는 것이 좋다.	( )	( )
228. 구체적인 일에 관심이 있는 편이다.	( )	( )
229. 일은 착실히 하는 편이다.	( )	( )
230. 괴로워하는 사람을 보면 우선 이유를 생각한다.	( )	( )
231. 가치기준은 자신의 밖에 있다고 생각한다.	( )	( )
232. 밝고 개방적인 편이다.	( )	( )
233. 현실 인식을 잘하는 편이라고 생각한다.	( )	( )
234. 공평하고 공적인 상사를 만나고 싶다.	( )	( )
235. 시시해도 계획적인 인생이 좋다.	( )	( )
236. 적극적으로 사람들과 관계를 맺는 편이다.	( )	( )
237. 활동적인 편이다.	( )	( )
238. 몸을 움직이는 것을 좋아하지 않는다.	( )	( )
239. 쉽게 질리는 편이다.	( )	( )
240. 경솔한 편이라고 생각한다.	( )	( )
241. 인생의 목표는 손이 닿을 정도면 된다.	( )	( )
242. 무슨 일도 좀처럼 시작하지 못한다.	( )	( )
243. 초면인 사람과도 바로 친해질 수 있다.	( )	( )
244. 행동하고 나서 생각하는 편이다.	( )	( )
245. 쉬는 날은 집에 있는 경우가 많다.	( )	( )
246. 완성되기 전에 포기하는 경우가 많다.	( )	( )
247. 계획 없는 여행을 좋아한다.	( )	( )
248. 욕심이 없는 편이라고 생각한다.	( )	( )
249. 활동력이 별로 없다.	( )	( )
250. 많은 사람들과 왁자지껄하게 식사하는 것을 좋아한다.	( )	( )
251. '내가 안하면 누가 할 것인가!'라고 생각하는 편이다.	( )	( )
252. 계획한 일을 행동으로 옮기지 못하면 왠지 찜찜하다.	( )	( )
253. 경우에 따라서는 상사에게 화를 낼 수도 있다.	( )	( )
254. 아직 구체적인 인생 목표가 없다.	( )	( )
255. 이성을 사귀는 주요 기준은 외모다.	( )	( )

	YES	NO
256. 최선을 다해 좋은 결과를 얻은 적이 많다.	( )	( )
257. 나쁜 일을 해도 죄의식을 느끼지 않는 편이다.	( )	( )
258. 주변 사람의 대소사에 관심이 많다.	( )	( )
259. 일은 절대로 즐거운 놀이가 될 수 없다.	( )	( )
260. 어떤 경우라도 시간을 지키기 위해 노력한다.	( )	( )
261. 거리낌 없이 마음을 나눌 수 있는 상대가 있다.	( )	( )
262. 실속 없이 시간을 보내는 자신에게 화가 난다.	( )	( )
263. 자기계발을 위하여 하는 것이 많다.	( )	( )
264. 불합격도 좋은 경험이라고 생각한다.	( )	( )
265. 사회봉사활동에 관심이 많다.	( )	( )
266. 자신을 공개적으로 망신주려는 사람이 있다.	( )	( )
267. 어디서든 일처리를 잘한다는 평을 주로 듣는다.	( )	( )
268. 돈 많고 잘생긴 친구가 부럽다.	( )	( )
269. 철저히 분석하여 가능성 있는 일만 착수한다.	( )	( )
270. 작은 경험이지만 성공한 적이 많다.	( )	( )
271. 경쟁에서 뒤처지지 않기 위해 노력하고 있다.	( )	( )
272. 세상에는 사랑보다 미움과 증오가 많다.	( )	( )
273. 전공과 관련된 인생의 장기목표가 있다.	( )	( )
274. 서로에게 발전적인 만남을 가지고 싶다.	( )	( )
275. 다수의 청중 앞에 선 경험이 많다.	( )	( )
276. 억울한 일이 있어도 해명하지 않는 편이다.	( )	( )
277. 이유 없이 불안함을 느낀 적은 없다.	( )	( )
278. 자신의 현재 모습에 비교적 만족한다.	( )	( )
279. 살아오는 동안 크게 잘못한 적이 없다.	( )	( )
280. 불가능해 보여도 필요하다면 도전해 본다.	( )	( )

PART 04

면접

01 면접의 기본

02 면접기출

Chapter 01 면접의 기본

1 면접준비

(1) 면접의 기본 원칙

① **면접의 의미** … 면접이란 다양한 면접기법을 활용하여 지원한 직무에 필요한 능력을 지원자가 보유하고 있는지를 확인하는 절차라고 할 수 있다. 즉, 지원자의 입장에서는 채용 직무수행에 필요한 요건들과 관련하여 자신의 환경, 경험, 관심사, 성취 등에 대해 기업에 직접 어필할 수 있는 기회를 제공받는 것이며, 기업의 입장에서는 서류전형만으로 알 수 없는 지원자에 대한 정보를 직접적으로 수집하고 평가하는 것이다.

② **면접의 특징** … 면접은 기업의 입장에서 서류전형이나 필기전형에서 드러나지 않는 지원자의 능력이나 성향을 볼 수 있는 기회로, 면대면으로 이루어지며 즉흥적인 질문들이 포함될 수 있기 때문에 지원자가 완벽하게 준비하기 어려운 부분이 있다. 하지만 지원자 입장에서도 서류전형이나 필기전형에서 모두 보여주지 못한 자신의 능력 등을 기업의 인사담당자에게 어필할 수 있는 추가적인 기회가 될 수도 있다.

[서류·필기전형과 차별화되는 면접의 특징]

- 직무수행과 관련된 다양한 지원자 행동에 대한 관찰이 가능하다.
- 면접관이 알고자 하는 정보를 심층적으로 파악할 수 있다.
- 서류상의 미비한 사항과 의심스러운 부분을 확인할 수 있다.
- 커뮤니케이션 능력, 대인관계 능력 등 행동·언어적 정보도 얻을 수 있다.

③ **면접의 유형**
  ㉠ **구조화 면접**: 구조화 면접은 사전에 계획을 세워 질문의 내용과 방법, 지원자의 답변 유형에 따른 추가 질문과 그에 대한 평가 역량이 정해져 있는 면접 방식으로 표준화 면접이라고도 한다.
    - 표준화된 질문이나 평가요소가 면접 전 확정되며, 지원자는 편성된 조나 면접관에 영향을 받지 않고 동일한 질문과 시간을 부여받을 수 있다.
    - 조직 또는 직무별로 주요하게 도출된 역량을 기반으로 평가요소가 구성되어, 조직 또는 직무에서 필요한 역량을 가진 지원자를 선발할 수 있다.
    - 표준화된 형식을 사용하는 특성 때문에 비구조화 면접에 비해 신뢰성과 타당성, 객관성이 높다.

- ⓒ 비구조화 면접 : 비구조화 면접은 면접 계획을 세울 때 면접 목적만을 명시하고 내용이나 방법은 면접관에게 전적으로 일임하는 방식으로 비표준화 면접이라고도 한다.
  - 표준화된 질문이나 평가요소 없이 면접이 진행되며, 편성된 조나 면접관에 따라 지원자에게 주어지는 질문이나 시간이 다르다.
  - 면접관의 주관적인 판단에 따라 평가가 이루어져 평가 오류가 빈번히 일어난다.
  - 상황 대처나 언변이 뛰어난 지원자에게 유리한 면접이 될 수 있다.

④ 경쟁력 있는 면접 요령

  ㉠ 면접 전에 준비하고 유념할 사항
  - 예상 질문과 답변을 미리 작성한다.
  - 작성한 내용을 문장으로 외우지 않고 키워드로 기억한다.
  - 지원한 회사의 최근 기사를 검색하여 기억한다.
  - 지원한 회사가 속한 산업군의 최근 기사를 검색하여 기억한다.
  - 면접 전 1주일간 이슈가 되는 뉴스를 기억하고 자신의 생각을 반영하여 정리한다.
  - 찬반토론에 대비한 주제를 목록으로 정리하여 자신의 논리를 내세운 예상답변을 작성한다.

  ㉡ 면접장에서 유념할 사항
  - 질문의 의도 파악 : 답변을 할 때에는 질문 의도를 파악하고 그에 충실한 답변이 될 수 있도록 질문사항을 유념해야 한다. 많은 지원자가 하는 실수 중 하나로 답변을 하는 도중 자기 말에 심취되어 질문의 의도와 다른 답변을 하거나 자신이 알고 있는 지식만을 나열하는 경우가 있는데, 이럴 경우 의사소통능력이 부족한 사람으로 인식될 수 있으므로 주의하도록 한다.
  - 답변은 두괄식 : 답변을 할 때에는 두괄식으로 결론을 먼저 말하고 그 이유를 설명하는 것이 좋다. 미괄식으로 답변을 할 경우 용두사미의 답변이 될 가능성이 높으며, 결론을 이끌어 내는 과정에서 논리성이 결여될 우려가 있다. 또한 면접관이 결론을 듣기 전에 말을 끊고 다른 질문을 추가하는 예상치 못한 상황이 발생될 수 있으므로 답변은 자신이 전달하고자 하는 바를 먼저 밝히고 그에 대한 설명을 하는 것이 좋다.
  - 지원한 회사의 기업정신과 인재상을 기억 : 답변을 할 때에는 회사가 원하는 인재라는 인상을 심어주기 위해 지원한 회사의 기업정신과 인재상 등을 염두에 두고 답변을 하는 것이 좋다. 모든 회사에 해당되는 두루뭉술한 답변보다는 지원한 회사에 맞는 맞춤형 답변을 하는 것이 좋다.
  - 나보다는 회사와 사회적 관점에서 답변 : 답변을 할 때에는 자기중심적인 관점을 피하고 좀 더 넓은 시각으로 회사와 국가, 사회적 입장까지 고려하는 인재임을 어필하는 것이 좋다. 자기중심적 시각을 바탕으로 자신의 출세만을 위해 회사에 입사하려는 인상을 심어줄 경우 면접에서 불이익을 받을 가능성이 높다.
  - 난처한 질문은 정직한 답변 : 난처한 질문에 답변을 해야 할 때에는 피하기보다는 정면 돌파로 정직하고 솔직하게 답변하는 것이 좋다. 난처한 부분을 감추고 드러내지 않으려 회피하려는 지원자의 모습은 인사담당자에게 입사 후에도 비슷한 상황에 처했을 때 회피할 수도 있다는 우려를 심어줄 수 있다. 따라서 직장생활에 있어 중요한 덕목 중 하나인 정직을 바탕으로 솔직하게 답변을 하도록 한다.

(2) 면접의 종류 및 준비 전략

① 인성면접

　㉠ 면접 방식 및 판단기준
　　• 면접 방식 : 인성면접은 면접관이 가지고 있는 개인적 면접 노하우나 관심사에 의해 질문을 실시한다. 주로 입사지원서나 자기소개서의 내용을 토대로 지원동기, 과거의 경험, 미래 포부 등을 이야기하도록 하는 방식이다.
　　• 판단기준 : 면접관의 개인적 가치관과 경험, 해당 역량의 수준, 경험의 구체성·진실성 등
　㉡ 특징 : 인성면접은 그 방식으로 인해 역량과 무관한 질문들이 많고 지원자에게 주어지는 면접질문, 시간 등이 다를 수 있다. 또한 입사지원서나 자기소개서의 내용을 도대로 하기 때문에 지원사별 질문이 달라질 수 있다.
　㉢ 예시 문항 및 준비전략
　　• 예시 문항

> • 3분 동안 자기소개를 해 보십시오.
> • 자신의 장점과 단점을 말해 보십시오.
> • 학점이 좋지 않은데 그 이유가 무엇입니까?
> • 최근에 인상 깊게 읽은 책은 무엇입니까?
> • 회사를 선택할 때 중요시하는 것은 무엇입니까?
> • 일과 개인생활 중 어느 쪽을 중시합니까?
> • 10년 후 자신은 어떤 모습일 것이라고 생각합니까?
> • 휴학 기간 동안에는 무엇을 했습니까?

　　• 준비전략 : 인성면접은 입사지원서나 자기소개서의 내용을 바탕으로 하는 경우가 많으므로 자신이 작성한 입사지원서와 자기소개서의 내용을 충분히 숙지하도록 한다. 또한 최근 사회적으로 이슈가 되고 있는 뉴스에 대한 견해를 묻거나 시사상식 등에 대한 질문을 받을 수 있으므로 이에 대한 대비도 필요하다. 자칫 부담스러워 보이지 않는 질문으로 가볍게 대답하지 않도록 주의하고 모든 질문에 입사 의지를 담아 성실하게 답변하는 것이 중요하다.

② 발표면접

　㉠ 면접 방식 및 판단기준
　　• 면접 방식 : 지원자가 특정 주제와 관련된 자료를 검토하고 그에 대한 자신의 생각을 면접관 앞에서 주어진 시간 동안 발표하고 추가 질의를 받는 방식으로 진행된다.
　　• 판단기준 : 지원자의 사고력, 논리력, 문제해결력 등
　㉡ 특징 : 발표면접은 지원자에게 과제를 부여한 후, 과제를 수행하는 과정과 결과를 관찰·평가한다. 따라서 과제수행 결과뿐 아니라 수행과정에서의 행동을 모두 평가할 수 있다.

ⓒ 예시 문항 및 준비전략

• 예시 문항

[신입사원 조기 이직 문제]
※ 지원자는 아래에 제시된 자료를 검토한 뒤, 신입사원 조기 이직의 원인을 크게 3가지로 정리하고 이에 대한 구체적인 개선안을 도출하여 발표해 주시기 바랍니다.
※ 본 과제에 정해진 정답은 없으나 논리적 근거를 들어 개선안을 작성해 주십시오.

- A기업은 동종업계 유사기업들과 비교해 볼 때, 비교적 높은 재무안정성을 유지하고 있으며 업무강도가 그리 높지 않은 것으로 외부에 알려져 있음.
- 최근 조사결과, 동종업계 유사기업들과 연봉을 비교해 보았을 때 연봉 수준도 그리 나쁘지 않은 편이라는 것이 확인되었음.
- 그러나 지난 3년간 1~2년차 직원들의 이직률이 계속해서 증가하고 있는 추세이며, 경영진 회의에서 최우선 해결과제 중 하나로 거론되었음.
- 이에 따라 인사팀에서 현재 1~2년차 사원들을 대상으로 개선되어야 하는 A기업의 조직문화에 대한 설문조사를 실시한 결과, '상명하복식의 의사소통'이 36.7%로 1위를 차지했음.
- 이러한 설문조사와 함께, 신입사원 조기 이직에 대한 원인을 분석한 결과 파랑새 증후군, 셀프홀릭 증후군, 피터팬 증후군 등 3가지로 분류할 수 있었음.

〈동종업계 유사기업들과의 연봉 비교〉 〈우리 회사 조직문화 중 개선되었으면 하는 것〉

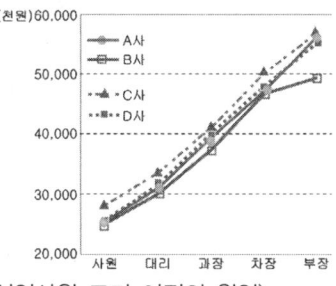 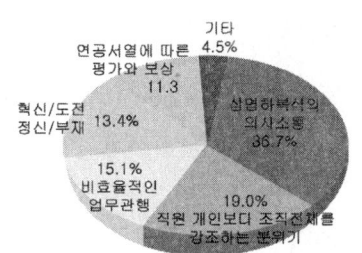

〈신입사원 조기 이직의 원인〉
• 파랑새 증후군
- 현재의 직장보다 더 좋은 직장이 있을 것이라는 막연한 기대감으로 끊임없이 새로운 직장을 탐색함.
- 학력 수준과 맞지 않는 '하향지원', 전공과 적성을 고려하지 않고 일단 취업하고 보자는 '묻지마 지원'이 파랑새 증후군을 초래함.
• 셀프홀릭 증후군
- 본인의 역량에 비해 가치가 낮은 일을 주로 하면서 갈등을 느낌.
• 피터팬 증후군
- 기성세대의 문화를 무조건 수용하기보다는 자유로움과 변화를 추구함.
- 상명하복, 엄격한 규율 등 기성세대가 당연시하는 관행에 거부감을 가지며 직장에 답답함을 느낌.

- 준비전략 : 발표면접의 시작은 과제 안내문과 과제 상황, 과제 자료 등을 정확하게 이해하는 것에서 출발한다. 과제 안내문을 침착하게 읽고 제시된 주제 및 문제와 관련된 상황의 맥락을 파악한 후 과제를 검토한다. 제시된 기사나 그래프 등을 충분히 활용하여 주어진 문제를 해결할 수 있는 해결책이나 대안을 제시하며, 발표를 할 때에는 명확하고 자신 있는 태도로 전달할 수 있도록 한다.

③ 토론면접
  ㉠ 면접 방식 및 판단기준
  - 면접 방식 : 상호갈등적 요소를 가진 과제 또는 공통의 과제를 해결하는 내용의 토론 과제를 제시하고, 그 과정에서 개인 간의 상호작용 행동을 관찰하는 방식으로 면접이 진행된다.
  - 판단기준 : 팀워크, 적극성, 갈등 조정, 의사소통능력, 문제해결능력 등
  ㉡ 특징 : 토론을 통해 도출해 낸 최종안의 타당성도 중요하지만, 결론을 도출해 내는 과정에서의 의사소통능력이나 갈등상황에서 의견을 조정하는 능력 등이 중요하게 평가되는 특징이 있다.
  ㉢ 예시 문항 및 준비전략
  - 예시 문항

    - 군 가산점제 부활에 대한 찬반토론
    - 담뱃값 인상에 대한 찬반토론
    - 비정규직 철폐에 대한 찬반토론
    - 대학의 영어 강의 확대 찬반토론
    - 워크숍 장소 선정을 위한 토론

  - 준비전략 : 토론면접은 무엇보다 팀워크와 적극성이 강조된다. 따라서 토론과정에 적극적으로 참여하며 자신의 의사를 분명하게 전달하며, 갈등상황에서 자신의 의견만 내세울 것이 아니라 다른 지원자의 의견을 경청하고 배려하는 모습도 중요하다. 갈등상황을 일목요연하게 정리하여 조정하는 등의 의사소통능력을 발휘하는 것도 좋은 전략이 될 수 있다.

④ 상황면접
  ㉠ 면접 방식 및 판단기준
  - 면접 방식 : 상황면접은 직무 수행 시 접할 수 있는 상황들을 제시하고, 그러한 상황에서 어떻게 행동할 것인지를 이야기하는 방식으로 진행된다.
  - 판단기준 : 해당 상황에 적절한 역량의 구현과 구체적 행동지표
  ㉡ 특징 : 실제 직무 수행 시 접할 수 있는 상황들을 제시하므로 입사 이후 지원자의 업무수행능력을 평가하는 데 적절한 면접 방식이다. 또한 지원자의 가치관, 태도, 사고방식 등의 요소를 통합적으로 평가하는 데 용이하다.

ⓒ 예시 문항 및 준비전략
- 예시 문항

> 당신은 생산관리팀의 팀원으로, 생산팀이 기한에 맞춰 효율적으로 제품을 생산할 수 있도록 관리하는 역할을 맡고 있습니다. 3개월 뒤에 제품A를 정상적으로 출시하기 위해 생산팀의 생산 계획을 수립한 상황입니다. 그러나 원가가 곧 실적으로 이어지는 구매팀에서는 최대한 원가를 줄여 전반적 단가를 낮추려고 원가절감을 위한 제안을 하였으나, 연구개발팀에서는 구매팀이 제안한 방식으로 제품을 생산할 경우 대부분이 구매팀의 실적으로 산정될 것이므로 제대로 확인도 해보지 않은 채 적합하지 않은 방식이라고 판단하고 있습니다. 당신은 어떻게 하겠습니까?

- 준비전략 : 상황면접은 먼저 주어진 상황에서 핵심이 되는 문제가 무엇인지를 파악하는 것에서 시작한다. 주질문과 세부질문을 통하여 질문의 의도를 파악하였다면, 그에 대한 구체적인 행동이나 생각 등에 대해 응답할수록 높은 점수를 얻을 수 있다.

⑤ 역할면접
ⓐ 면접 방식 및 판단기준
- 면접 방식 : 역할면접 또는 역할연기 면접은 기업 내 발생 가능한 상황에서 부딪히게 되는 문제와 역할을 가상적으로 설정하여 특정 역할을 맡은 사람과 상호작용하고 문제를 해결해 나가도록 하는 방식으로 진행된다. 역할연기 면접에서는 면접관이 직접 역할연기를 하면서 지원자를 관찰하기도 하지만, 역할연기 수행만 전문적으로 하는 사람을 투입할 수도 있다.
- 판단기준 : 대처능력, 대인관계능력, 의사소통능력 등
ⓑ 특징 : 역할면접은 실제 상황과 유사한 가상 상황에서의 행동을 관찰함으로서 지원자의 성격이나 대처 행동 등을 관찰할 수 있다.
ⓒ 예시 문항 및 준비전략
- 예시 문항

> [금융권 역할면접의 예]
> 당신은 ○○은행의 신입 텔러이다. 사람이 많은 월말 오전 한 할아버지(면접관 또는 역할담당자)께서 ○○은행을 사칭한 보이스피싱으로 500만 원을 피해 보았다며 소란을 일으키고 있다. 실제 업무상황이라고 생각하고 상황에 대처해 보시오.

- 준비전략 : 역할연기 면접에서 측정하는 역량은 주로 갈등의 원인이 되는 문제를 해결 하고 제시된 해결방안을 상대방에게 설득하는 것이다. 따라서 갈등해결, 문제해결, 조정·통합, 설득력과 같은 역량이 중요시 된다. 또한 갈등을 해결하기 위해서 상대방에 대한 이해도 필수적인 요소이므로 고객 지향을 염두에 두고 상황에 맞게 대처해야 한다.
역할면접에서는 변별력을 높이기 위해 면접관이 압박적인 분위기를 조성하는 경우가 많기 때문에 스트레스 상황에서 불안해하지 않고 유연하게 대처할 수 있도록 시간과 노력을 들여 충분히 연습하는 것이 좋다.

2 면접 이미지 메이킹

(1) 성공적인 이미지 메이킹 포인트

① 복장 및 스타일

㉠ 남성

- 양복 : 양복은 단색으로 하며 넥타이나 셔츠로 포인트를 주는 것이 효과적이다. 짙은 회색이나 감청색이 가장 단정하고 품위 있는 인상을 준다.
- 셔츠 : 흰색이 가장 선호되나 자신의 피부색에 맞추는 것이 좋다. 푸른색이나 베이지색은 산뜻한 느낌을 줄 수 있다. 양복과의 배색도 고려하도록 한다.
- 넥타이 : 의상에 포인트를 줄 수 있는 아이템이지만 너무 화려한 것은 피한다. 지원자의 피부색은 물론, 정장과 셔츠의 색을 고려하며, 체격에 따라 넥타이 폭을 조절하는 것이 좋다.
- 구두 & 양말 : 구두는 검정색이나 짙은 갈색이 어느 양복에나 무난하게 어울리며 깔끔하게 닦아 준비한다. 양말은 정장과 동일한 색상이나 검정색을 착용한다.
- 헤어스타일 : 머리스타일은 단정한 느낌을 주는 짧은 헤어스타일이 좋으며 앞머리가 있다면 이마나 눈썹을 가리지 않는 선에서 정리하는 것이 좋다.

㉡ 여성

- 의상 : 단정한 스커트 투피스 정장이나 슬랙스 슈트가 무난하다. 블랙이나 그레이, 네이비, 브라운 등 차분해 보이는 색상을 선택하는 것이 좋다.
- 소품 : 구두, 핸드백 등은 같은 계열로 코디하는 것이 좋으며 구두는 너무 화려한 디자인이나 굽이 높은 것을 피한다. 스타킹은 의상과 구두에 맞춰 단정한 것으로 선택한다.
- 액세서리 : 액세서리는 너무 크거나 화려한 것은 좋지 않으며 과하게 많이 하는 것도 좋은 인상을 주지 못한다. 착용하지 않거나 작고 깔끔한 디자인으로 포인트를 주는 정도가 적당하다.
- 메이크업 : 화장은 자연스럽고 밝은 이미지를 표현하는 것이 좋으며 진한 색조는 인상이 강해 보일 수 있으므로 피한다.
- 헤어스타일 : 커트나 단발처럼 짧은 머리는 활동적이면서도 단정한 이미지를 줄 수 있도록 정리한다. 긴 머리의 경우 하나로 묶거나 단정한 머리망으로 정리하는 것이 좋으며, 짙은 염색이나 화려한 웨이브는 피한다.

② 인사

　㉠ 인사의 의미 : 인사는 예의범절의 기본이며 상대방의 마음을 여는 기본적인 행동이라고 할 수 있다. 인사는 처음 만나는 면접관에게 호감을 살 수 있는 가장 쉬운 방법이 될 수 있기도 하지만 제대로 예의를 지키지 않으면 지원자의 인성 전반에 대한 평가로 이어질 수 있으므로 각별히 주의해야 한다.

　㉡ 인사의 핵심 포인트
- 인사말 : 인사말을 할 때에는 밝고 친근감 있는 목소리로 하며, 자신의 이름과 수험번호 등을 간략하게 소개한다.
- 시선 : 인사는 상대방의 눈을 보며 하는 것이 중요하며 너무 빤히 쳐다본다는 느낌이 들지 않도록 주의한다.
- 표정 : 인사는 마음에서 우러나오는 존경이나 반가움을 표현하고 예의를 차리는 것이므로 살짝 미소를 지으며 하는 것이 좋다.
- 자세 : 인사를 할 때에는 가볍게 목만 숙인다거나 흐트러진 상태에서 인사를 하지 않도록 주의하며 절도 있고 확실하게 하는 것이 좋다.

③ 시선처리와 표정, 목소리

　㉠ 시선처리와 표정 : 표정은 면접에서 지원자의 첫인상을 결정하는 중요한 요소이다. 얼굴표정은 사람의 감정을 가장 잘 표현할 수 있는 의사소통 도구로 표정 하나로 상대방에게 호감을 주거나, 비호감을 사기도 한다. 호감이 가는 인상의 특징은 부드러운 눈썹, 자연스러운 미간, 적당히 볼록한 광대, 올라간 입 꼬리 등으로 가볍게 미소를 지을 때의 표정과 일치한다. 따라서 면접 중에는 밝은 표정으로 미소를 지어 호감을 형성할 수 있도록 한다. 시선은 면접관과 고르게 맞추되 생기 있는 눈빛을 띄도록 하며, 너무 빤히 쳐다본다는 인상을 주지 않도록 한다.

　㉡ 목소리 : 면접은 주로 면접관과 지원자의 대화로 이루어지므로 목소리가 미치는 영향이 상당하다. 답변을 할 때에는 부드러우면서도 활기차고 생동감 있는 목소리로 하는 것이 면접관에게 호감을 줄 수 있으며 적당한 제스처가 더해진다면 상승효과를 얻을 수 있다. 그러나 적절한 답변을 하였음에도 불구하고 콧소리나 날카로운 목소리, 자신감 없는 작은 목소리는 답변의 신뢰성을 떨어뜨릴 수 있으므로 주의하도록 한다.

④ 자세

　㉠ 걷는 자세
- 면접장에 입실할 때에는 상체를 곧게 유지하고 발끝은 평행이 되게 하며 무릎을 스치듯 11자로 걷는다.
- 시선은 정면을 향하고 턱은 가볍게 당기며 어깨나 엉덩이가 흔들리지 않도록 주의한다.
- 발바닥 전체가 닿는 느낌으로 안정감 있게 걸으며 발소리가 나지 않도록 주의한다.
- 보폭은 어깨넓이만큼이 적당하지만, 스커트를 착용했을 경우 보폭을 줄인다.
- 걸을 때도 미소를 유지한다.

ⓒ 서있는 자세
- 몸 전체를 곧게 펴고 가슴을 자연스럽게 내민 후 등과 어깨에 힘을 주지 않는다.
- 정면을 바라본 상태에서 턱을 약간 당기고 아랫배에 힘을 주어 당기며 바르게 선다.
- 양 무릎과 발뒤꿈치는 붙이고 발끝은 11자 또는 V형을 취한다.
- 남성의 경우 팔을 자연스럽게 내리고 양손을 가볍게 쥐어 바지 옆선에 붙이고, 여성의 경우 공수자세를 유지한다.

ⓒ 앉은 자세
- 남성

  - 의자 깊숙이 앉고 등받이와 등 사이에 주먹 1개 정도의 간격을 두며 기대듯 앉지 않도록 주의한다. (남녀 공통 사항)
  - 무릎 사이에 주먹 2개 정도의 간격을 유지하고 발끝은 11자를 취한다.
  - 시선은 정면을 바라보며 턱은 가볍게 당기고 미소를 짓는다. (남녀 공통 사항)
  - 양손은 가볍게 주먹을 쥐고 무릎 위에 올려놓는다.
  - 앉고 일어날 때에는 자세가 흐트러지지 않도록 주의한다. (남녀 공통 사항)

- 여성

  - 스커트를 입었을 경우 왼손으로 뒤쪽 스커트 자락을 누르고 오른손으로 앞쪽 자락을 누르며 의자에 앉는다.
  - 무릎은 붙이고 발끝을 가지런히 하며, 다리를 왼쪽으로 비스듬히 기울이면 단정해 보이는 효과가 있다.
  - 양손을 모아 무릎 위에 모아 놓으며 스커트를 입었을 경우 스커트 위를 가볍게 누르듯이 올려놓는다.

(2) 면접 예절

① 행동 관련 예절

ⓐ **지각은 절대금물**: 시간을 지키는 것은 예절의 기본이다. 지각을 할 경우 면접에 응시할 수 없거나, 면접 기회가 주어지더라도 불이익을 받을 가능성이 높아진다. 따라서 면접장소가 결정되면 교통편과 소요시간을 확인하고 가능하다면 사전에 미리 방문해 보는 것도 좋다. 면접 당일에는 서둘러 출발하여 면접 시간 20~30분 전에 도착하여 회사를 둘러보고 환경에 익숙해지는 것도 성공적인 면접을 위한 요령이 될 수 있다.

ⓑ **면접 대기 시간**: 지원자들은 대부분 면접장에서의 행동과 답변 등으로만 평가를 받는다고 생각하지만 그렇지 않다. 면접관이 아닌 면접진행자 역시 대부분 인사실무자이며 면접관이 면접 후 지원자에 대한 평가에 있어 확신을 위해 면접진행자의 의견을 구한다면 면접진행자의 의견이 당락에 영향을 줄 수 있다. 따라서 면접 대기 시간에도 행동과 말을 조심해야 하며, 면접을 마치고 돌아가는 순간까지도 긴장을 늦춰서는 안 된다. 면접 중 압박적인 질문에 답변을 잘 했지만, 면접장을 나와 흐트러진 모습을 보이거나 욕설을 한다면 면접 탈락의 요인이 될 수 있으므로 주의해야 한다.

ⓒ 입실 후 태도 : 본인의 차례가 되어 호명되면 또렷하게 대답하고 들어간다. 만약 면접장 문이 닫혀 있다면 상대에게 소리가 들릴 수 있을 정도로 노크를 두세 번 한 후 대답을 듣고 나서 들어가야 한다. 문을 여닫을 때에는 소리가 나지 않게 조용히 하며 공손한 자세로 인사한 후 성명과 수험번호를 말하고 면접관의 지시에 따라 자리에 앉는다. 이 경우 착석하라는 말이 없는데 먼저 의자에 앉으면 무례한 사람으로 보일 수 있으므로 주의한다. 의자에 앉을 때에는 끝에 앉지 말고 무릎 위에 양손을 가지런히 얹는 것이 예절이라고 할 수 있다.

ⓔ 옷매무새를 자주 고치지 마라. : 일부 지원자의 경우 옷매무새 또는 헤어스타일을 자주 고치거나 확인하기도 하는데 이러한 모습은 과도하게 긴장한 것 같아 보이거나 면접에 집중하지 못하는 것으로 보일 수 있다. 남성 지원자의 경우 넥타이를 자꾸 고쳐 맨다거나 정장 상의 끝을 너무 자주 만지작거리지 않는다. 여성 지원자는 머리를 계속 쓸어 올리지 않고, 특히 짧은 치마를 입고서 신경이 쓰여 치마를 끌어 내리는 행동은 좋지 않다.

ⓜ 다리를 떨거나 산만한 시선은 면접 탈락의 지름길 : 자신도 모르게 다리를 떨거나 손가락을 만지는 등의 행동을 하는 지원자가 있는데, 이는 면접관의 주의를 끌 뿐만 아니라 불안하고 산만한 사람이라는 느낌을 주게 된다. 따라서 가능한 한 바른 자세로 앉아 있는 것이 좋다. 또한 면접관과 시선을 맞추지 못하고 여기저기 둘러보는 듯한 산만한 시선은 지원자가 거짓말을 하고 있다고 여겨지거나 신뢰할 수 없는 사람이라고 생각될 수 있다.

② 답변 관련 예절

㉠ 면접관이나 다른 지원자와 가치 논쟁을 하지 않는다. : 질문을 받고 답변하는 과정에서 면접관 또는 다른 지원자의 의견과 다른 의견이 있을 수 있다. 특히 평소 지원자가 관심이 많은 문제이거나 잘 알고 있는 문제인 경우 자신과 다른 의견에 대해 이의가 있을 수 있다. 하지만 주의할 것은 면접에서 면접관이나 다른 지원자와 가치 논쟁을 할 필요는 없다는 것이며 오히려 불이익을 당할 수도 있다. 정답이 정해져 있지 않은 경우에는 가치관이나 성장배경에 따라 문제를 받아들이는 태도에서 답변까지 충분히 차이가 있을 수 있으므로 굳이 면접관이나 다른 지원자의 가치관을 지적하고 고치려 드는 것은 좋지 않다.

㉡ 답변은 항상 정직해야 한다. : 면접이라는 것이 아무리 지원자의 장점을 부각시키고 단점을 축소시키는 것이라고 해도 절대로 거짓말을 해서는 안 된다. 거짓말을 하게 되면 지원자는 불안하거나 꺼림칙한 마음이 들게 되어 면접에 집중을 하지 못하게 되고 수많은 지원자를 상대하는 면접관은 그것을 놓치지 않는다. 거짓말은 그 지원자에 대한 신뢰성을 떨어뜨리며 이로 인해 다른 스펙이 아무리 훌륭하다고 해도 채용에서 탈락하게 될 수 있음을 명심하도록 한다.

㉢ 경력직을 경우 전 직장에 대해 험담하지 않는다. : 지원자가 전 직장에서 무슨 업무를 담당했고 어떤 성과를 올렸는지는 면접관이 관심을 둘 사항일 수 있지만, 이전 직장의 기업문화나 상사들이 어땠는지는 그다지 궁금해 하는 사항이 아니다. 전 직장에 대해 험담을 늘어놓는다든가, 동료와 상사에 대한 악담을 하게 된다면 오히려 지원자에 대한 부정적인 이미지만 심어줄 수 있다. 만약 전 직장에 대한 말을 해야 할 경우가 생긴다면 가능한 한 객관적으로 이야기하는 것이 좋다.

ⓔ 자기 자신이나 배경에 대해 자랑하지 않는다. : 자신의 성취나 부모 형제 등 집안사람들이 사회·경제적으로 어떠한 위치에 있는지에 대한 자랑은 면접관으로 하여금 지원자에 대해 오만한 사람이거나 배경에 의존하려는 나약한 사람이라는 이미지를 갖게 할 수 있다. 따라서 자기 자신이나 배경에 대해 자랑하지 않도록 하고, 자신이 한 일에 대해서 너무 자세하게 얘기하지 않도록 주의해야 한다.

3 면접 질문 및 답변 포인트

(1) 가족 및 대인관계에 관한 질문

① 당신의 가정은 어떤 가정입니까?
면접관들은 지원자의 가정환경과 성장과정을 통해 지원자의 성향을 알고 싶어 이와 같은 질문을 한다. 비록 가정 일과 사회의 일이 완전히 일치하는 것은 아니지만 '가화만사성'이라는 말이 있듯이 가정이 화목해야 사회에서도 화목하게 지낼 수 있기 때문이다. 그러므로 답변 시에는 가족사항을 정확하게 설명하고 집안의 분위기와 특징에 대해 이야기하는 것이 좋다.

② 친구 관계에 대해 말해 보십시오.
지원자의 인간성을 판단하는 질문으로 교우관계를 통해 답변자의 성격과 대인관계능력을 파악할 수 있다. 새로운 환경에 적응을 잘하여 새로운 친구들이 많은 것도 좋지만, 깊고 오래 지속되어온 인간관계를 말하는 것이 더욱 바람직하다.

(2) 성격 및 가치관에 관한 질문

① 당신의 PR포인트를 말해 주십시오.
PR포인트를 말할 때에는 지나치게 겸손한 태도는 좋지 않으며 적극적으로 자기를 주장하는 것이 좋다. 앞으로 입사 후 하게 될 업무와 관련된 자기의 특성을 구체적인 일화를 더하여 이야기하도록 한다.

② 당신의 장·단점을 말해 보십시오.
지원자의 구체적인 장·단점을 알고자 하기 보다는 지원자가 자기 자신에 대해 얼마나 알고 있으며 어느 정도의 객관적인 분석을 하고 있나, 그리고 개선의 노력 등을 시도하는지를 파악하고자 하는 것이다. 따라서 장점을 말할 때는 업무와 관련된 장점을 뒷받침할 수 있는 근거와 함께 제시하며, 단점을 이야기할 때에는 극복을 위한 노력을 반드시 포함해야 한다.

③ 가장 존경하는 사람은 누구입니까?
존경하는 사람을 말하기 위해서는 우선 그 인물에 대해 알아야 한다. 잘 모르는 인물에 대해 존경한다고 말하는 것은 면접관에게 바로 지적당할 수 있으므로, 추상적이라도 좋으니 평소에 존경스럽다고 생각했던 사람에 대해 그 사람의 어떤 점이 좋고 존경스러운지 대답하도록 한다. 또한 자신에게 어떤 영향을 미쳤는지도 언급하면 좋다.

(3) 학교생활에 관한 질문

① 지금까지의 학교생활 중 가장 기억에 남는 일은 무엇입니까?
　가급적 직장생활에 도움이 되는 경험을 이야기하는 것이 좋다. 또한 경험만을 간단하게 말하지 말고 그 경험을 통해서 얻을 수 있었던 교훈 등을 예시와 함께 이야기하는 것이 좋으나 너무 상투적인 답변이 되지 않도록 주의해야 한다.

② 성적은 좋은 편이었습니까?
　면접관은 이미 서류심사를 통해 지원자의 성적을 알고 있다. 그럼에도 불구하고 이 질문을 하는 것은 지원자가 성적에 대해서 어떻게 인식하느냐를 알고자 하는 것이다. 성적이 나빴던 이유에 대해서 변명하려 하지 말고 담백하게 받아드리고 그것에 대한 개선노력을 했음을 밝히는 것이 적절하다.

(4) 지원동기 및 직업의식에 관한 질문

① 왜 우리 회사를 지원했습니까?
　이 질문은 어느 회사나 가장 먼저 물어보고 싶은 것으로 지원자들은 기업의 이념, 대표의 경영능력, 재무구조, 복리후생 등 외적인 부분을 설명하는 경우가 많다. 이러한 답변도 적절하지만 지원 회사의 주력 상품에 관한 소비자의 인지도, 경쟁사 제품과의 시장점유율을 비교하면서 입사동기를 설명한다면 상당히 주목 받을 수 있을 것이다.

② 만약 이번 채용에 불합격하면 어떻게 하겠습니까?
　불합격할 것을 가정하고 회사에 응시하는 지원자는 거의 없을 것이다. 이는 지원자를 궁지로 몰아넣고 어떻게 대응하는지를 살펴보며 입사 의지를 알아보려고 하는 것이다. 이 질문은 너무 깊이 들어가지 말고 침착하게 답변하는 것이 좋다.

③ 당신이 생각하는 바람직한 사원상은 무엇입니까?
　직장인으로서 또는 조직의 일원으로서의 자세를 묻는 질문으로 지원하는 회사에서 어떤 인재상을 요구하는 가를 알아두는 것이 좋으며, 평소에 자신의 생각을 미리 정리해 두어 당황하지 않도록 한다.

④ 직무상의 적성과 보수의 많음 중 어느 것을 택하겠습니까?
　이런 질문에서 회사 측에서 원하는 답변은 당연히 직무상의 적성에 비중을 둔다는 것이다. 그러나 적성만을 너무 강조하다 보면 오히려 솔직하지 못하다는 인상을 줄 수 있으므로 어느 한 쪽을 너무 강조하거나 경시하는 태도는 바람직하지 못하다.

⑤ 상사와 의견이 다를 때 어떻게 하겠습니까?
　과거와 다르게 최근에는 상사의 명령에 무조건 따르겠다는 수동적인 자세는 바람직하지 않다. 회사에서는 때에 따라 자신이 판단하고 행동할 수 있는 직원을 원하기 때문이다. 그러나 지나치게 자신의 의견만을 고집한다면 이는 팀원 간의 불화를 야기할 수 있으며 팀 체제에 악영향을 미칠 수 있으므로 선호하지 않는다는 것에 유념하여 답해야 한다.

⑥ 근무지가 지방인데 근무가 가능합니까?

근무지가 지방 중에서도 특정 지역은 되고 다른 지역은 안 된다는 답변은 바람직하지 않다. 직장에서는 순환 근무라는 것이 있으므로 처음에 지방에서 근무를 시작했다고 해서 계속 지방에만 있는 것은 아님을 유의하고 답변하도록 한다.

(5) 여가 활용에 관한 질문

취미가 무엇입니까?

기초적인 질문이지만 특별한 취미가 없는 지원자의 경우 대답이 애매할 수밖에 없다. 그래서 가장 많이 대답하게 되는 것이 독서, 영화감상, 혹은 음악감상 등과 같은 흔한 취미를 말하게 되는데 이런 취미는 면접관의 주의를 끌기 어려우며 설사 정말 위와 같은 취미를 가지고 있다하더라도 제대로 답변하기는 힘든 것이 사실이다. 가능하면 독특한 취미를 말하는 것이 좋으며 이제 막 시작한 것이라도 열의를 가지고 있음을 설명할 수 있으면 그것을 취미로 답변하는 것도 좋다.

(6) 지원자를 당황하게 하는 질문

① 성적이 좋지 않은데 이 정도의 성적으로 우리 회사에 입사할 수 있다고 생각합니까?

비록 자신의 성적이 좋지 않더라도 이미 서류심사에 통과하여 면접에 참여하였다면 기업에서는 지원자의 성적보다 성적 이외의 요소, 즉 성격·열정 등을 높이 평가했다는 것이라고 할 수 있다. 그러나 이런 질문을 받게 되면 지원자는 당황할 수 있으나 주눅 들지 말고 침착하게 대처하는 면모를 보인다면 더 좋은 인상을 남길 수 있다.

② 우리 회사 회장님 함자를 알고 있습니까?

회장이나 사장의 이름을 조사하는 것은 면접일을 통고받았을 때 이미 사전 조사되었어야 하는 사항이다. 단답형으로 이름만 말하기보다는 그 기업에 입사를 희망하는 지원자의 입장에서 답변하는 것이 좋다.

③ 당신은 이 회사에 적합하지 않은 것 같군요.

이 질문은 지원자의 입장에서 상당히 곤혹스러울 수밖에 없다. 질문을 듣는 순간 그렇다면 면접은 왜 참가시킨 것인가 하는 생각이 들 수도 있다. 하지만 당황하거나 흥분하지 말고 침착하게 자신의 어떤 면이 회사에 적당하지 않는지 겸손하게 물어보고 지적당한 부분에 대해서 고치겠다는 의지를 보인다면 오히려 자신의 능력을 어필할 수 있는 기회로 사용할 수도 있다.

④ 다시 공부할 계획이 있습니까?

이 질문은 지원자가 합격하여 직장을 다니다가 공부를 더 하기 위해 회사를 그만 두거나 학습에 더 관심을 두어 일에 대한 능률이 저하될 것을 우려하여 묻는 것이다. 이때에는 당연히 학습보다는 일을 강조해야 하며, 업무 수행에 필요한 학습이라면 업무에 지장이 없는 범위에서 야간학교를 다니거나 회사에서 제공하는 연수 프로그램 등을 활용하겠다고 답변하는 것이 적당하다.

⑤ 지원한 분야가 전공한 분야와 다른데 여기 일을 할 수 있겠습니까?

수험생의 입장에서 본다면 지원한 분야와 전공이 다르지만 서류전형과 필기전형에 합격하여 면접을 보게 된 경우라고 할 수 있다. 이는 결국 해당 회사의 채용 방침상 전공에 크게 영향을 받지 않는다는 것이므로 무엇보다 자신이 전공하지는 않았지만 어떤 업무도 적극적으로 임할 수 있다는 자신감과 능동적인 자세를 보여주도록 노력하는 것이 좋다.

Chapter 02 면접기출

1 실무 면접

① 현대자동차 차종 중 가장 최신의 차종이 무엇인지 아는가?

② SUV 차량의 특성과 종류에 대해 말해보시오.

③ 자동차 연료로 사용되는 것을 3가지 이상 말하고 그 특징을 간략하게 설명한다면?

④ 우리 회사에서 나온 자동차 중 한 제품을 정해 판매한다면?

⑤ 앞으로의 자동차 산업이 나아가야 할 방향은 무엇이라고 생각하는가?

⑥ 연비를 높이기 위한 방안에 대해 말해보시오.

⑦ 자동차 품질에서 가장 중요하다고 생각하는 것은?

⑧ 현대자동차의 단점은 무엇이라고 생각하는가.

⑨ 현대자동차에 대한 이미지 하면 떠오르는 것 10초간 말해보시오.

⑩ 미국 자동차 시장의 침체가 한국 자동차 회사에 미치는 영향이 있다면?

⑪ 기업의 사회공헌에 대한 자신의 생각은?

⑫ 자동차 생산에 쓰이는 금속과 폴리머의 종류에 대해 말해보시오.

⑬ 자동차 생산 분야 중 엔진과 완성차 어느 분야에 관심이 있는가?

⑭ 현대자동차 공장은 어디에 있으며 해외에는 어디에 있는지 말해보시오.

⑮ 현재 현대자동차에서 생산하고 있는 차종에 대해 말해보시오.

⑯ 전공이 자동차분야가 아니지만 전공분야가 현대자동차에 기여할 수 있는 것은 무엇이라고 생각하는가?

⑰ 현재 전기차 내수시장을 설명하고 5년 뒤의 현대자동차의 미래는 어떠할지 말해보시오.

2 임원면접

① 타인과의 갈등으로 힘들었던 사례와 그 갈등을 해결하기 위해 어떠한 노력을 기울였는지 말해보시오.

② 책임감을 가지고 임했던 일 중에서 성취, 또는 실패했던 경험에 대해 말해보시오.

③ 현대자동차에 지원한 이유는 무엇이며, 자신이 지원직무에 적합하다고 생각하는 이유는?

④ 다른 회사에 지원한곳이 있는가, 왜 떨어졌다고 생각하는가?

⑤ SNS 열풍에 대한 견해와 우리사회에 미칠 영향을 설명하시오.

⑥ 생산직 현장 업무에 잘 적응할 자신이 있는가?

⑦ 본인이 했던 일 중 가장 창의적이었다고 생각하는 경험에 대해 말해보시오.

⑧ 토끼와 거북이 캐릭터 중 어느 쪽이 더 자신과 비슷하다고 생각하는가?

⑨ 기업이미지 제고 방안과 효과에 대해 설명하시오.

⑩ 개인의 이익과 공공의 이익 중 어느 것이 먼저라고 생각하는가?

⑪ 입사 후 본인이 지원한 직무에 배치되지 않는다면 어떻게 할 것인가?

⑫ 타인과 차별화 될 수 있는 자신만의 장점 및 역량은 무엇인가?

⑬ 자격증을 한번에 몰아서 취득했는데 힘들지 않았는가?

⑭ 외국인 노동자와 비정규직에 대한 자신의 의견을 말해보시오.

⑮ 가장 친한 친구에 대해 설명하시오.

⑯ 당신의 가족사항에 대해 말해보시오.

⑰ 회사의 일이 바쁠때 특근이 가능하다면 이유를 말해보시오.

⑱ 자신의 가치관에 대해 말해보시오.

⑲ '성실함'과 '노력', 그리고 '성과', 이 세가지 중 본인이 생각하는 가장 중요한 점과 이유를 말해보시오.

⑳ 평소에 자동차를 좋아하는가? 좋아한다면 이유는 무엇인가?

자격증

한번에 따기 위한 서원각 교재

한 권에 준비하기 시리즈 / 기출문제 정복하기 시리즈를 통해 자격증 준비하자!